HISTÓRIA DOS GREGOS

Biblioteca "HISTÓRIA, EXPLORAÇÕES E DESCOBERTAS"
Volumes publicados

1. História dos Povos da Língua Inglesa — Winston Churchill
2. A Revolução Russa — Alan Moorehead
3. Memórias de Montgomery — Mal. Montgomery
4. Tudo Começou em Babel — Herbert Wendt
5. História das Línguas — Ernst Doblhofer
6. Jornal do Mundo — Vários Autores
7. História das Orgias — Burgo Partdrige
8. O Homem e o Universo — Arthur Koestler
9. A Revolução Francesa — Georges Lefebvre
10. As Grandes Guerras da História — H. Lidell Hart
11. Nova Mitologia Clássica — Mario Meunier
12. História dos Gregos — Indro Montanelli
13. História de Roma — Indro Montanelli
14. Herman Cortez — S. de Madriaga
15. História da Ciência — William C. Dampier
16. De Adão à ONU — René Sedillot
17. Rendição Secreta — Allen Dulles
18. A Angustia dos Judeus — E. H. Flannery
19. Idade Média: Trevas ou Luz? — Indro Montanelli
20. Itália: Os Séculos de Ouro — Indro Montanelli
21. Itália: Os Séculos Decisivos — Indro Montanelli
22. Hitler e a Rússia — Trumbull Higgins
23. Síntese Histórica do Livro — J. Barbosa Mello
24. Ruínas Célebres — Herman e G. Schreiber
25. Impérios Soterrados — Herman e G. Schreiber
26. Romance da Arqueologia — P. E. Cleator
27. Auto Biografia de Benjamin Franklin — Benjamin Franklin
28. A Declaração da Independência — Carl L. Becker
29. Hitler: Autodestruição de uma Personalidade — H. D. Rohrs
30. Israel: Do Sonho à Realidade — Chaim Weizmann
31. Conspiração Mundial dos Judeus — Norman Cohn
32. A Longa Marcha — Simone de Beavoir
33. De Leste ao Oeste — Arnold Toynbee
34. A Manipulação da História no Ensino e Meios de Comunicação — Marc Ferro
35. Japão: passado e Presente — José Yamashiro
36. História da Cultura Japonesa — José Yamashiro
37. Astrônomos Pré-Históricos de Ingá — F. Pessoa Faria
38. Choque Luso no Japão dos Séculos XVI e XVII — José Yamashiro
39. João Paulo II, o Vermelho e o Branco — G. S. Wegener
41. A Papisa Joana — Rosemary e D. Pardoe
42. História dos Samurais — José Yamashiro
43. A Língua de Camões — José Verdasca
44. Raízes da Nação Brasileira — José Verdasca
45. Imagem do Índio — Yolanda Lhullier dos Santos

HISTÓRIA DOS GREGOS

INDRO MONTANELLI

São Paulo | 2018

Copyright © 1959 by PRizzoli Editore-Milano
Título Original Italiano: AStoria dei Greci

Código para obter um livro igual: XI-12

Direitos exclusivos para a língua portuguesa da
IBRASA
Instituição Brasileira de Difusão Cultural Ltda.
Rua Ouvidor Peleja, 610 – Tel. (11) 3791.9696
e-mail: ibrasa@ibrasa.com.br – home page: www.ibrasa.com.br

Nenhuma parte desta obra poderá ser reproduzida, por qualquer meio, sem prévio consentimento dos editores. Excetuam-se as citações de pequenos trechos em resenhas para jornais, revistas ou outro veículo de divulgação.

Tradução: José Aleixo Dellagnelo
Revisão: José Reis
Capa: Armenio Almeida (MK Design)
Editoração Eletrônica: Armenio Almeida (MK Design)
Publicado em 2018

Dados Internacionais de Catalogação na Publicação (CIP)
(Câmara Brasileira do Livro, SP, Brasil)

M764h MONTANELLI, Indro, 1909 – 2001

História dos gregos. / Indro Montanelli. – São Paulo : IBRASA, 2018.

368 p.
ISBN 978-85-348-0371-7

1. História. 2. Grécia. 3. Filosofia. I. MONTANELLI, Indro Alessandro Raffaello Schizogene. II. Título

CDU 93/99 (38)

Maria José O. Souza CRB 8/5641
Filosofia:1
história:93/99
Grécia: (38)

IMPRESSO NO BRASIL - PRINTED IN BRAZIL

SUMÁRIO

Aos Leitores 8

Primeira Parte
Entre a História e a Lenda

MINOS 11
SCHLIEMANN 19
OS AQUEUS 25
HOMERO 31
OS HÉRACLES 37

Segunda Parte
As Origens

A *POLIS* 45
ZEUS E FAMÍLIA 55
HESÍODO 61
PITÁGORAS 67
TALES 73
HERACLITO 79
SAFO 85
LICURGO 91
SÓLON 99
PISÍSTRATO 105
OS PERSAS A VISTA 111
MILCÍADES E ARISTIDES 119
TEMÍSTOCLES E EFIALTES 125

Terceira Parte
A Idade de Péricles

PÉRICLES 133
A BATALHA DA DRACMA 139
A LUTA SOCIAL 145
UM TEÓPILO QUALQUER... 151
UMA NICE QUALQUER 157
OS ARTISTAS 163
FÍDIAS NO PARTENAO 169
A REVOLUÇÃO DOS FILÓSOFOS 177
SÓCRATES 189
ANAXAGORAS E "A FICÇÃO CIENTÍFICA" 195
AS OLIMPÍADAS 201
O TEATRO 207
OS "TRÊS GRANDES" DA TRAGÉDIA 213
ARISTÓFANES E A SÁTIRA POLÍTICA 221
OS POETAS E OS HISTORIADORES 227
DE ASCLÉPIO A HIPÓCRATES 233
O PROCESSO DE ASPÁSIA... 239

Quarta Parte
Fim de Uma Era

A GUERRA DO PELOPONESO.. 249
ALCIBÍADES 257
A GRANDE TRAIÇÃO 263
A CONDENAÇÃO DE SÓCRATES 269
EPAMINONDAS 275
A DECADÊNCIA DA *POLIS* 281
DIONÍSIO DE SIRACUSA 291
FILIPE E DEMÓSTENES 297
ALEXANDRE 303
"FOI VERDADEIRA GLÓRIA?" 311
PLATÃO 317
ARISTÓTELES 323

Quinta Parte
O Helenismo

OS DIÁDOCOS 331
A NOVA CULTURA 337
PEQUENOS "GRANDES" 343
ABRIR ALAS PARA A CIÊNCIA 349
ROMA 355
EPÍLOGO 361
CRONOLOGIA 363

Índice dos Mapas

1. A ILHA DE CRETA 15
2. POVOS DA GRÉCIA 39
3. A GRÉCIA ANTIGA 50
4. COLONIZAÇÃO GREGA / DOMÍNIO FENÍCIO
   NO MEDITERRÂNEO 94
5. O IMPÉRIO PERSA NO TEMPO DE DARIO I 144
6. ACRÓPOLE DE ATENAS 172
7. DIFUSÃO DA CIVILIZAÇÃO GREGA NO TEMPO
   DE PÉRICLES 242
8. A GRÉCIA NO TEMPO DAS GUERRAS
   DO PELOPONESO 253
9. IMPÉRIO DE ALEXANDRE 306

AOS LEITORES

Seria mais fácil enumerar as falhas e defeitos deste livro do que seus méritos e qualidades. Antes de escrevê-lo, eu já sabia que, fatalmente, chegaria a tal conclusão. Escrevi-o, no entanto, porque isso me divertia; e espero que alguém, lendo-o, se divertirá; e julgo que, com todas as suas lacunas, ele suprirá a lacuna maior que os nossos professores se esqueceram de preencher: uma narração simples, uma história cordial.

Chamei-o de HISTÓRIA DOS GREGOS porque, ao contrário da História de Roma, é mais uma história de homens do que história de um povo, de uma nação, ou de um Estado.

Foi por isso que reduzi ao essencial a trama dos acontecimentos políticos para fazer sobressair os que determinaram o desenvolvimento da civilização e assinalaram suas grandes etapas. Neste livro, têm mais importância os poetas e os filósofos da que os legisladores e os líderes políticos.

O sulco deixado por Sócrates e Sófocles parece-me mais profundo do que o deixado por Temístocles e Epaminondas.

Não pretendo ter dito algo de novo, nem ter dado interpretação original ao que já se sabe. Nem esse era meu intento. Minha ambição foi dar aos leitores um meio para se aproximarem dos antigos gregos, sem esforço e, sobretudo, sem aborrecimentos.

É o que espero ter alcançado.

Indro Montanelli

Milão, setembro de 1959.

Primeira Parte

Entre a História e a Lenda

Capítulo 1

Minos

Faz agora uns setenta anos que o arqueólogo inglês Evans, remexendo em alguns pequenos bazares de antiguidades, em Atenas, encontrou vários amuletos femininos com hieróglifos que ninguém conseguiu decifrar. À força de conjeturas, estabeleceu que deveriam vir de Creta. Para lá se dirigiu e comprou um pedaço de terra no lugar onde se julgava estivesse enterrada a cidade de Cnosso. Contratou um grupo de escavadores. Após dois meses de trabalho, encontrou-se diante dos restos do palácio de Minos, o famoso labirinto.

Poetas e historiadores da antiguidade, desde Homero, diziam que a primeira civilização grega não nascera em Micenas, no continente, mas na ilha de Creta e tivera seu apogeu no tempo do rei Minos, doze ou treze séculos antes de Cristo. Minos, diziam, possuíra várias mulheres que em vão lhe tentaram dar herdeiro. De seu ventre só nasciam serpentes e escorpiões.

Só Pasífaa, por fim, conseguiu dar-lhe filhos normais, entre eles Pedra e a loura Ariadne. Infelizmente, Minos ofendeu o deus Posídon, que se vingou fazendo Pasífaa se enamorar de um touro, ainda que sagrado. Um engenheiro chamado Dédalo, fugido de Atenas para a ilha porque matara seu sobrinho, por ciúme, ajudou-a a satisfazer a paixão. Dessa união nasceu o Minotauro, estranho animal, meio homem e meio touro. Bastou que Minos o olhasse para saber com quem a mulher o traíra.

Mandou que Dédalo construísse o Labirinto para nele prender o monstro. Mas nele prendeu também o construtor com o filho Ícaro. Não era possível encontrar saída naquele intrincado de corredores e galerias. Mas Dédalo, homem de infinitos recursos, construiu asas de cera, para si e para o rapaz. Com elas, fugiriam ambos, elevando-se para o céu. Inebriado pelo voo, Ícaro esqueceu a recomendação paterna de não se aproximar muito do sol...

A cera se derreteu e ele caiu no mar. Imerso em dor, Dédalo aterrissou na Sicilia e para aí levou as primeiras noções da Técnica. Entretanto, no Labirinto, o Minotauro continuava girando, exigindo todos os anos sete moças e sete moços para devorar. Minos obrigava os povos vencidos nas guerras a fornecê-los. Exigiu-os também de Egeu, rei de Atenas. O filho deste, Teseu, apesar de ser o príncipe herdeiro, pediu para fazer parte do grupo, com o intuito de matar o monstro. Desembarcou na Grécia com as outras vítimas. Mas, antes de se aprofundar no Labirinto, seduziu Ariadne, que lhe deu um fio para desenrolar e assim encontrar o caminho da saída.

O corajoso moço conseguiu seu intento. Saiu onde a princesa o esperava e, fiel à promessa que lhe fizera, casou com ela e a levou consigo. Mas, em Naxo, abandonou-a dormindo na praia e continuou viagem com seus companheiros.

Os historiadores modernos rejeitavam esta história como pura invenção. Até aqui, talvez, tivessem razão. Mas acabaram negando também que em Creta houvesse florescido, dois mil anos antes de Cristo e mil antes de Atenas, a grande civilização que Homero lhe atribuía. E nisso, não há dúvida, erraram.

Alertados pelas descobertas de Evans, arqueólogos do mundo inteiro — entre os quais os italianos Paribeni e Savignoni — acorreram ao local. Iniciaram outras escavações. Dentro em breve, das entranhas da terra surgiram os monumentos e os documentos daquela civilização cretense que, por causa do rei Minos, passou a se chamar "Minóica".

Ainda hoje os estudiosos lhe discutem a origem. Alguns julgam que ela tenha vindo da Ásia, outros do Egito. Seja como for, foi esta, certamente, a primeira civilização que se desenvolveu em terra europeia, alcançando alto grau e influenciando a que, logo mais, se formaria na Grécia e na Itália. Foi em Creta que Licurgo e Sólon, os dois maiores legisladores da antiguidade, foram procurar o modelo de suas Constituições; aí nasceu, a música coral adotada por Esparta; aí viveram e trabalharam os primeiros mestres da escultura, Dipeno e Scilli.

Estudando as escavações, os entendidos dividiram a civilização minoica em três *eras* e cada *era* em três *períodos*. Deixemos estas distinções, muito sutis para nós, e contentemo-nos em compreender, por alto, em que consistiu a vida cretense há quatro mil anos. Pela maneira pela qual se representou em suas pinturas e baixos-relevos, o povo era de aparência um tanto pequena e ágil. As mulheres, de pele pálida e os homens bronzeados. Tanto assim que eram chamados *foinikes,* o que significa "peles vermelhas". Na cabeça, os homens usavam turbantes e as mulheres uns chapeuzinhos que bem poderiam reaparecer em alguma exposição de moda contemporânea, em Paris ou Veneza. Tanto eles quanto elas tinham um ideal de beleza triangular, pois usavam tímidas bem apertadas ao corpo. As mulheres deixavam os seios descobertos, o que faz pensar que, em geral, os tivessem bem desenvolvidos. Uma delas, como aparece num quadro, é tão assanhada e provocante que os arqueólogos, não obstante sua proverbial austeridade, a chamaram de "a parisiense".

Inicialmente, Creta deve ter estado dividida em vários estados ou reinos frequentemente em guerra entre si. Mas em determinada época Minos, mais hábil e mais forte do que os outros, subjugou os rivais e unificou a ilha, dando-lhe como capital a sua cidade, Cnosso. Minos era o nome da pessoa ou do cargo que exercia, como César em Roma e Faraó no Egito? Ignora-se. Sabe-se somente que quem cumpriu esta obra de unificação e, segundo a lenda, teve por mulher Pasífaa, com todas as desgraças que esta lhe acarretou, viveu e reinou treze séculos antes de Cristo, quando em todo o resto da Europa não brilhava ainda nem o mais leve vislumbre de civilização.

Segundo Homero, Creta tinha a beleza de noventa cidades. Algumas delas faziam concorrência à capital em população, desenvolvimento e riqueza. Festo era o grande porto em que se concentrava o comércio marítimo com o Egito. Palaicastro era o bairro residencial. Gurnia o centro manufatureiro e "a capital moral", assim como Milão é hoje na Itália. Hágia Tríada era a sede que o rei e o governo ocupavam no verão, como demonstra a vila real que aí foi desenterrada. As casas são de dois, três e até cinco pavimentos, com escadas internas de ótimo acabamento. Nas pinturas e baixos-relevos que ornam as paredes veem-se os inquilinos homens jogando xadrez, sob o olhar aborrecido da dona de casa que tece a lã. Os homens estão de volta de caçadas e a seus pés jazem, cansados, os animais que os ajudaram a desentocar o urso e o chacal: ágeis e delgados cães, parecendo galgos, e gatos selvagens que deviam

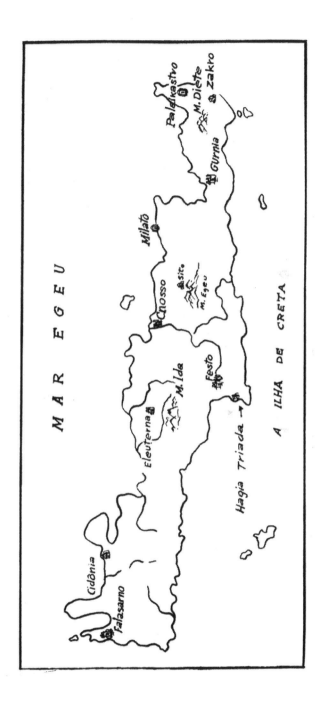

ser instruídos especialmente para esse serviço. Outro esporte em que os cretenses brilhavam era o pugilato. Os campeões de peso leve se batiam de mãos limpas, podendo dar golpes também com os pés, como fazem ainda hoje os Siameses. Os de peso médio usavam capacete; os de peso pesado também luvas.

O deus desta gente se chamava Vulcano e correspondia ao Zeus dos gregos e ao Júpiter dos romanos. Era um personagem onipotente e iracundo. Quando se irritava, seus fiéis se recomendavam à deusa mãe, uma espécie de Nossa Senhora, para que o acalmasse. A grande força de Minos, como rei, foi descender dele ou, pelo menos, ter conseguido que seus súditos o acreditassem. Quando decretava alguma lei, dizia que fora Vulcano que a sugerira na noite anterior, e quando requisitava um quintal de trigo ou um rebanho de ovelhas dizia que era para presentear Vulcano. Estes presentes o deus, naturalmente, os deixava nas mãos de Minos, que mandara seus engenheiros construir imensos depósitos debaixo do palácio real, para os conservar. E valiam pelo que, entre nós, vale o imposto, porque em Creta, onde não se conhecia o dinheiro, as taxas eram pagas em objetos e ao deus, não ao governo.

Era um povo de guerreiros, navegadores e pintores. E é a estes últimos que devemos haver podido reconstituir, em parte, a civilização que, exatamente sob Minos, alcançou seu ponto culminante. Não sabemos o que provocou sua decadência. Esta, a julgar pelas ruínas, deve ter sido muito rápida. Terá sido um terremoto seguido de incêndios o destruidor de Cnosso com seus belos palácios e teatros? Pelas escavações, dir-se-ia que as casas e as lojas foram surpreendidas pela morte, repentinamente, enquanto seus habitantes estavam em plena e normal atividade.

É provável que tal decadência tenha começado muito antes e que alguma catástrofe lhe tenha precipitado o fim. Muitos sinais revelam que a civilização de Creta, nascida sob o signo do estoicismo setecentos ou oitocentos anos antes, já era, no tempo de Minos, uma civilização epicurista, isto é, gozadora e cheia de pus como um furúnculo maduro. As florestas de ciprestes haviam desaparecido. O maltusianismo abria claros na população e o colapso do Egito tomara árido o comércio. É possível que, coroando tantos males, tenha havido também um terremoto. Mas é mais provável que o desastre definitivo tenha sido uma invasão — a dos aqueus que exatamente por aqueles anos desceram da Tessália para o Peloponeso e fizeram de Micenas sua capital. Destruíram tudo, em Creta. Até mesmo a língua que, sob Minos, não fora certamente a grega, como o demonstram as inscrições remanescentes.

Por essas inscrições, embora ninguém lhes tenha conseguido decifrar o significado, diríamos que os cretenses teriam origens egípcias ou, de qualquer forma, orientais. Não estamos capacitados nem para confirmá-lo nem para negá-lo. (*) Estamos apenas autorizados a repetir que a de Creta foi a primeira civilização europeia, e Minos o nosso primeiro "ilustre concidadão".

(*) Uma das línguas usadas em Cnosso, a linear B, era uma forma arcaica de grego. Outra, a linear A, escrita minoana típica, tinha origens egípcias (N. da Ed. bras.)

HISTÓRIA DOS GREGOS

Capítulo 2

Schliemann

O melhor modo de recompensar nosso contemporâneo Henrique Schliemann pelos enormes serviços que nos prestou na reconstrução da civilização clássica, parece-me ser o de tomá-lo como ura de seus protagonistas, file assim o desejou ardentemente, escolhendo como seu, em pleno século XX, o deus Zeus, endereçando-lhe suas orações, batizando o filho com o nome de Agamemnon e a filha com o de Andrômaca, chamando os criados de Pélope e Telámon, e dedicando a Homero toda sua vida e todo o seu dinheiro.

Era um doido, mas alemão, isto é, organizadíssimo em sua loucura, que a boa estrela quis recompensar. Quando tinha uns cinco ou seis anos, a primeira história que o pai lhe contou não foi a do Chapeuzinho Vermelho, mas a de Ulisses, Aquiles e Menelau. Aos oito anos, anunciou solenemente à família que tencionava redescobrir Tróia e demonstrar aos professores de História, que o negavam, que Tróia realmente existira. Aos dez, escreveu uma composição latina sobre o assunto. Aos dezesseis, parecia que toda essa presunção lhe passara definitivamente. Empregara-se como balconista numa drogaria, onde certamente não havia descobertas arqueológicas a fazer. Depois de algum tempo embarcou, não para a Grécia, mas para a América, procurando fazer fortuna.

Após poucos dias de viagem, o navio foi a pique e o náufrago foi levado a salvamento nas costas da Holanda. Vendo no acontecimento um sinal do destino, aí ficou. Dedicou-se ao comércio. Aos vinte e cinco anos já era um negociante de boas posses. Aos trinta e seis, rico capitalista de quem ninguém jamais suspeitara que, entre um negócio e outro, continuasse estudando Homero.

A profissão obrigava-o a viajar muito. B aprendera a língua de todos os lugares onde estiver. Além de alemão e holandês, sabia francês, inglês, italiano, russo, espanhol, português, sueco, polonês e árabe. Seu *Diário* é redigido na língua do lugar em que é sucessivamente datado. Mas continuava sempre pensando no grego antigo. Inopinadamente, fechou tudo e avisou à mulher, uma russa, que tencionava ir morar em Tróia. A coitada perguntou onde ficava tal cidade, de que nunca ouvira falar e que na realidade não existia. Henrique mostrou no mapa onde achava que fosse. Ela pediu o divórcio. Schliemann não fez objeções. Pôs um anúncio no jornal, pedindo outra mulher. Exigia apenas que fosse grega. E, pelas fotografias que lhe chegaram, escolheu uma jovem vinte e oito anos mais moça do que ele. Casou-se imediatamente com ela, seguindo rito homérico. Instalou-a em Atenas, numa vila chamada Belerofonte. Depois do nascimento de Andrômaca e Agamemnon teve que suar bastante para convencê-lo a que os batizasse. Concordou unicamente com a condição de que o padre, além de algum versículo do

Evangelho, lesse, durante a cerimônia, alguma estrofe da *lixada*. Só mesmo alemães são capazes de tal loucura.

Em 1870, lá estava ele no assolado e seco ângulo norte ocidental da Ásia Menor onde Homero afirmava, e todos os arqueólogos negavam, que Tróia estava sepultada. Gastou um ano para obter do governo turco permissão de iniciar as escavações numa ladeira da colina de Hissarlik. Passou o inverno num frio siberiano, abrindo buracos com a mulher e os escavadores. Após doze meses de esforços inúteis e despesas loucas, capazes de desencorajar qualquer apóstolo, uma picareta bateu em algo que não era a costumada pedra, mas uma caixa de cobre que, destampada, revelou aos olhos exaltados daquele fanático o que chamou imediatamente de "tesouro de Príamo": milhares e milhares de objetos de ouro e de prata.

O louco Schliemann licenciou os escavadores. Carregou tudo aquilo para sua barraca. Fechou-se lá dentro e enfeitou a mulher com todos aqueles adornos, comparou-os com a descrição que Homero deles fizera e convenceu-se de que eram os mesmos com que se tinham pavoneado Helena e Andrômaca. E telegrafou a notícia aos mais famosos arqueólogos do mundo inteiro.

Não acreditaram nele. Disseram ter ele mesmo colocado ali toda a mercadoria, depois de a ter comprado nos bazares de Atenas. Só o governo turco acreditou, mas paira processá-lo por apropriação indébita. Contudo, alguns luminares mais escrupulosos do que os outros, como Doerpfeld, Virchow e Burnouf, antes de negar, quiseram ver as coisas no local. E, por mais céticos que fossem, tiveram que ceder à evidência. Continuaram as escavações por conta própria e descobriram os restos não de uma, mas de nove cidades. A única dúvida que lhes restava na mente não era mais "se" Tróia existira, mas "qual", das nove que a picareta desenterrara era a verdadeira Tróia.

O doido, entretanto, estava desfazendo, com sua costumada lucidez, o embrulho jurídico em que o envolvera o governo turco. Convencido de que em Constantinopla iriam água abaixo nas preciosas descobertas, mandou, ocultamente, seu tesouro para o Museu de Berlim. Era o que estava em melhores condições para o guardar cuidadosamente. Pagou os danos ao governo turco, que dava mais importância ao dinheiro do que àquela quinquilharia. Depois, armado com o mais antigo dos *Baedeker*, (*) o *Periegesis* de Pausânias, quis demonstrar ao inundo que Homero dissera a verdade, não só a respeito de Tróia e da guerra que lá se desenvolvera, mas também a respeito de seus protagonistas. E pôs-se a procurar, entre as ruínas de Micenas, o túmulo e o cadáver de Agamemnon.

Novamente o bom Deus, que tem um fraco pelos doidos, recompensou-o por tanta fé, guiando-lhe a picareta para as escadarias do palácio dos descendentes do rei Atreu, em cujos sarcófagos foram encontrados os esqueletos, as máscaras de ouro, as joias e o vasilhame dos soberanos que se julgava existirem só na fantasia de Homero. E Schliemlann telegrafou ao rei da Grécia — "Majestade, encontrei os vossos antepassados!" Depois, já certo de seus passos, quis dar o golpe de misericórdia aos céticos do mundo inteiro. Para isso, seguindo as indicações de Pausânias, foi a Tirinto e lá desenterrou os ciclópicos muros do palácio de Proteu, de Perseu e de Andromeda.

Schliemann morreu com quase setenta anos, em 1890, depois de ter revirado, de alto a baixo, todas as teses e hipóteses em que se baseara, até então, a reconstituição da pré-história grega, inclinada a exilar Homero e Pausânias para o campo da fantasia pura. Nos ardores de seu entusiasmo, atribuiu, talvez muito apressadamente, a Príamo o tesouro descoberto na co-

---

(*) Guias turísticos (N. do T.)

lina de Hissarlik e a Agamemnon o esqueleto encontrado no sarcófago de Micenas. Seus últimos anos, passou-os em polêmicas com quem duvidava, empregando nelas mais violência do que força persuasiva. Mas o fato é que ele se considerava contemporâneo de Agamemnon, e aos arqueólogos de seu tempo tratava do alto de três milênios. Sua vida foi uma das mais belas, das mais afortunadas e cheias, que um homem jamais tenha vivido. B ninguém lhe poderá contestar o mérito de ter trazido luz papa as trevas que envolviam a história grega antes de Licurgo.

As escavações que, a seu exemplo, foram empreendidas por Wace, Waldstein, Muller, Stamatakis e uma infinidade de outros, na Fócida e na Beócia, na Tessália e na Eubéia, demonstraram ser verdade o que Schliemann aprendera de Homero: que contemporaneamente à de Creta e independente dela, embora menos progredida, se desenvolvera uma civilização na terra firme da Grécia com seus centros em Argos e Tirinto. Chamaram-se de miceniana, em vista da cidade principal. Foi construída por Perseu dezesseis séculos antes de Cristo. Ignora-se a que raça se prende seu povo. Sabe-se unicamente que, naquela época, a Grécia era composta de raros e pequenos Estados: Esparta, Egina, Elêusis, Orcómenon, Queronéia, Delfos etc. Seus habitantes se chamavam, genericamente, de *Pelágios,* o que significaria "povo do mar". Talvez tivessem vindo do mar, provavelmente da Ásia Menor. Estabeleceram contatos com Creta. Copiariam-lhe um pouco a cultura sem, contudo, chegar a rivalizar com ela. Tiveram indústrias, mas não tão desenvolvidas como as de Gúrnia. Quanto à língua, nada se sabe — como no caso de Creta. Não tinha, porém, nada a ver com o grego.

Tornou-se grego só depois da invasão dos aqueus, tribo do norte que, no século XIII, se pôs em movimento para o Peloponeso. Subjugou-o, unificou-o, e nele implantou os reinados de que Homero foi o trovador ambulante. Não nos fala desta invasão, que é apenas uma hipótese. Sua história começa depois de ela estar realizada e até Schliemann considerou sua narração como fantasia e como imaginários os seus personagens.

Mas agora, depois das descobertas do alemão louco, não temos mais o direito de pôr em dúvida a realidade histórica de Agamemnon, Menelau, Helena, Clitemnestra, Aquiles, Pátroclo, Heitor, Ulisses... mesmo que suas aventuras não sejam exatamente as descritas por Homero, que aumentou um pouco as coisas. Schliemann enriqueceu a História, e empobreceu a lenda, de algumas dezenas de personagens de primeira plana. Graças a ele, alguns séculos que antes estavam nas trevas, surgiram para |a luz, ainda que luz incerta dos primeiros albores. E só levados pela mão dele é que conseguimos explorá-los.

Esta é a razão por que quisemos satisfazer seu desejo — o de se colocar ao lado de Homero e seus heróis na reconstrução da civilização grega.

Capítulo 3

 Os Aqueus

Se ouvirmos os historiadores gregos que, mesmo depois de chegados à idade da razão (e ninguém jamais a teve mais clara e límpida do que eles) continuaram a crer nas lendas, a história dos aqueus tem sua origem em um deus, chamado Zeus, que lhes deu um rei na pessoa de seu filho Tântalo. Este, porém, era um grande canalha. Depois de se aproveitar do parentesco dos deuses para lhes divulgar os segredos e lhes roubar da despensa o néctar e a ambrosia, julgou poder acalmá-los oferecendo-lhes em sacrifício o filho Pélope fervido e retalhado em fatias. Zeus, ferido em suas ternuras de avô, repôs em vida o neto e precipitou no inferno o pai criminoso, condenando-o aos estertores da fome e da sede, diante de vasos de nata e taças de champanha que não podia alcançar.

Pélope, que herdara do pai desnaturado o trono da Frigia, não teve sorte em política. Seus súditos o depuseram e o exilaram para a Élida, naquela parte da Grécia que depois, exatamente por causa dele, se chamou Peloponeso. Aí reinava Enomau, grande torcedor de corridas de cavalos, nas quais era invencível. Costumava desafiar todos os cortejadores de sua filha Hipedâmia. Prometia a mão da filha ao vencedor e a morte ao perdedor. E já vários "bons partidos" tinham deixado a pele na aposta.

Pélope, que em certos assuntos devia ser um tanto semelhante ao pai Tântalo, fez acordo com Mírtilo, o cavalariço do rei, propondo-lhe a metade do trono se encontrasse maneira de o fazer vencer. Mírtilo desatarraxou o eixo do carro de Enomau, que rolou e quebrou a cabeça no incidente. Pélope, tendo conquistado Hipodâmia, subiu ao trono. Mas, em vez de o dividir com Mírtilo, como prometera, arremessou este ao mar. Mírtilo, antes de desaparecer nas ondas, lançou maldição contra o assassino e seus sucessores.

Um deles foi Atreu, de quem mais tarde a dinastia tomou o nome definitivo — átrida. Seus filhos, Agamemnon e Menelau, casaram com Clitemnestra e Helena, filhas únicas de Tindário, rei de Esparta. Parecia um grande matrimônio. De fato, quando Atreu e Tindário morreram, os dois irmãos, Agamemnon como rei de Micenas e Menelau como rei de Esparta, ficaram donos de todo o Peloponeso. Não recordavam, ou talvez mesmo ignorassem, a maldição de Mírtilo. Tinham na, no entanto, dentro da própria casa, na pessoa de suas respectivas esposas.

Realmente, algum tempo depois, Páris, filho de Príamo, rei de Tróia, passando por lá, se enamorou de Helena. Não se sabe exatamente como as coisas se desenrolaram. Há quem diga que Helena concordou e seguiu seu cortejador. Outros acham que ele a raptou. De qualquer forma esta foi a versão seguida pelo pobre Menelau para salvar tanto a reputação da mulher como a sua própria. E todos os aqueus, a uma só voz, pediram o castigo do culpado.

O resto da história foi contado por Homero, a quem não queremos fazer concorrência. Todos os gregos válidos acorreram às armas em torno de seus senhores aqueus. Embarcados em mil navios, velejaram para Tróia. Cercaram-na durante dez anos e por fim a conquistaram e saquearam. Menelau reconquistou a mulher, já meio velhota, e nunca mais perdeu a fama de homem ludibriado. Agamemnon, voltando para casa, encontrou seu lugar, ao lado de Clitemnestra, ocupado pelo ardiloso Egisto que, com o auxílio dela, o envenenou. Mais tarde, o filho Orestes vingou o pai, matando os dois adúlteros. Enlouqueceu. Mais tarde, porém, conseguiu reunir sob seu cetro também o reino de Esparta e de Argos. Ulisses dedicou-se à boa vida, completamente esquecido de Ítaca e Penélope. Em resumo, a guerra de Tróia assinalou, ao mesmo tempo, o apogeu e o início da decadência dos aqueus. Agamemnon, que personificava o poder, era um pouco azarado. Para expugnar a cidade inimiga perdera boa parte de suas tropas com muitos de seus mais hábeis capitães. Voltando, uma tempestade lhe surpreendera a frota, dispersando parte dela e atirando a tripulação de náufragos nas ilhas do Egeu, nas costas da Ásia Menor. Os aqueus não se refizeram mais de tais golpes. E quando, um século depois, novo invasor apareceu pelo norte, não tiveram força para a resistência.

Quem eram estes aqueus que por três ou quatro séculos foram sinônimo de gregos, por dominarem completamente o país?

Até o fim do século passado, historiadores, etnólogos e arqueólogos estavam inclinados a crer que não passavam de uma das muitas tribos locais de raça pelágica, como as outras, e que, em determinada época, tomaram o poder. Depois, de Tessália, seu berço, galgaram o Peloponeso, constituindo, por toda parte, uma classe dirigente e patronal. De acordo com essa tese, teriam sido os continuadores da civilização miceniana, desenvolvida nos moldes da minoica de Creta, da qual representariam estágio mais avançado.

Outro arqueólogo, desta vez um inglês, lançou aos ares os castelos construídos por tal hipótese. William Ridgeway descobriu que entre a civilização miceniana e a aqueia havia diferenças substanciais. A primeira não conhecera o ferro, a segunda sim. A primeira enterrava os mortos, ao passo que a segunda os queimava. A primeira rezava olhando para o chão, porque acreditava que os deuses estivessem no interior da terra, e a segunda rezava olhando para cima, por acreditar que os deuses morassem no alto do Olimpo, ou entre as nuvens. Disso tudo Ridgeway concluiu que os aqueus não eram realmente uma população pelágica como as outras da Grécia, mas uma tribo céltica da Europa central que viera para o Peloponeso não "da", mas "através" da Tessália. Subjugou os povos locais e, entre os séculos XIV e XIII antes de Cristo, com eles se fundiu, a ponto de criar uma nova civilização, uma nova língua, a grega, permanecendo sempre classe dirigente.

É bem provável que esta hipótese seja a verdadeira, ou, pelo menos, contenha boa parte da verdade. Sem dúvida alguma, os aqueus, ao contrário dos pelágios, foram um povo terrestre. Tanto assim que até a guerra de Tróia nunca se tinham aventurado em empreendimentos marítimos. E toda vez que encontravam o mar, paravam. Não tentaram sequer conquistar as ilhas mais próximas do continente. Todas as suas capitais e cidadelas ficavam no interior. A Grécia, sob o domínio deles, limitava-se ao Peloponeso, à Ática e à Beócia. Mas para as populações pelágicas da civilização miceniana, que era dada ao mar, a Grécia englobava todos os arquipélagos do Egeu.

Quanto aos fatos heroicos que Homero atribui aos aqueus, até há um século eram considerados pura lenda. O mesmo se dizia da guerra de Tróia, de que se negava até mesmo a existência. Mas Tróia existiu, como já vimos, e era perigosa rival das cidades gregas porque dominava os Dardanelos, através dos quais era necessário passar para atingir as ricas terras do Helesponto. Os aqueus já haviam inventado uma lenda para estimular seus súditos contra Tróia: a lenda dos argonautas, isto é, dos marinheiros da nau *Argos* que, sob o comando de Jasão, partiram para a conquista do Velocino de ouro na Cólquida. Faziam parte da expedição: Teseu, o do Minotauro, Orfeu, Peleu, pai de Aquiles, e o próprio Hércules. Este último, quando Tróia quis impedir a nau na embocadura do estreito, desembarcou e, sozinho, saqueou a cidade, matando o rei Laomedonte com todos os filhos, exceto Príamo. A expedição teve bom êxito graças a Medéia. E, na mente do Zé Povinho, o Velocino de ouro ficou como símbolo das riquezas do Helesponto e do Mar Negro. Mas pana chegar lá era preciso destruir Tróia, que controlava a passagem obrigatória, enriquecendo sempre mais pelo comércio que se desenvolvia, impondo, provavelmente, taxas e impostos aos que por ali transitavam.

Quem fossem exatamente os troianos, ninguém sabe. Chamavam-nos também de dárdanos. A hipótese mais provável é de que se tratasse de cretenses emigrados para aquela área da costa da Ásia Menor, tanto para fundar uma colônia como para fugir das catástrofes, quaisquer que tenham sido, que abalaram sua ilha e destruíram a civilização minóica. Se acreditarmos em Homero, falavam língua igual à dos gregos e, como eles, veneravam o monte Ida "das muitas fontes". É provável que a população das cidades fosse cretense e a do interior, asiática. Era certamente um grande empório comercial para ouro, prata e madeira. Até o jade da China lá aportava.

Os gregos, depois de a terem destruído meticulosamente, foram muito cavalheiros no julgamento de seus habitantes. Na

Ilíada, Príamo é mais simpático do que Agamemnon, e Heitor é autêntico cavalheiro em relação à atitude um tanto canalha de Ulisses. Também Páris, apesar de um pouco leviano, é amável. E, se é possível julgar um povo pela Casa Real, força é reconhecer que a de Príamo é mais digna, mais distinta e mais humana do que a de Micenas.

Como já dissemos, até há um século, a guerra de Tróia, seus protagonistas, a própria existência da cidade, tudo era considerado pura imaginação, fruto da fantasia de Homero e de Eurípides. Foi Schliemann quem lhe deu consistência histórica. Hoje se pode dizer que o de Tróia foi o primeiro episódio de uma guerra destinada a perpetuar-se através dos milênios, e que ainda não terminou: a guerra do Oriente asiático contra o Ocidente europeu.

Foi com a Grécia dos aqueus que o Ocidente europeu venceu o primeiro *round.*

Capítulo 4

Homero

Nada sabemos a respeito de Homero. Nem sabemos se de fato existiu. Segundo a lenda mais comumente aceita, foi um "trovador" cego, do oitavo século, pago pelos senhores para lhe ouvir as histórias maravilhosas. Não podiam lê-las porque eram analfabetos e passavam o tempo unicamente guerreando, caçando e depredando. Pode bem ser que Homero também fosse analfabeto. Tirava a matéria de seus poemas diretamente da boca do povo e transformava-a, com sua inexaurível fantasia, conforme o gosto de seus aristocráticos ouvintes.

Com todo o respeito pelo seu gênio, Homero devia representar um grande filão porque, em suas histórias, os que lhe davam hospedagem encontravam com que saciar o orgulho. Cada um deles, além de ver exaltados os efeitos de seus antepassados, encontrava também uma árvore genealógica que o ligava, mais ou menos diretamente, a um deus. Seu ganha pão era a lisonja. Talvez tenha passado uma vida feliz, como parasito de luxo. E. ainda que não fosse fácil contentar a todos por causa dos ódios e rivalidades que os separavam, parece que teve bom resultado.

É certo que o que nos deixou da sociedade aquéia, apenas restrita classe dominante, não é um retrato fiel, porque todos os seus traços são transfigurados e embelezados pela inspiração poética do autor e pela necessidade de agradar aos clientes, muitos dos quais eram descendentes de tail sociedade. É retrato vazado no que boje chamamos de "estilo pomposo". E, ainda que se pareça com o que a sociedade queria ser ou tencionava tornar a ser, do que com aquilo que realmente era, contudo tem grande valor do ponto de vista documentário e nos permite traçar um quadro de seu mundo.

Homero diz que os aqueus eram povo fisicamente muito belo: os homens, todos atletas, as mulheres, todas elas umas rainhas de beleza. Provavelmente isso não é verdade. Mas basta para compreendermos que a beleza física era seu ideal máximo, talvez único. Tinham grande amor à elegância. E apesar de a indústria da moda 'ainda estar em fase rudimentar, com o pouco que tinham faziam verdadeiros milagres. O único tecido usado por homens e mulheres era o linho. Usavam-no à moda saco, com um buraco por onde passava a cabeça. Mas cada um acrescentava embelezamentos e enfeites, às vezes caríssimos, para dar um tom bem pessoal. Davam tanto valor a isso que Príamo, para fazer que Aquiles lhe restituísse o cadáver de Heitor, lhe ofereceu em troca a própria roupa como a mais preciosa de todas as "iscas".

As casas dos pobres eram de barro e palha; as dos ricos, de tijolos, com fundamentos de pedra. Entrava-se por uma porta central. Na maioria dos casos, não havia divisões de quartos nem janelas. Também a cozinha se desenvolveu muito depois.

Cozinhava-se no meio do único vão. Um buraco no teto dava saída à fumaça. Só os maiores senhores tinham quarto de banho. Aponta-se como extravagância de milionário mandar Penélope fazer uma cadeira de braços e Ulisses mandar construir uma cama de casal, para si e para ela. É verdade que devia compensá-la dos vinte anos de viuvez em que a deixara. Mas o fato, ao que parece, provocou certo escândalo.

Não há templos. Embora religiosos, os chefetes aqueus esbanjavam muito nos próprios palácios, mas pensavam pouco em abrigar os deuses. Deixavam-nos ao ar livre, mesmo no inverno. Ulisses, que depois de todas as aventuras levou velhice sedentária e caseira, construiu até um pátio com canteiro, árvores e cavalariça. E Páris, o sedutor de Helena, mandara os melhores arquitetos de Tróia construir uma "garçonnière". Não sabemos, porém, como ela era.

Além das diferenças de casa e de roupa, as duas classes — a dominante e a dominada — distinguiam-se também pela dieta. Os generais da guerra de Tróia são carnívoros, preferindo o porco. Os suboficiais e os soldados são vegetarianos e nutrem-se de trigo assado e peixe, quando o encontram. Os primeiros tomam vinho e usam o mel como açúcar. Os segundos bebem água. Nem uns nem outros conhecem talheres. Usam só as mãos e facas. Ninguém é proprietário de terra com título pessoal. A propriedade é da família, no seio da qual vigora uma espécie de regime comunista. A família vende, compra, distribui encargos e lucros, assinala a cada um sua tarefa. Como, geralmente, é muito vasta e a articulação da sociedade em categorias e ofícios é ainda rudimentar, a família, via de regra, é autossuficiente mesmo sob o ponto de vista artesão e profissional. Há sempre um filho ferreiro, carpinteiro ou sapateiro. E isto acontece mesmo na casa dos senhores, e até na corte, onde o rei serra, aplaina, costura e prega.

Não trabalham metais, nem os procuram escavando minas. Preferem importá-los do Norte, já manufaturados. E foi exatamente esta falta que provocou a catástrofe dos aqueus, no dia em que se encontraram frente aos dórios, mais bárbaros do que eles, porém armados de instrumentos de aço. A vida estagna no pequeno mundo doméstico, de horizonte limitado. A Grécia é cheia de cadeias de montanhas que tornam difíceis as viagens e os contatos. Faltam estradas. O único meio de transporte é o carro, puxado por burros ou por homens. Mas possuir um carro, naquela época, era como hoje possuir um iate.

Fazem parte da família, além dos que a ela pertencem por sangue ou casamento, também os escravos menos numerosos e mais bem tratados do que serão em Roma. Geralmente são mulheres e acabam consideradas como de casa. O dinheiro é apenas meio de troca, e não índice de riqueza. Esta é medida só por bens materiais, hectares de terra e animais. A única moeda que se conhece é, aliás, um lingote de ouro — o talento — ao qual, porém, só se recorre nas transações mais importantes. Fora disso, a troca é feita à base de frango, medida de trigo, pato ou porco.

A moral é um tanto baixa. Ulisses, apresentado como exemplo e modelo, é um dos mais descarados mentirosos e trapaceiros da História. Sua grandeza só é medida pelo sucesso, que deve ter sido a única religião daquele povo. Os meios de o alcançar não importam. O tratamento que Aquiles dá ao cadáver de Heitor é ignominioso. A única virtude praticada e respeitada é a hospitalidade. Impunham-na a aspereza da região, os perigos que aí se corriam e a consequente utilidade de dar asilo para dele poder gozar em caso de necessidade. A estrutura da família é patriarcal, mas a mulher tem lugar superior ao que lhe darão os romanos. O ter de inventar uma história sentimental para entusiasmar o povo e conduzi-lo a morrer sob os muros de

Tróia, mostra claramente o valor do amor na sociedade aquéia. A moça não tem escolha a fazer quanto ao casamento. Deve sujeitar-se à do pai que, geralmente, o contrata com o pai do noivo à base de vacas e aves. Uma moça bonita vale até uma manada, um rebanho inteiro. A festa nupcial, em que tomam parte as duas famílias, é de tom religioso, mas celebrada principalmente com comidas e danças, ao som da flauta e da lira. Uma vez dona de casa, assim é a mulher realmente. Não tem direito de se lamentar das infidelidades do marido, geralmente numerosas, mas toma as refeições com ele, goza de suas confidências, ajuda-o no trabalho e cuida da educação dos filhos, que se reduz unicamente à disciplina, pois ninguém se preocupa com aprender a ler ou escrever. Aspecto curioso e que marca o cunho doméstico da vida é que, geralmente, quem fica na cozinha são os homens e não as mulheres. Elas tecem e costuram. São, quase sempre, moças corretas e esposas fiéis. O caso de Clitemnestra e de Helena deve ser considerado sensacional e monstruoso. A *polis,* isto é, a cidade propriamente dita, ainda não nasceu. Chama-se assim o pequeno palácio ou castelo do senhor aqueu que, de início, tem poder muito limitado sobre os *genos* vizinhos. Os *genos* são o que em Roma serão as *gentes,* grupos de famílias que reconhecem um antepassado comum. A ameaça externa cria a unidade. Ante o perigo de invasão, os chefes de família unem-se em torno do senhor que os congrega em 'assembleias e com elas toma, democraticamente, as decisões do caso. Pouco a pouco, dessa assembleia, da qual tinham direito de participar todos os cidadãos homens e livres, foi saindo um Conselho que se tomou uma espécie de senado, do qual participavam só os chefes de *genos.* O senhor começou a se chamar de *rei* com todos os poderes religiosos, militares e judiciários, sob o controle do Conselho, que podia até depô-lo.

Não havia lei: ela vinha do rei e emanava de sua cabeça. Também não havia impostos. O erário, o cofre pessoal do soberano, era alimentado por presentes e sobretudo por presas de guerra. É por isso que os aqueus foram conquistadores.

As guerras contra Creta e depois contra Tróia, certamente foram impostas também por apertos financeiros. Embora estas conquistas fossem todas ultramarinas, os aqueus não eram um povo marinheiro. Em todo o caso, era menos marinheiro do que os fenícios que, na época, dominavam o Mediterrâneo oriental.

Capítulo 5

Os Héracles

Entre as muitas lendas florescentes ao tempo dos aqueus, existe a de Hércules, que já encontramos, de passagem, na turma do Argos, navio em que Jasão foi reconquistar o Velocino de ouro. Temos de voltar a ele por ser um dos personagens mais importantes da história grega.

Dizem que era filho de Zeus. Este, mesmo depois de casar com Hera, concedia-se liberdades e uma vez perdeu a cabeça por uma mulher comum, ainda que de sangue aristocrático. Chamava-se Alcmena. Era esposa de um tal Anfitrião tebano, que mais tarde haveria de dar o nome a uma das mais simpáticas e benéficas categorias do gênero humano — a das pessoas que dão hospedagem.

Zeus estava de tal forma apaixonado por ela que fez de vinte e quatro horas, e não de oito, a noite em que foi visitá-la. E o fruto daquele amplexo foi proporcional à sua duração. Hera, por vingança, mandou duas serpentes para sufocar o recém-nascido. Mas este as tomou entre o indicador e o polegar e esmagou-lhes a cabeça. Foi por isso que o chamaram de Hércules, o que significa "glória de Hera".

Cresceu com caráter próprio e em breve se tornou o mais popular dos heróis gregos, por seu temperamento alegre, despreocupado, exaltado e brincalhão. De vez em quando, julgando acariciar, quebrava a espinha de algum amigo. Depois chorava sobre o cadáver sua falta de atenção. Fez de tudo. Seduziu as cinquenta filhas do rei Tespes; com suas próprias mãos matou um leão de cuja pele fez depois sua roupa. Enlouqueceu por uma feitiçaria de Hera. Estrangulou os próprios filhos. Foi curar-se em Delfos, onde lhe prescreveram que se retirasse de Tirinto e se pusesse às ordens do Rei Eristeu. Este, para mantê-lo calmo, indicou-lhe doze empreendimentos dificílimos e arriscadíssimos, esperando que nalgum deles morresse. Ele, porém, executou-os todos.

Depois de morto foi venerado como deus, mas seus filhos, chamados Héracles, que deviam ser milhares, dada a força demográfica do pai de quem haviam herdado o caráter turbulento, foram expulsos da Grécia. Um deles, Ílio, desafiou um por um os soldados que o rei mobilizara para expulsá-lo com os irmãos. A combinação era que, se ele os vencesse a todos, os Héracles teriam como prêmio o reino de Micenas. Se perdesse, partiriam para o exílio, garantindo que só voltariam depois de cinquenta anos, na pessoa de seus filhos e netos. Perdeu, e a promessa foi mantida. Os Héracles partiram, mas seus descendentes voltaram depois da terceira geração, no fim dos cinquenta anos. Mataram os aqueus que tentaram resistir, e apoderaram-se da Grécia.

O que a lenda chama de "volta dos Héracles", em linguagem histórica se chama "invasão dórica", e correu pelo ano de

1100 antes de Cristo. Certamente, foram os próprios dórios que se apropriaram da lenda, se é que não a inventaram propositadamente. A lenda conferia orgulho e glória ao poder dos novos donos, fazendo-os passar por credores e não ladrões.

Como de costume, não sabemos exatamente quem tenham sido os dórios. Mas não há dúvida de que tenham vindo da Europa central, porque trouxeram para a Grécia o mais rico presente civilizado que os etnólogos chamam de "Hallstatt", derivado da cidade austríaca em que se encontraram seus primeiros indícios: o ferro.

Os aqueus conheciam o ferro, mas nunca o haviam trabalhado. Contentavam-se em importá-lo do Norte, já manufaturado. Os dórios eram muito mais rudes e bárbaros do que eles, mas possuíam grande quantidade de ferro. Escavavam-no também nos flancos das montanhas épiras e macedônias, à medida que iam para o sul em sua marcha de conquista. E assim se reabasteceram de armas, contra as quais as pedras e as clavas dos aqueus pouco valiam. Eram altos, crânio redondo, olhos azuis. De coragem e ignorância a toda a prova. Não há dúvida de que se tratava de uma raça nórdica.

Desceram em grupos. Estabeleceram sua primeira fortaleza em Corinto, que dominava o istmo. Em breve subjugaram toda a Grécia, menos a Ática, onde os atenienses conseguiram resistir e repeli-los. Ao contrário dos aqueus, não eram só terrestres e não se limitavam à terra firme. Desembarcaram também nas ilhas. Em Creta, destruíram os últimos restos da civilização minóica.

Quase sempre os conquistadores se cansam depressa de agir como donos. Depois de uma onda desenfreada de prepotências, geralmente acabam, como aconteceu com os aqueus, encontrando um "modus vivendi" com a população local, com que se mesclam e cujos costumes aceitam totalmente ou em parte. Mas os dórios tinham uma triste doença: o racismo. E isto confirma a hipótese de que se tratava de nórdicos, pois racismo eles sempre carregaram e continuam levando no sangue — todos, até mesmo os que por palavra o desmentem.

Ainda que muito menos numerosos do que os nativos, ou talvez por isso mesmo, defenderam sua integridade biológica, muitas vezes com autêntico heroísmo, como em Esparta. A superior civilização grega, longe de os seduzir, de início os amedrontou. Aceitaram-lhe a língua muito mais evoluída do que a sua própria e já enriquecida de uma literatura, ainda que puramente oral. Apossaram-se da lenda dos Héracles porque lhes era agradável. Mas evitaram ainda por muito tempo igualdade. E isto explica o caos que provocaram. Hesíodo, que certamente não era dórico e escreveu bastante depois, chama a esta era "a era do ferro". Isto não só porque pela primeira vez o ferro se tornara de uso comum, mas também porque a vida se tornara dura e difícil. A insegurança, despovoava os campos. Todos traziam armas para se defender e atacar. O desenvolvimento artístico e cultural parara porque, diversamente dos aqueus — mortos ou fugidos — os novos senhores não tinham sombra alguma de mecenismo. Tudo isso, como veremos, teve uma série de funestas consequências.

Segunda Parte

As Origens

Capítulo 6

A "Polis"

Os acontecimentos que narramos até agora tentam separar a História e a lenda que, nos memorialistas gregos, se confundem. Pertencem à Idade Média helênica, que se encerrou com a invasão dórica e com o caos que a seguiu. Tentemos agora, antes de levantarmos o pano sobre a História verdadeira e real, iniciada no oitavo século, fixar-lhe as características principais, porque nelas está a explicação dos acontecimentos posteriores.

Como já dissemos, o traço fundamental e permanente dos gregos foi o particularismo que teve sua expressão nas *polis,* isto é, nas "cidades-estados" que nunca conseguiram fundir-se em nação. Impediu-o mais sua escassa permeabilidade do que a diversidade racial dos vários povos que se superpuseram uns aos outros. Expliquemo-nos. Todas as nacionalidades são compostas. O último a acreditar que existissem nacionalidades puras e a fundar uma doutrina e, o que é ainda pior, uma política sobre tal teoria, foi Hitler. E acabou como sabemos. De fato, a própria Alemanha é uma mistura de alemão e de eslavo; como a Inglaterra é mistura de céltico, de normando e de saxão; como a França contém céltico, alemão e latino, sem falar da Itália, onde há de tudo. Queremos dizer que, no mundo inteiro, as invasões sofridas por todas as nações não impediram a formação, com maior ou menor rapidez, de um povo que seja exatamente o resultado da fusão de seus variados ingredientes étnicos.

Isso não aconteceu na Grécia, por culpa dos dórios. Invadindo o país, não diremos que romperam a unidade — que não existia — mas impediram que ela se formasse. Ficaram separados, com o sentimento de superioridade racial em relação aos locais com quem, propositadamente, não se quiseram mesclar. Não sabemos bem como os faltos se desenrolaram. Achamos que Heródoto, o primeiro que os apurou, tem razão quando diz que os dórios se sobrepuseram, reduzindo os aqueus à escravidão. Estes, por sua vez, se haviam sobreposto aos pelágios, escravizando-os. E os pelágios eram os verdadeiros autóctones da Grécia. Daí resulta a composição de três elementos étnicos, de dois pelo menos, porque quando os dórios chegaram em 1100, os aqueus, chegados alguns séculos antes, já estavam bastante mesclados ou se mesclando com os pelágios. Por isso os dórios os desprezavam, chamando-os de "bastardos". Era assim que os alemães nazistas chamavam os austríacos.

Não foi à toa que os atenienses diziam ser um dos dois povos de raça pura, não contaminada pelos dórios. O outro era a Arcádia, o mais inacessível reduto alpino do Peloponeso, onde é realmente provável que os invasores nunca tenham conseguido instalar-se. Evidentemente, o racismo dórico provocou, como reação, o racismo aqueu-pelágico, que se chamou *jônico*. Predominou na Ática e nas ilhas do Jônio, levando os atenienses a se proclamarem "gerados pela terra" e os arcádios a sustentarem que seus pais se haviam instalado na Arcádia antes que no céu aparecesse a lua. O que era um pretexto para tratar os dórios como intrusos.

A esta altura, uma questão se impõe. Estes gregos briguentos, que nunca conseguiram formar uma nação política, uma comunidade, tiveram, contudo, algo de comum e nacional: a língua. E como esta não podia nascer de uma fusão que não existiu, qual dos três elementos a elaborou e a impôs aos outros? Em suma, qual das três raças que povoavam a Grécia, falava o grego.

Heródoto, grande pesquisador de curiosidades, conta que, em suas explorações por todos os cantos do país, encontrou muitas aldeias e tribos em que se falava uma língua que não entendia. Certamente, era a pelágica, que sobrevivera em alguns cantos do interior, escapando primeiro da soberania dos aqueus e depois dos dórios. Que língua era, não sabemos. Como também não sabemos de que raça eram os pelágios. Mas certamente tinha origem no Oriente médio. É dedução tirada de palavras que, pouco a pouco, foi deixando no grego propriamente dito: *Thalass,* por exemplo, que significa mar. Xenofonte narra que durante a famosa "Anabasis" dos dez mil gregos na Ásia Menor, estes viviam perguntando aos indígenas que encontravam pelo caminho:

"Thalassa? Thalassa?" E os indígenas compreendiam porque era uma palavra da língua deles.

Há muitas outras, em geral referentes a assuntos de mar. É uma confirmação de que aqueus e dórios não entendiam muito de mar. Talvez nunca o tivessem visto antes de chegar à Grécia, não tendo, portanto, nem palavra para o batizar. Adotaram, pois, a dos pelágios que, como o nome indica, tinham muita intimidade com ele.

Já não pode haver dúvida: o grego foi uma língua importada. Não há razão para discutir se foram os aqueus ou os dórios que a trouxeram. O motivo é simples. Salvo algumas diferenças de dialetos, ambos a falavam, pois uns e outros eram originários da mesma raiz indo-européia, como os latinos, os celtas e os teutões. Vamos adiante. O praticarem os dórios o racismo, provocando o mesmo sentimento, não menos desmiolado, em seus coinquilinos da Grécia, não basta para explicar a separação de regiões. Pois eles, somando tudo, só dominavam o Peloponeso, onde sempre constituíram minoria, mesmo em Esparta, sua praça forte. Nas outras regiões, em que dominava a mescla aquéia-pelágica, isto é, jônica, poderia ter-se formado algum Estado que fosse algo mais do que a cidade com seus subúrbios e, contudo, não se formou. Por quê?

É preciso pôr de sobreaviso o leitor, para que não julgue certos fenômenos antigos de acordo com sua experiência moderna. Os historiadores antigos, recrutados no serviço de propaganda dos dórios, erravam imaginando-os netos dos cinquenta filhos de Hércules, de volta à pátria de origem para tornar a possuí-la em virtude de contrato devidamente estipulado e assinado. Mas também não cometeremos nós o erro de atribuir à sua invasão, pois foi uma verdadeira invasão, os métodos e a técnica da invasão alemã na Checoslováquia ou da russa na Estônia. Mais do que propriamente conquistas e verdadeiras invasões, eram aluviões de tribos pouco ligadas entre si. E, se o "grosso" se aquartelou no Peloponeso, outros grupos esparsos se disseminaram por toda parte e por toda parte levaram confusão e insegurança.

Que aconteceu? Aconteceu que em toda a Grécia os colonos, não podendo defender-se sozinhos em seus casebres isolados, abandonaram-nos e começaram a se recolher no alto de colinas, onde, com o auxílio da natureza, melhor poderiam resistir. Estes cumes se chamavam *acrópoles, o* que literalmente significa — cidade alta. Fortificadas, tornaram-se o primeiro núcleo da cidade que foi, como se está vendo, antes de tudo uma descoberta estratégica.

Objetar-se-á que isso não aconteceu só na Grécia. Quase por toda parte as cidades nasceram pelos mesmos motivos, o que não as impediu de se desenvolverem em Estados maiores. É verdade. Mas nem por toda parte os motivos que obrigaram os gregos a despovoar os campos para se reunirem em acrópoles e ficarem lá unidos entre si, sem contatos com outras acrópoles, duraram tanto tempo. A Idade Média grega, isto é o período das invasões e das convulsões iniciado com a vinda dos aqueus em 1400 a.C., foi até o ano de 800, numa extensão de seiscentos anos. Seiscentos anos representam vinte e quatro gerações. E em vinte e quatro gerações se formam mentalidades, costumes, hábitos que não se destroem mais. O espírito da *polis,* isto é, a força de coesão que faz que cada cidadão grego seja tão sensível a tudo o que ocorre dentro, e tão insensível ao que se passa fora da cidade, durante seiscentos anos se desenvolveu e se tornou indestrutível. Nem mesmo os grandes filósofos do Século de Ouro conseguiram conceber algo que superasse a cidade com seu condado próximo. Nem mesmo querem que a cidade ultrapasse determinados limites. Platão dizia que não devia superar cinquenta mil habitantes. Aristóteles sustentava que todos deviam conhecer-se entre si, pelo menos de vista. Muitos criticaram Hipódamo quando, encarregado por Pisístrato de redigir o projeto de circundar com muros Atenas, até Pireu, calculou que dentro deles deveriam ficar dez mil pessoas. Foi chamado de exagerado. De fato, Atenas acabou alcançando duzentas mil almas. Mas naquela época a alma só era atribuída aos corpos dos citadinos. Estes representavam apenas um décimo da população. Só por eles havia preocupação em caso de invasão. Os outros, que ficassem fora e se deixassem matar. A sociabilidade do povo grego, seu senti-

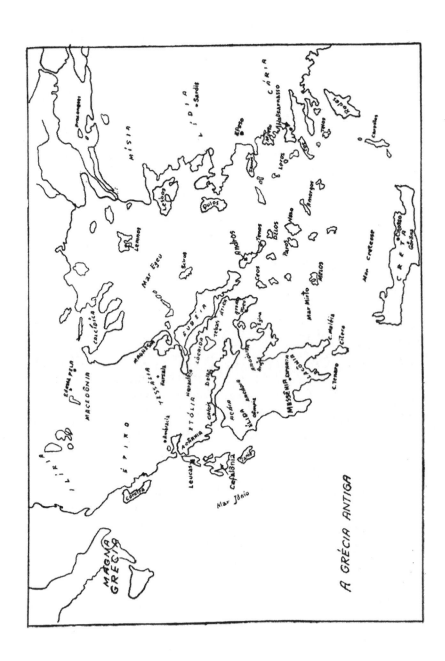

mento comunitário e exclusivista com todos os seus derivados, mesmo os piores — o mexerico, a inveja, o intrometimento nas coisas alheias — nasceram dessa longa incubação. "Ele evita a cidade" — disse Demóstenes de um seu inimigo para significar que não participava da vida de todos. Era a pior acusação que se poderia lançar contra um ateniense. Esse fato produziu outro: a colonização.

A expansão dos gregos por toda a bacia do Mediterrâneo, levando-os a fundar suas características *poleis* aqui e ali, desde Mônaco e Marselha a Nápoles, Reggio, Bengasi, nas costas asiáticas, e nas do Mar Negro, atravessou dois estágios. O primeiro foi o período atrapalhado e desordenado da fuga pura e simples sob a perseguição das invasões, especialmente a dórica. Não obedecia a plano, nem programa algum. Não partiam para fundar colônias. Fugiam para salvar a pele e a liberdade. Procuravam refúgio, primeiramente nas ilhas do Jônio e do Egeu, por serem as mais próximas da terra firme e por serem ocupadas por habitantes pelágicos. Impossível se torna dizer as proporções alcançadas por este fenômeno. Mas devem ter sido notáveis. De qualquer forma, uma camada de população grega com seus usos e costumes já se estabilizara nestes arquipélagos, quando no século VIII começou o fluxo migratório organizado.

O fato se deve, certamente, ao aumento de população nas *poleis* e à falta de terra onde colocá-la convenientemente. Não havia espaço onde desenvolver uma sociedade camponesa. E mesmo que no passado ele existisse, o grego, vindo de séculos de vida em cidades, não era mais um colono. E se possuía uma propriedade, depois de trabalhar o dia todo, à tarde, voltava para dormir e mais ainda paira conversar e "bater um papo" na cidade. Os muros da cidade, porém, não podiam conter gente além de certo limite. Além da repugnância espiritual, como vimos em Platão e Aristóteles, a *polis* tinha impossibilidade material de se transformar em metrópole. Foi então, no oitavo século, que se começou a disciplinar e racionalizar a emigração.

"Colônia" em grego é *apoikia,* o que literalmente significa fora de casa. Já a palavra exclui qualquer intenção de conquista ou imperialismo oculto. Eram apenas pobres diabos montando casa. Apesar de o governo designar como chefe destas expedições um "fundador" que assumia o comando e a responsabilidade, a *apoikia,* uma vez constituída, não se tornava dependência, domínio, ou protetorado da cidade-mãe. Guardava-lhe apenas vínculos sentimentais. Concedia-se algum privilégio aos antigos concidadãos, quando vinham de visita ou a negócios. O fogo, na lareira pública, era aceso com tições trazidos da pátria de origem. A esta costumavam pedir que mandasse novo "fundador" se a colônia, também superpovoada, decidia fundar outra. Não havia, porém, submissão política. Volta e meia até surgiam guerras entre elas, como aconteceu com Corinto e Corfu. Nem mesmo havia sujeição econômica. A *apoikia* não era nem base, nem empório da mãe-pátria, com a qual mantinha apenas as relações que lhe conviessem. Enfim, como faltava um laço nacional entre as diversas *poleis,* assim faltava vínculo de império entre cada uma delas e suas colônias. Foi mais um motivo para a dispersão do mundo grego, para seu sublime desprezo por toda espécie de ordem territorial. A Grécia nasceu a despeito da geografia. Disso tirou muitas vantagens, mas foi também daí que surgiu sua ruína.

Outros motivos que a influenciaram — dizem — foram os geofísicos e econômicos, como a particular conformação da península que tornava difíceis os contatos por terra. Mas isso mais parece consequência do que causa. Nenhum obstáculo natural impediu aos romanos, animados de enorme força centrípeta, de criar imponente rede de estradas, mesmo nas zonas mais difíceis. Os gregos foram e permaneceram sempre centrífugos. Atenas nunca sentiu necessidade de uma estrada que a ligasse a Tebas, simplesmente porque nenhum ateniense sentia vontade de ir a Tebas. Mas teve belíssima ligação com o Pireu, porque o Pireu fazia parte da *polis,* e esta, por sua vez, não se sentia parte de mais coisa nenhuma.

Os gregos podiam consentir nisso, aliás, porque naquele momento nenhuma força externa ou inimiga os ameaçava. E foi esta, talvez, sua desgraça. Na Ásia, o império dos hititas ruíra. Assumiram-lhe o lugar os reinados da Lídia e da Pérsia, ainda em formação e, portanto, sem força agressiva. Na África, caía o Egito. O Ocidente estava envolto nas trevas da pré-história. Cartago, um pequeno porto de piratas fenícios. Rômulo e Remo ainda não eram nascidos. Os emigrantes gregos que tinham ido fundar Nápoles e Reggio, Sibaris, Cróton, Nice, Bengasi, só haviam encontrado tribos bárbaras e desunidas, incapazes, não só de atacar, mas até de se defender. Ao norte, a península balcânica era terra de ninguém. Depois da invasão dos aqueus e dos dórios, nenhum inimigo viera, de suas selvas e montanhas, sobre a Grécia.

Nesse vazio, a *polis* pôde tranquilamente abandonar-se à sua vocação particularística e separatista, sem preocupação alguma de unidade nacional. É sob a ameaça externa que os povos se unem. E é por isso que os ditadores modernos, quando ela não existe, a inventam. Rixas e guerrinhas desenvolviam-se entre as *poleis,* em família, de forma que, em vez de unir, contribuíam para divisão sempre maior.

Eis pois o quadro que a Grécia nos apresenta, politicamente, no instante em que começa sua história: uma Via-Láctea de estadinhos disseminados pelo arco do Mediterrâneo oriental e ocidental, todos voltados para a elaboração de sua própria experiência política e cultura dentro dos muros da cidade.

Procuremos colher os primeiros frutos em seus personagens mais representativos.

Capítulo 7

Zeus e Família

A história política da Grécia é, portanto, a de muitos pequenos Estados geralmente compostos de uma só cidade, com poucos hectares de terra ao seu redor. Não formavam nunca uma nação. Mas duas coisas fizeram deles o que chamamos uma *civilização:* a língua comum a todos, sobreposta aos dialetos particulares, e a religião nacional, acima de certas crenças e cultos locais.

O centro de cada uma destas pequenas cidades-estado era constituído pelo templo que surgia em honra do deus ou deusa protetora. Atenas venerava Atena; Elêusis, Deméter; Éfeso, Artêmis; e assim por diante. Só os cidadãos tinham o direito de entrar nessas catedrais e participar dos ritos aí celebrados. Era um privilégio de que mais questão faziam. Todos os grandes atos da vida — nascimento, casamento, morte — deviam ser consagrados. Como em todas as sociedades primitivas, toda autoridade — desde a do pai sobre a família à do *arconte* sobre os cidadãos — devia ser "ungida pelo Senhor", isto é, exercida em nome de um deus. E havia deuses para personificar cada virtude, cada vício, cada fenômeno da terra ou do céu, cada sucesso, cada desventura, cada atividade e cada profissão.

Os próprios gregos jamais conseguiram pôr ordem e estabelecer hierarquia entre seus patronos, em nome dos quais até fizeram muitas guerras entre si, reclamando cada um a superioridade de seu deus. Povo algum jamais inventou, blasfemou e adorou deuses em tanta quantidade. "Não há pessoa no mundo — dizia Hesíodo, tido como pessoa competente — que possa recordá-los todos." Tal abundância é devida à mescla de raças — pelágica, aquéia e dórica — que se superpuseram na Grécia, invadindo-a em ondas sucessivas. Cada uma trazia consigo seus próprios deuses sem destruir os que já estavam instalados. Cada povo conquistador degolou certo número de mortais, mas não quis nada com os imortais. Adotou-os ou, pelo menos, deixou-os sobreviver, de modo que a interminável família dos deuses está dividida em camadas geológicas, que vão desde as mais antigas às mais recentes.

Os primeiros são os autóctones, os das populações pelágicas ordinárias do lugar. Reconhecemo-los por serem mais terrestres do que celestes. À sua frente está Géia, que é a própria Terra, sempre grávida ou amamentando, como uma camponesa. Segue-se ao menos um milhar de divindades subalternas, que moram em cavernas, árvores e rios. Um poeta da época lamentava: "Já não se sabe onde esconder um alqueire de trigo, todo buraco está ocupado por um deus."

Todo e qualquer vento se personifica num deus. Fossem frios como o Noto e o Euro, ou tépidos como o Zéfiro, divertiam-se em agitar os cabelos das Náiades e das Nereidas que povoavam torrentes e lagos, perseguidas por Pã, o infiel roubador de corações, que as encantava com sua flauta. Havia os castos, como Artêmis. Mas existiam os francamente indecentes, como Deméter, Dionísio e Hermes, pedindo práticas de culto que hoje seriam punidas como evidentes ultrajes ao pudor. Havia, enfim, os mais pavorosos e ameaçadores, como o orco da fábula: os que habitavam debaixo da terra. Os gregos procuravam torná-los bonzinhos, dando-lhes nomes bonitos e afetuosos. Chamavam, por exemplo, de Melíquio, "o benévolo", a um certo Ctônio, serpente monstruosa; Hadee, irmão de Zeus, a quem por empreitada se lhe haviam dado os mais baixos serviços, foi rebatizado como Plutão e chamado de deus da abundância. Mas o mais pavoroso era Hécate, a deusa do mau olhado, a quem se sacrificavam bonecas de madeira esperando que seus quebrantos se limitassem a elas.

Como dissemos, o Olimpo, isto é, a ideia de que os deuses morassem no céu e não na terra, foi trazido à Grécia pelos aqueus. Os novos donos, quando chegaram a Delfos, encontraram o maior templo dedicado a Géia. Substituíram-na por Zeus. Pouco a pouco, impuseram também no resto do país os deuses celestes sobre os terrestres sem, porém, os destruir. Formaram-se assim duas religiões: a dos conquistadores, que constituíam a aristocracia dominante, com castelos e palácios, rezando voltados para cima; e a do povinho subjugado que, em suas cabaninhas de barro e palha, rezava olhando para a terra. Homero só nos fala dos deuses olímpicos, celestes, porque era pago pelos ricos. Hoje em dia os da esquerda o chamariam de "poeta da gente bem". O rei desta sua religião de "patrões" era Zeus.

Contudo, no sistema teológico que pouco a pouco se formou, procurando conciliar os deuses celestes dos conquistadores com os terrestres dos conquistados, não foi ele o criador do mundo. Este já existia. Não é nem onisciente, nem onipotente.

Tanto assim que seus subalternos o enganam. É vítima das espertezas deles. Antes de se tornar "Olímpico", isto é, sereno, teve várias crises de crescimento. Apaixonou-se terrivelmente, não só por deusas como também por mulheres comuns. De tal vício não o curou nem mesmo a velhice. Mostrava-se geralmente gentil com as seduzidas, pois casava com elas. Mas depois era bem capaz de as devorar, como fez com Métis. Esta achava-se grávida e, dentro do estômago, pariu Atena. Para trazê-la à luz do dia, ele, teve que se desparafusar a cabeça. Depois casou com Têmis que lhe deu, uma após outra, doze filhas, chamadas Horas. Desposou Eurínome, que lhe deu as três Graças. Em seguida, Leto, de quem teve Apoio e Artêmis. Seguem-se Mnemósines, que o fez pai das nove Musas; a irmã Deméter, de quem teve Perséfone; e, por fim, Hera, a quem fez rainha do Olimpo, pois já se sentia velho para correr atrás de novas aventuras matrimoniais. Não deixou, porém, de se dedicar a pequenas distrações passageiras, como as com Alcmene, de quem nasceu Hércules.

E, como o sangue não mente, cada um dos filhos teve outras tantas aventuras e deu a Zeus um exército de netos, igualmente desregrados. Mas não devemos acreditar muito nos poetas que lhes atribuem isso tudo. Cada um deles estava a serviço de um senhor que, no desejo de procurar em sua árvore genealógica alguma ligação com tão altos personagens celestes, os pagava para que lha encontrassem.

Este Panteão, todo litigioso, inquieto, cheio de mexericos, foi comum a toda a Grécia. Mesmo escolhendo cada cidade um deus ou uma deusa diferente para seu patrono, todas reconheciam a supremacia de Zeus e, o que é mais interessante, praticavam os mesmos ritos. Os sacerdotes não eram donos do Estado, como acontecia no Egito, mas os chefes de Estado se faziam sacerdotes para dirigir as práticas dos cultos. Tais práticas consistiam em sacrifícios, cantos, procissões, orações e às vezes banquetes. Tudo era regulado por uma liturgia exata e minuciosa. E nas grandes festas, que anualmente cada cidade celebrava em honra de seu patrono, todas as outras mandavam seus representantes. Era uma das poucas sólidas ligações entre esses gregos centrífugos, litigiosos e separatistas.

Os magistrados, em sua qualidade de altos sacerdotes, eram ajudados por especialistas que não se formavam em nenhum seminário, mas se faziam pela prática. Não constituíam casta e não eram obrigados a nenhuma regra especial. Bastava-lhes conhecer o ofício. Os mais procurados eram os de adivinho. As mulheres que o exerciam chamavam-se sibilas e tinham a especialidade de interpretar os oráculos. Tais oráculos existiam por toda parte. Mas os mais famosos foram o oráculo de Zeus, em Dodona, e o de Apoio, em Delfos, que tinham conquistado grande fama também no exterior e afeiçoada clientela entre estrangeiros. Também Roma, mais tarde, enviava mensageiros que os interrogavam antes de empreender coisas importantes. Os oráculos eram atendidos por sacerdotes e sacerdotisas que conheciam o segredo da interpretação de suas respostas. Interpretavam de maneira que sempre fossem exatos.

Também estas cerimônias serviram muito para criar e manter vínculos de união entre os gregos. Algumas associações entre as várias cidades, como a liga anfictiônica, se formaram em seu nome. Os Estados que a compunham reuniam-se duas vezes por ano em volta do santuário de Deméter: na primavera em Delfos, e nas Termópilas no outono.

Diógenes, meio linguarudo, dizia que a religião grega era aquela coisa pela qual um ladrão que soubesse bem a Ave-maria e o Padre-nosso estava certo de poder sair-se melhor no outro mundo do que um homem correto que os tivesse esquecido. E não andava errado. A religião, na Grécia, era apenas um modo de proceder, sem conteúdo moral. Aos fiéis não se exigia a fé, nem se lhes propunha o bem. Impunha-se-lhes apenas o cumprimento de certas práticas burocráticas. E não podia ser de outra forma, pois conteúdo moral os próprios deuses tinham bem pouco e não se podia dizer que fossem modelos de virtude. Foi ela, entretanto, que impôs os deveres fundamentais, sem os quais nenhuma sociedade pode existir. Tornava sagrado, portanto indissolúvel, o matrimônio; moralmente obrigatória a procriação de filhos, e peremptória a fidelidade à família, à tribo, ao Estado. O patriotismo dos gregos era intimamente ligado à religião. Morrer pela pátria equivalia a morrer pelos próprios deuses e vice-versa. Tanto assim que, quando os deuses foram destruídos pela filosofia, os gregos, não sabendo mais por que morrer, deixaram de combater e foram dominados pelos romanos, que ainda acreditavam nos deuses.

Capítulo 8

Hesíodo

Alguns biógrafos contam que Homero, além de escrever poesias por conta própria, passava o tempo julgando as dos outros como presidente das comissões para os prêmios literários, que naqueles tempos — como se vê — proliferavam no mundo, ou pelo menos na Grécia. Dizem que num desses concursos deu a vitória a Hesíodo, que foi realmente o segundo, logo depois dele, no afeto e na estima dos antigos gregos. Não pode ser verdade, porque entre Homero e Hesíodo se passaram vários séculos. Bem que gostaríamos de poder acreditar, mas...

Os atenienses, as mais pérfidas línguas do mundo clássico, consideraram a Beócia, onde nasceu Hesíodo, como a terra dos "caipiras" e dos atrasados. Fizeram da palavra "beócio" sinônimo de "bôbo", ainda que beócios tenham sido altas personalidades como Epaminondas, Píndaro e Plutarco. Nessa aversão havia sobretudo motivos políticos. Tebas, capital da Beócia, será durante séculos a inimiga de Atenas, até chamar sobre si os persas. Mas é preciso reconhecer que Hesíodo, o mais célebre de seus filhos, auxiliou muitos os difamadores de sua terra, descrevendo-a de modo a justificar amplamente a calúnia.

Aliás, não nascera lá porque sua mãe o deu à luz em Cime, na Ásia Menor, para onde emigrara o pai, pobre colono, em busca de trabalho ou talvez misturado com outros fugitivos que procuravam evitar a prepotência dos invasores dóricos. Mas era beócio de sangue e na Beócia, para onde o levaram ainda na primeira infância, viveu o resto de sua longa vida trabalhando em pequeno campo pouco generoso em Ascra, perto de Tespes.

Vista por outros olhos, podia ser uma paisagem encantadora, cheia de brilhantes inspirações. No horizonte se delineiam Parnaso e Hélicon — a Hollywood da época — onde se reuniam as Musas e donde se dizia ter alçado voo para o céu o cavalo alado chamado Pégaso. Não longe, nascia a fonte em cujas águas, como diziam alguns, Narciso contemplava sua própria imagem, ou, como diziam outros, procurava a da irmã morta, pela qual estivera incestuosamente enamorado.

Belíssimos motivos que, nas mãos de Homero, teriam sido traduzidos sabe Deus em que romances de amor e de aventuras. Mas Homero era poeta de corte e trabalhava às ordens de príncipes e princesas, clientes de alta classe que lhe exigiam produtos confeccionados sob medida aristocrática e ao gosto de togados que não podiam comover-se senão com histórias de heróis semelhantes a eles, esplêndidos, cavalheirescos, a quem só o Fado poderia vencer.

Hesíodo era camponês, filho de camponês. Príncipes e princesas, nunca os vira. Talvez nunca tivesse estado na cidade. E a terra que não visitava como turista, mas que arava com suas próprias mãos, pareceu-lhe unicamente avara, ingrata, fria no inverno e escaldante no verão; assim a descreveu.

Não se conhece, não digo já o ano, mas nem mesmo o século em que nasceu. Crê-se, geralmente, que tenha sido no século sétimo antes de Cristo, quando a Grécia começava a sair das trevas em que a lançara, quatro séculos antes, a invasão dórica e começava, finalmente, a elaborar sua civilização.

Hesíodo nos dá um quadro nada poético, mas exato daqueles tempos e daquelas misérias em *As Obras e os Dias*. São uma série de conselhos dados a seu jovem irmão, a respeito do qual o menos que podemos pensar é que se trata de um rapazelho desmiolado e trapaceiro. Ao que parece, defraudara o pobre Hesíodo em sua parte de herança e vivia desfrutando-lhe o trabalho, inteiramente entregue ao vinho e às mulheres. Suspeitamos de que não tenha feito muito caso dos sermões do irmão mais velho, continuando, pela vida afora, a zombar da seriedade com que o chamava ao trabalho e à honestidade. Mas Hesíodo não se desencorajou e continuou a lhe fazer uns sermõezinhos, especialmente em questões sexuais, contra as quais parecia ter particular azedume. Ele acha que foi uma mulher — Pandora — quem trouxe todos os males aos homens até então em gozo de paz, saúde e prosperidade. E, entre linhas, deixa entrever que em toda mulher se encontra lima Pandora. Muitos críticos deduzem disso que ele deve ter sido um solteirão. Mas achamos que tais coisas só as escreve quem é casado...

Em sua *Teogonia* contou como é que ele e seus contemporâneos viam a origem do mundo. Primeiro, era o caos. Depois do caos, sem se saber como, nasceram Urano, o deus do céu, e Géia, a deusa da terra. Casando-se os dois, procriaram os Titãs, estranhos monstros de cinquenta cabeças e cem mãos. Urano, vendo-os tão feios, ficou furioso e mandou-os para o Tártaro, ou seja, o inferno. Géia, que não deixava de ser mãe, não gostou disso e organizou com os filhos uma conjuração para assassinar o pai desnaturado. Cronos, o primogênito, encarregou-se dessa baixeza. Quando Urano voltou, trazendo consigo a Noite (Érebo), para se deitar com sua mulher, por quem era apaixonadíssimo, Cronos saltou sobre ele com uma faca e lhe infligiu a mais cruel mutilação que um homem possa sofrer, atirando os restos ao mar. De cada gota de sangue nasceu uma Fúria. Das águas que haviam tragado aquele inominável pedaço de corpo de Urano, emergiu a deusa Afrodite, que, exatamente por isso, não tinha sexo. Depois, Cronos subiu ao trono do deposto Urano e casou com a irmã Réia. Lembrando-se de que, quando nascera, os pais haviam predito que ele, por sua vez, seria deposto pelos filhos, comeu-os a todos. Só escapou um, que Réia, com um truque, conseguiu subtrair-lhe e levar para Creta. Chamava-se Zeus. Este, quando crescidinho, depôs realmente Cronos. Obrigou-o a vomitar os filhos que havia engolido, mas ainda não digerira. Mandou definitivamente para o inferno seus tios Titãs e ficou, na religião grega, senhor do Olimpo, até o dia em que Jesus Cristo o eliminou. É possível que, em tais alegorias, esteja condensada e resumida, em forma de fábula, a história da Grécia: Géia, Urano, Cronos, os Titãs etc., faziam parte da teogonia da primeira população autóctone — a pelágica. Zeus, ao contrário, era um deus celeste que veio para a Grécia, como se diria hoje, "na ponta das baionetas" aquéias e dóricas. Sua vitória definitiva sobre o pai, os irmãos e os tios lembra o triunfo dos conquistadores descidos do Norte.

Seja como for, o único título de Hesíodo para a imortalidade é seu estado civil. Depois de Homero, ele é o mais antigo autor da Grécia. Apesar de ter escrito em versos não é, certamente, um poeta. Hesíodo encarna um personagem grosseiro e medíocre que é comum a todos os tempos e que se situa entre Bertoldo, o Simplicíssimo, e Dom Camilo. Mas seu valor como testemunha consiste exatamente em ter mostrado, como cronista escrupuloso e simples, o outro lado da sociedade antiga, que era o proletariado, os colonos. Homero mostrara só a fachada áulica e aristocrática. Nas descrições de Hesíodo, opacas e terra a terra, sem um vislumbre de lirismo, temperadas apenas com rude bom-senso, revivem os *peões* da Beócia arcaica, os pobres camponeses maltratados pelos latifundiários absentistas e vorazes, que vivem n'a fazenda sem mesmo a conhecerem, como a maior parte dos barões do sul da Itália, nossos contemporâneos. As casas de Hesíodo são casebres de barro, com um só cômodo para bípedes e quadrúpedes. Aí se treme de frio no inverno e se ferve no verão. Ninguém vem da cidade pedir a opinião ou o voto desta pobre gente, que tem obrigação de entregar parte da colheita ao patrão e parte ao governo; alistar-se no exército, e morrer por motivos que não conhecem e interesses que não lhes dizem respeito nas guerras entre Orcómenon e Tebas, ou entre Tebas e Queronéia. Porque a pátria só é a região — a Beócia — vagamente unida pelo vínculo federal representado pelos *beotarcos.*

A dieta é das que abstraem qualquer cálculo de vitaminas e calorias. Trigo torrado, cebolas, feijão, queijo e mel, duas vezes ao dia quando as coisas iam bem, o que raramente acontecia. A malária imperava nos charcos do lago Copais, hoje seco. Para fugir dela, deviam habitar colinas rochosas e inóspitas, onde se morria de fome. Moedas não existiam. Era preciso o trabalho de cinco ou seis famílias para colher trigo suficiente para pagar um carro ao carpinteiro que o fabricara. Não havia tempo nem forças a desviar da luta contra o apetite. Ninguém pensava em instrução. A categoria mais alta e culta era a dos pequenos artesãos da aldeia, que só pouco a pouco haviam aprendido a trabalhar o ferro importado pelos novos patrões dóricos. Só fabricavam objetos de uso comum. Na cidade, em torno dos palácios dos senhores, havia os mais distintos, que já pensavam em decorações. Mas, no interior, era ainda o estado mais arcaico. O núcleo que fazia ligação com a sociedade era a família, em cujo seio os incestos eram frequentes. E todos os achavam tão naturais que os atribuíam também a seus deuses.

Hesíodo foi o cantor desta Grécia campesina, tiranizada pelos conquistadores nórdicos, que com ela ainda não se haviam misturado. Teve um só mérito: o de reproduzi-la fielmente com as misérias de que participou: isto se percebe.

Capítulo 9

 Pitágoras

Entre as colônias mais vigorosas que floresceram nos séculos VIII e VI antes de Cristo, estavam as da Magna Grécia, nas costas da Itália meridional. Os gregos a alcançaram por mar. Desembarcaram em Brindes e Tarento, fundando diversas cidades. As mais progressivas e populosas foram Síbaris e Cróton. A primeira — como dizem — chegou a ter trezentos mil habitantes e tornou-se famosíssima por seu luxo. De seu nome se formou o adjetivo "sibarita", sinônimo de refinado.

Aí só trabalhavam os escravos. E mesmo estes deviam abster-se de atividades — como as de ferreiro e carpinteiro — que pudessem, com seu ruído, atrapalhar o descanso da sesta, depois do meio-dia. Ocupavam-se só de cozinha, moda e esporte. Alcístene mandara fazer uma roupa que, mais tarde, Dionísio de Siracusa revendeu por uns cem mil cruzeiros. Esmíndride, em suas viagens, fazia-se geralmente acompanhar de mil servidores. Os cozinheiros tinham o direito de patentear seus pratos, mantendo o monopólio deles por um ano. Com isso, acumulavam patrimônio capaz de lhes permitir viver de rendas o resto da vida. O serviço militar era desconhecido.

Mas pelo fim do sexto século a cidade, além da comodidade e do prazer, quis também a hegemonia política que não se dá bem com o prazer e o luxo. Por esta razão, pôs-se em desacordo com Cróton, cidade menos rica e mais séria. Com grande exército, marchou contra ela. Os crotonenses, assim se conta, esperaram-nos armados de flautas. Ao começarem a tocar, os cavalos de Síbaris, como os de Leipzig, mais habituados à arena do circo do que aos campos de batalha, puseram-se a corcovear. E os rudes crotonenses massacraram contentes os cavaleiros deixados à mercê dos quadrúpedes. Síbaris foi tão arrasada que Heródoto, menos de um século depois, não conseguiu mais encontrar-lhe nem os restos. E Cróton, tendo destruído o inimigo, ingeriu-lhe os micróbios, como geralmente acontece, e também adoeceu de sibaritismo.

Por isso Pitágoras foi estabelecer-se lá. Na ilha de Samos, onde nascera, em 580, ouvira falar da longínqua cidade italiana como de uma grande capital, em que floresciam vigorosos os estudos. Turista impenitente, já visitara todo o Oriente Próximo até à Índia. Voltando à pátria, encontrara a detestada ditadura de Polícrates. Pitágoras era ditador demais para suportar outro. Transferiu-se para Cróton, onde fundou o mais "totalitário" dos colégios. Nele podiam ingressar moços e moças. Mas, primeiro, deviam fazer voto de castidade e submeter-se a uma dieta que excluía vinho, carne, ovos e favas. Qual a razão de implicar até com as favas, ninguém entende. Talvez porque não gostasse delas. Todos eram obrigados e vestir-se de maneira mais simples e decente. Era proibido rir. No fim de cada ano escolar todos os alunos eram obrigados a fazer em público a "autocrítica", isto é, a confessar os próprios "desviacionismos", como diriam hoje os comunistas que, como vemos, não inventaram nada de novo.

Os seminaristas eram divididos em externos, que frequentavam os cursos e à tarde voltavam para casa, e internos, que passavam também a noite nessa espécie de mosteiro. O mestre deixava ps primeiros sob os cuidados de seus assistentes e pessoalmente se ocupava dos segundos, os *esotéricos,* que constituíam o círculo restrita dos verdadeiros iniciados. Mas também estes só viam Pitágoras depois de quatro anos de tirocínio. Durante esse tempo mandava-lhes as lições escritas e autenticadas com a fórmula *autos epha, o ipse dixit* dos latinos, que significa "ele disse" para se entender que não havia mais o que discutir. Finalmente, depois dessa longa espera preparatória, Pitágoras dignava-se aparecer pessoalmente e repartir diretamente com os selecionadíssimos seguidores os frutos de sua sabedoria.

Começava com a matemática. Mas não como a entendiam os grosseiros e utilitaristas egípcios que a haviam inventado só por motivos práticos. Estudava-a a fim de dirigir as mentes para a dedução lógica, a exatidão das correlações e a prova. Só depois de tudo isso levava os alunos para a geometria que, com ele, se articulou definitivamente em seus elementos clássicos: axioma, teorema e demonstração. Sem conhecer Tales, descobriu por si vários teoremas. Por exemplo, que a soma dos ângulos de um triângulo é igual a dois ângulos retos e que o quadrado da hipotenusa de um triângulo retângulo é igual à soma dos quadrados dos outros dois lados.

Sabe lá quantas outras verdades teria antecipado se não tivesse desprezado as "aplicações" que julgava muito humildes para o seu gênio. Apolodoro conta que, quando descobriu o segundo destes teoremas, o da hipotenusa, Pitágoras sacrificou cem animais para agradecer aos deuses. A notícia carece totalmente de fundamento. O mestre gloriava-se de, em toda a sua vida, nunca ter arrancado um fio de pelo a animal algum. E o mesmo impunha a seus alunos. O único exercício que lhe dava alegria não era a formulação dos teoremas, /nas a especulação nos céus abstratos da teoria.

A própria aritmética, que constituía o terceiro ágio, ele não a concebia como instrumento de contabilidade, mas como estudo de proporções. E foi assim que descobriu as relações de número que regem a música. Um dia, passando diante da oficina de um ferreiro, ficou impressionado com a regularidade rítmica das batidas do malho sobre a bigorna. Voltando para casa, fez experiências fazendo vibrar cordas de idêntica espessura e tensão, mas de comprimento diverso. Concluiu que as notas dependiam da quantidade das vibrações. Calculou-as e concluiu que a música não era mais do que uma relação numérica, medida por intervalos. Também o silêncio, dizia, é pura música que o ouvido humano não percebe por ser contínua, sem intervalos. É a "musica das esferas" que os planetas, como todos os outros corpos quando se movem, produzem em seu giro em torno da terra. Dois mil anos antes de Copérnico e Galileu, Pitágoras disse que a terra é esférica, que gira em torno de si mesma de oeste para leste e se divide em cinco zonas: ártica, antártica, quente, hibernai e equatorial. Junto com os outros planetas, ela forma o *cosmos*.

Não há dúvida de que tais intuições fazem de Pitágoras um dos maiores fundadores da ciência e o que mais contribuiu para a desenvolver, apesar de ter inserido em suas descobertas definitivas e imortais algumas superstições correntes ao tempo, ou por ele importadas das viagens pelo Oriente. Sustentava, por exemplo, que a alma, sendo imortal, passa de um corpo ao outro. Abandonando o corpo do defunto, purifica-se por algum tempo no Hades e se reencarna. Dizia que, pessoalmente, recordava ter sido primeiro uma famosa cortesã, depois o herói aqueu Euforbo, da guerra de Tróia. Indo a Argos, dizia ter reconhecido, no templo, a couraça que usara naquela expedição.

E são exatamente estas fantasias pouco pitagóricas que o aproximam mais do plano humano e nos inclinam a certa simpatia por este homem de crânio superlúcido e de coração árido, que doutra forma nos seria francamente antipático. Tímon, de Atenas, que bem podia aferir-lhe a grandeza e intelectualmente o estimava, pintou-o como "um orgulhoso de expressões solenes que conquistou importância à força de se fazer de importante". Há, sem dúvida, alguma verdade nisso. O "liberal" fugido de Samos mercê da ditadura, em Cróton instaurara uma capaz de causar inveja a Sila, Hitler e Stalin. Não se limitava a praticar a virtude absoluta com vida casta, dieta rigorosa, atitude reservada e grave. Fez dela um instrumento de publicidade. Atrás de sua maneira de aparecer com parcimônia, fazendo que seus alunos esperassem quatro anos por ele e concedendo a graça de relações pessoais só aos que lhe forneciam suficientes garantias de o adorar como a um Messias, havia uma desmesurada vaidade. Seu *awtos epha* é um precedente de "o *fuhrer* sempre tem razão". E, realmente, como todos os que sempre têm razão, acabou na praça de Loreto.

Fechado em seu orgulho de casta e sempre mais persuadido de que constituía uma classe eleita e predestinada por deus a repor ordem na vulgaridade dos homens comuns, o Círculo dos Pitagóricos decidiu apoderar-se do Estado e fundar em Cróton, à base das verdades filosóficas elaboradas pelo Mestre, a república ideal. Como todas as repúblicas ideais, devia ser uma "tirania iluminada". Iluminada, é claro, por Pitágoras, chefe de uma aristocracia comunista que, com uma poderosa GPU, teria proibido para todos o vinho, a carne, os ovos, as favas, o amor e as risadas, obrigando-os, em compensação, à "autocrítica".

Não sabemos se se tratou de uma conjuração propriamente dita nem como se desenvolveu. Sabemos apenas que, a certa altura, os crotonenses perceberam que todas as magistraturas estavam cheias de pitagóricos: gente austera, seríssima, enjoada, competente e grave, que estava a ponto a fazer de Cróton o que Pitágoras fizera de seu colégio — algo parecido com fortaleza, prisão e mosteiro. Antes que fosse tarde demais, cercaram o seminário, tiraram os inquilinos e os mataram. O Mestre fugiu de cuecas, de noite. Mas o destino vingador guiou-lhe os passos exatamente para um campo de favas. Com o ódio que lhes tinha, recusou agachar-se para nelas esconder-se. Assim o alcançaram e o mataram. Tinha, aliás, oitenta anos e pusera a salvo os seus *Comentários,* confiando-os à filha Dâmona, a mais fiel de seus seguidores, para que os divulgasse pelo mundo.

Capítulo 10

Tales

    Uma das primeiras cidades que os gregos fundaram na costa do Egeu foi Mileto. Os fundadores aí chegaram, como pioneiros, de volta da guerra de Tróia; talvez não tenham ido de propósito. Foram levados como náufragos da tempestade que desbaratou a frota de Agamemnon, na qual se perdeu o próprio Ulisses.

    Os gregos quando faziam *apoikia,* isto é, quando levantavam casa no estrangeiro, tratavam os antigos moradores, menos desenvolvidos do que eles, de maneiras muito diversas, mas nunca muito amistosas. Em Mileto, por exemplo, apesar de chegados como fugitivos, usaram o método de matar todos os homens e casar com as viúvas, de sangue cário, isto é, oriental, e a julgar pelo gentil episódio — bastante bonitas. Choraram os maridos mortos, aceitaram os vivos, assimilaram-lhes a língua e a civilização e lhes deram muitos filhos. E quatro séculos depois daquele cruzamento brusco, acontecido pelo ano mil antes de Cristo, Mileto já era a cidade mais rica e evoluída do Mar Egeu. Como sempre, seu governo começou com reis, passou para a aristocracia e, finalmente, para a democracia que degenerou nas costumadas ditaduras.

No ano de seiscentos, o ditador no poder se chamava Trasíbulo, tirano cruel, mas inteligente, sob o qual Mileto se tornou capital, não só da indústria (especialmente a têxtil) e do comércio, mas também da arte, da literatura e da filosofia. A colônia, por sua vez, tinha fundado outras oitenta, entre grandes e pequenas, na costa e n'as ilhas circunvizinhas. Em todo o mundo grego falava-se delas com escândalo, por causa da riqueza, da liberdade e do luxo que aí se gozava. Seus marinheiros eram os mais destemidos, seus mercadores e banqueiros os mais espertos, suas mulheres as mais refinadas, sua cultura a mais avançada.

Esta cultura fugira das mãos dos sacerdotes do culto que em outras partes ainda lhe detinham o monopólio. Tornara-se leiga, cética, exposta ao exame crítico do pensamento livre. Enquanto no continente a ciência se confundia com a mitologia e estacionara nos ensinamentos de Homero e Hesíodo — aliás falecidos pouco tempo antes — em Mileto já havia quem tivesse aposentado os deuses e suas lendas e fundado em bases experimentais a primeira escola filosófica grega, a escola naturalística.

Foi ele um certo Tales, nascido pelo ano de 640 de uma família não grega, mas fenícia. Como rapaz, tinha fama de distraído e vadio, por estar sempre alheio e imerso em seus pensamentos. Tão distraído, que muitas vezes não via onde punha os pés e um dia caiu num valo provocando a hilaridade dos contemporâneos que o consideravam pessoa de nada. Talvez porque o sarcasmo lhe ferisse o orgulho, Tales entendeu que demonstraria a todos que, se quisesse, também saberia ganhar dinheiro. Provavelmente pedindo dinheiro emprestado ao pai, negociante bem arrumado, comprou todos os lagares de azeite de oliveira que havia na ilha. Era inverno e os preços estavam baixos devido à pouca procura. Mas Tales, conhecedor de astronomia, previra um ano bom para a colheita de olivas que, no momento oportuno, valorizaria aqueles engenhos. Seus cálculos deram certo. No outono seguinte, monopolista, pôde impor os preços que quisesse. Com isso, tirou boa desforra dos que tanto haviam mofado dele. Acumulou discreto patrimônio, com cuja renda pudesse viver, e dedicou-se inteiramente aos estudos.

Possuía não só a distração, mas também a curiosidade, a capacidade de observação e o espírito de dedução do cientista. Tendo ido ao Egito pôr-se a par dos progressos que a matemática lá fizera, aplicou suas conclusões calculando a altura das pirâmides, que ninguém conhecia, com o mais simples e rápido dos métodos: mediu-lhes a sombra sobre a areia no momento em que ele mesmo projetava uma sombra do tamanho do corpo. E fez a proporção. Muito tempo antes que Euclides, pai da geometria, viesse ao mundo, Tales já formulara grande parte dos principais teoremas sobre os quais ela se baseia. Descobrira, por exemplo, que os ângulos da base de um triângulo isosceles são iguais; que são iguais dois triângulos de dois ângulos e um lado comuns; que os ângulos opostos, formados pelo cruzamento de duas retas, também são iguais.

Acocorado na ponte do barco que o levava de um porto a outro do Mediterrâneo, ruminava tais assuntos. À noite estudava o céu, procurando estabelecer-lhe uma ordem e uma lógica, à luz de quanto aprendera na Babilônia, onde os estudos de astronomia eram mais avançados. É claro que compartilhou de muitos erros do tempo, pois não possuía instrumentos para lhes demonstrar a falta de fundamento. Julgou, por exemplo, que a terra fosse um disco flutuante sobre interminável extensão de água, personificada no Oceano, seu criador. Segundo sua teoria, tudo começava com água e na água terminava. Aristóteles diz que Tales concebeu essa ideia pela observação de que tudo aquilo de que os animais e as plantas se nutrem é úmido. De qualquer forma, Tales foi o primeiro a compreender que tudo que forma o universo tem um princípio único e comum. Errou dizendo que tal princípio era a água. Ao contrário de todos que o haviam precedido, e que atribuíam o princípio das coisas a uma pluralidade de outras coisas ou pessoas, atribui uma origem única a todas as coisas. Foi o primeiro a dar fundamento filosófico ao *monismo* (da palavra *monos,* que significa *um).*

Tales imaginou a vida como uma alma imortal, cujas partículas se encarnavam momentaneamente numa planta, num animal ou num mineral. As que morriam seriam apenas tais momentâneas encarnações, cuja forma a alma imortal tomava de vez em quando, constituindo a força vital. Para ele não havia diferença substancial entre a vida e a morte. E quando lhe perguntaram por que se obstinava em preferir a vida, respondeu: "Exatamente porque não há diferença."

Tales era homem de caráter tranquilo e bom. Procurava ensinar a seus concidadãos a maneira correta de raciocinar, mas não se incomodava quando não o compreendiam ou até riam dele. Para eles foi enorme surpresa o dia em que os gregos o incluíram na lista dos Sete Sábios, ao lado de Sólon. Os miletenses não haviam percebido em Tales um concidadão tão ilustre e importante. Só uma vez haviam suspeitado: quando predisse o eclipse do sol para o dia 28 de maio de 585, eclipse que de fato se verificou. Em vez de o admirar, por pouco não o acusaram de feitiçaria.

Foi, além disso, um homem de espírito, que precedeu Sócrates na técnica de rebater objeções alheias com respostas aparentemente apenas divertidas. Pois os bobos julgam que a seriedade signifique gravidade e prosopopéia. Quando lhe perguntaram qual, em sua opinião, a coisa mais difícil para um homem, respondeu: "Conhecer-se a si mesmo." E quando lhe perguntaram o que era Deus, respondeu: "Aquilo que não começa e que não acaba." Ainda hoje, depois de dois mil e quinhentos anos, continua sendo esta a definição mais perfeita. Ao lhe perguntarem em que consiste a justiça, para um homem virtuoso, respondeu: "Em não fazer aos outros o que não queremos que nos seja feito." Seiscentos anos antes de Jesus Cristo.

Chamavam-no de *sofós,* sábio, ainda que com um arzinho de amável ironia. Mostrou-se sábio no sentido preciso da palavra, não incomodando ninguém, contentando-se com pouco e ficando longe da política. O que não o impediu de ser amigo de Trasíbulo, que muitas vezes o mandava chamar porque se divertia com sua conversa. A única coisa que o fazia esquecer até a filosofia era o esporte. O calmo, distraído e sedentário Tales era um torcedor furioso. Não perdia um espetáculo no estádio e ali morreu, muito idoso, durante uma competição atlética, talvez pela dor de ver "o time do seu coração" perder.

Deixou um discípulo, Anaximandro, que lhe continuou as pesquisas. Aperfeiçoou algumas, contribuindo para as bases científicas da *Física* de Tales, (antecipando-se às teorias de Spencer. Mas não possuía a originalidade e o gênio do Mestre. Viveu numa Mileto em rápido declínio político e econômico, depois do viçoso florescer dos tempos de Trasíbulo e Tales. Em 546, Ciro anexou a ilha ao império persa e a cultura grega entrou em agonia. Tales diria que o fato não tinha importância porque também as culturas e os impérios são apenas formas passageiras da alma imortal. Seus compatriotas, entretanto, tiveram bem outra opinião.

Capítulo 11

 Heraclito

Outro dos grandes centros de cultura grega no sexto século foi Éfeso, célebre, pelo esplêndido templo de Artêmis, protetora da cidade, pelo número de saias que as mulheres vestiam (que apesar de tudo, como diziam as más línguas, não bastavam para lhes proteger a virtude), e pelos poetas. Entre estes, contava-se o doce e melancólico Calino, a quem se devem as primeiras elegias da literatura grega, o agressivo e sarcástico Hipônax, a quem devemos as primeiras sátiras. Era coxo, raquítico e todo torto. Não teve sorte no amor e se vingou dizendo que a mulher só dá ao homem dois dias de felicidade — o dia do casamento e dia em que o deixa viúvo. Zombou e escarneceu de todos os seus concidadãos, desde os mais ilustres aos mais obscuros. Depois os recompensou suicidando-se em meio à alegria geral. Mas Hipônax não foi o único personagem excêntrico de Éfeso, que devia ser meio especialista em caracteres esquisitos. Heraclito, a julgar pelo pouco que conhecemos e pelos cento e trinta fragmentos que nos ficaram de suas obras, é ainda mais esquisito. Esses fragmentos estão escritos em estilo tão rebuscado que lhe valeram o nome de Heraclito, o Obscuro. Os exegetas modernos, mesmo confessando não ter compreendido o sentido exato de muitos pontos, são concordes em afirmar que, sob aquela obscuridade, brilha o gênio. Aceitemos, pois, o veredito e procuremos ver em que consiste essa genialidade.

Heraclito pertencia a urna família nobre. Parece que nasceu no ano de 550 antes de Cristo. Mal chegado ao uso da razão, usou-a para condenar, dentro de si, tudo quanto o rodeava: casa, pais, ambiente, homens, mulheres, Estado e política. Sabe Deus o que lhe terá inspirado tantas antipatias. Imaginamo-lo como uma espécie de Leopardi que procurava uma evasão, como dizemos hoje, não na poesia, mas na filosofia. Aí se refugiou com empenho. Estudou muito e, com agudo senso crítico, pôde escrever: "A muita cultura serve pouco. Se ela bastasse para formar gênios, Hesíodo e Pitágoras também o seriam. A verdadeira sabedoria não consiste em aprender muitas coisas, mas em descobrir a única que as regula a todas, em todas as ocasiões."

Para chegar, pessoalmente, a tal ponto, o jovem Heraclito deixou família, posição, comodidades, ambições sociais e políticas, se retirou para uma montanha e aí viveu o resto da vida como eremita, sempre à procura da ideia que regula todas as coisas em todas as ocasiões. Suas meditações e conclusões estão num livro intitulado *Da Natureza*. Ao terminá-lo, depositou-o no templo de Artêmis para desespero dos pósteros, que tiveram que quebrar a cabeça para entendê-lo. Seu desprezo pelos homens era tal que, propositadamente, quis escrever de maneira que não o entendessem. Heraclito sustentava que a humanidade era um animal irremediavelmente hipócrita, estúpido e cruel, ao qual não valia a pena tentar ensinar coisa alguma. Mas não deve ter sido muito sincero, pois não teria perdido tanto tempo escrevendo, isto é, tentando comunicar-se com ela. Como em muitos de seus sucessores, grandes desprezadores da glória, suspeitamos houvesse sob o desprezo uma ambição desmedida.

Heraclito diz que o mundo aparece diverso unicamente aos olhos dos estúpidos. Na realidade, o que varia são as formas de um único elemento: o fogo. Dele se desprendem gases. Os gases se convertem em água. Dos resíduos da água, depois da evaporação, formam-se os sólidos que constituem a terra que os bobos julgam ser realidade. Mas realidade verdadeira existe uma só: o fogo, com seus atributos de condensação e rarefação. O eterno transformismo do gasoso para o líquido, deste para o sólido, e vice-versa, é a única verdadeira e indiscutível realidade da vida. Nada é e tudo *se torna*.

Tendo descoberto o que são as coisas e como se modificam, Heraclito chega à mais desesperada e desencorajadora conclusão: que tudo pressupõe o seu contrário. Existe o dia porque existe a noite, na qual se transforma, e vice-versa. Existirá inverno enquanto existir verão. Até a vida e a morte se condicionam mutuamente de tal forma que, no fundo, são a mesma coisa. O mesmo se diga do Bem e do Mal. Não existe senão uma flutuação, num sentido ou noutro, do mesmo eterno elemento: o fogo. E, como tensão de uma corda cria as vibrações que, segundo sua frequência, se chamam "notas" e produz a música, assim o alternar dos opostos (frio e calor, branco e preto, guerra e paz etc.) cria a vida e lhe dá significado. A vida é uma eterna luta de oposições entre homens, sexos, classes, nações, ideias. Os que perdem o inimigo ou procuram destruí-lo são suicidas, porque, sem o inimigo, também eles morrerão.

Levada para o campo religioso, esta concepção desemboca no completo ateísmo. O que faria um deus imóvel, negação da transformação, quando o fogo já lhe monopoliza todos os atributos e poderes? Deus não existe. Suas estátuas são apenas pedaços de pedra com os quais é inútil entabular conversa. Sacrificar-lhe animais é perder tempo. E por que deveria o homem ser imortal? É imortal o fogo de quem ele representa apenas uma débil fagulha. Mas a fagulha, em si, é destinada a apagar-se com a morte. A morte, como o nascimento quando a vela se acende, não representa senão uma fase sem importância do contínuo mudar-se do Todo de gasoso para líquido, de líquido para sólido e do sólido novamente para o gasoso, sob o estímulo do eterno fogo. Mas não lhe alteremos os atributos. Tudo o que nós dizemos e fazemos em seu nome corresponde aos nossos preconceitos e convenções, não aos seus. Para ele, não existem coisas boas ou más, porque cada uma delas, tendo em si e equivalendo ao próprio contrário, é igualmente justificável. O que nós chamamos de "o bem" é o que serve aos nossos interesses, não aos de deus. Ele nos julgará, mas julga como o fogo, destruindo todas as velas sem distinção entre boas ou más, para acender outras que por sua vez serão destruídas. Mas não se julgue que o fogo faça tudo isso sem ordem e critério. O verdadeiro sábio, o que sabe ver as coisas e a vida em seu panorama exato, e não o que apenas acumulou uma série de noções em sua cabeça, vê no mundo uma Razão, isto é, uma Lógica. O Bem, ou a Virtude, consiste na adequação da própria vida individual com o mundo. Consiste em aceitar sem rebeliões a lei desta contínua e eterna mutação, a própria morte. Quem compreendeu a necessidade de todos os contrários suportará o sofrimento como inevitável alternativa do prazer e perdoará o inimigo, reconhecendo nele um complemento de si mesmo. Não se poderá lamentar das lutas que tiver que suportar porque a luta é a mola de todas as mutações, a mãe da própria vida. A luta faz do vencedor um patrão, e do vencido um escravo. É normal. E, sendo normal, é moral. Como poderia existir a liberdade de uns sem a escravidão de outros? As prisões nos dão o sentimento de liberdade, os mendigos o da riqueza, e os doentes o da saúde. Algum dia tudo será igualmente devorado pelo mesmo fogo. Esta, em resumo, a grande ideia que regula todas as coisas em todas as ocasiões. Em sua busca é que Heraclito foi para a montanha. Contou-nos sua descoberta naquele hermético livro cujos fragmentos chegaram até nós. E foi uma grande ideia, porque todos os filósofos posteriores dela hauriram a mancheias. Os estóicos se apropriaram do conceito da equivalência de todas as coisas com seu contrário; os racionalistas pegaram a da Razão; e os cristãos a da palingênese final ou Juízo Universal. Mas tudo isso, além de se dever à sua intuição, deve-se também à diabólica esperteza de Heraclito que, escrevendo em estilo rebuscado e confuso, pronunciou sentenças que se prestavam as mais diversas interpretações e nas quais cada um podia encontrar o que lhe agradasse. De fato, não houve filósofo do mundo, desde Hegel a Bergson, Spencer, Nietzsche, que não tenha citado Heraclito em seu favor. Este desprezador de homens, é um dos que mais foram honrados pelos outros homens. Pena que os contemporâneos não o tenham previsto e não nos tenham deixado pormenorizada biografia.

Só Diógenes Laércio lhe dedicou poucas e distraídas palavras. Conta-nos que Heraclito, na montanha, passava todo o tempo meditando, escrevendo, passeando, procurando ervas que comia cruas. A dieta vegetariana lhe fez mal, causando-lhe hidropisia.

Se tivesse seguido suas próprias teorias, deveria, em vez de lamentar-se ver na doença apenas o correlativo da saúde, seu contrário obrigatório. Mas não conseguiu suportá-la e, para tentar curar-se, desceu das montanhas solitárias e voltou para a cidade. Consultou médico após médico em procura de uma receita que enxugasse a água que lhe inchava o corpo e na qual deveria ter visto uma das muitas momentâneas fases da eterna mutação do gasoso ao líquido, do líquido ao sólido e do sólido novamente ao gasoso. Mas ninguém resolveu nada. Fechou-se então numa estrebaria de ovelhas, esperando que o calor dos corpos lanosos curasse o seu. Mas nem este remédio o aliviou. Assim morreu, desesperado com a morte, depois de setenta anos de vida empregados em pensar e escrever que a morte em nada diferia da vida.

Capítulo 12

Safo

Mitilene, que se tornou a capital da pequena ilha de Lesbos, era famosa por seu comércio, seus vinhos, seus terremotos.

Como todos os Estados helênicos, começou com monarquia, que se transformou em oligarquia aristocrática, até que uma coalizão de burgueses e proletários a derrubou, instaurando a democracia através do costumado ditador. Este foi Pítaco, que mais tarde teve a honra de ver seu nome enumerado ao lado de Sólon na lista dos Sete Sábios. Era homem rude, corajoso, honesto e animado das melhores intenções. Mas sem muitos escrúpulos na escolha dos meios para as realizar. Não se limitou a tirar os patrícios do poder. Tirou-os do país, mandando muitos para o exílio. Entre estes havia também dois poetas: um homem, Alceu, e uma mulher, Safo.

Para o degredo de Alceu não duvidamos de que houvesse boas razões políticas. Era um moço aristocrático, turbulento e fanfarrão, com certo talento para o libelo e a calúnia, uma espécie de detetive à Malaparte. Andava de peito inchado e não perdia vaza de cair sobre os outros. Mas, como sempre acontece com os prosas, quando se trata de combater de verdade e arriscar a pele, jogou fora o escudo e... pernas para que vos quero! Só reencontrou a coragem para compor poesia de louvor a suas próprias ações, apresentando-as como manifestação de sabedoria e modéstia.

O exílio lhe foi útil porque lhe tirou da cabeça as ambições políticas, deu-lhe o sentido de sua realidade, obrigando-o a aceitar o seu natural, que não era o de um homem de estado, legislador ou guerreiro, mas o de um superletrado feito mais para exaltar os heroísmos alheios do que para os praticar pessoalmente. Era mestre na poesia e inventou uma métrica pessoal que, em vista de seu nome, se chamou de "alcaica". E, provavelmente, teria passado à posteridade como o maior poeta de seu tempo — o terceiro depois de Homero e de Hesíodo — se não tivesse tido o azar de ser contemporâneo da companheira de política e de exílio: Safo.

Desta curiosa e fascinante mulher, que deparou a celebridade como uma espécie de Françoise Sagan de há dois mil anos, disse Platão: "Dizem que há nove musas. Que falta de memória! Esqueceram a décima, Safo, de Lesbos." E Sólon, que guardava rancor à poesia por ser a única coisa que não conseguira fazer, ao ouvir seu neto Esecéstides ler uma poesia de Safo, exclamou: "Agora posso até morrer". Foi a "poetisa" por antonomásia, como Homero era "o poeta".

Nascera em fins do século. Parece que no ano 612 antes de Cristo, em Eresso, cidadezinha próxima da capital. Mas os pais, nobres e bem situados, conduziram-na, ainda menina, para Mitilene, exatamente na ocasião em que Pítaco aí iniciava sua venturosa carreira. Esteve ela realmente implicada na conjuração para derrubar o ditador? Parece um tanto estranho. Ainda que pertencesse a um ambiente nobre em que as mulheres valiam alguma coisa e não eram obrigadas unicamente a tecer lã e lavar pratos, como acontecia na burguesia e mais ainda no proletariado, o fato nos dá a ideia de uma política intrigante. Suas ambições devem ter sido outras e de caráter mais feminino.

Parece não ter sido muito bonita. Pequena de corpo e débil, lembrava um carvão aceso por causa da pele, dos cabelos e dos olhos negríssimos. Mas como toda brasa, queimava a todos os que se aproximassem. Em suma, possuía o que hoje se chama "sex-appeal" e aquela falta de cabeça e de juízo que, has mulheres e nas crianças, constitui irresistível fascínio. Ela mesma se chamava de "cabecinha oca" e reconhecia ter "um coração infantil". É mais uma razão que nos impede de vê-la nas vestes de uma Aspásia ou de uma Cornelia.

Talvez mais do que a política, foi a moralidade que aconselhou Pítaco a mandá-la para o exílio na vizinha cidade de Pirra. O ditador, como todos os ditadores, era austero. Safo devia ter combinado alguma arte, apesar da digna e vagamente retórica resposta que dera a Alceu quando este lhe escrevera uma carta amorosa, lamentando que o pudor o impedisse de dizer tudo o que queria. "Se teus desígnios, Alceu, fossem puros e nobres e tua língua apta a exprimi-los, nenhum recato te impediria de o fazer." Mas era literatura de dois indivíduos cientes de que seus escritos se destinavam à posteridade. Porque na realidade Alceu não tinha muito recato. Safo, nenhum. Compôs ele mais alguns versos em honra desta. Não obteve resposta. Tudo acabou aí. De resto, os poetas não costumam casar entre si. Limitam-se a se odiar de longe.

Mal voltara do exílio de Pirra, quando Pítaco a expulsou de novo. Desta vez, para a Sicilia. Aí casou com um rico industrial, como acontece com todas as "divinas" de todos os tempos, que escolhem para marido o comendador milionário. Teve uma filha. "Não a trocaria por toda a Lídia, escreveu, e nem pela adorável Lesbos." O industrial, depois de a haver feito mãe, cumpriu o último de seus deveres de bom marido. deixou-a viúva, dona de todos os seus haveres. "Necessito do luxo como do sol" — reconheceu ela lealmente. E, para gozá-los retornou a Lesbos depois de cinco anos de exílio, rica e sem compromissos conjugais.

Ao que parece, aproveitou-se largamente. Primeiro, além da filha, cuidou com carinho materno do irmãozinho Carasso. Mas este a desiludiu, enamorando-se de uma cortesã egípcia. Safo, emotiva e mulher como era, teve uma crise de ciúmes, brigou com ele e não o quis mais ver. Depois instituiu um colégio para meninas. Inscreveram-se todas as da melhor sociedade de Mitilene. Chamava-as de "heteras", isto é, "companheiras". Instruía-as na música, na poesia e na dança e, ao que parece, foi incomparável mestra. Depois começaram a correr estranhos comentários sobre costumes que introduzira na escola. Um dia os pais de uma hetera chamada Atos vieram, de cara amarrada, retirar a filha, exatamente a preferida da mestra. O azar de Safo foi a grande sorte da poesia, porque a dor da separação lhe inspirou alguns dentre os mais perfeitos versos líricos de todos os tempos. O *Adeus a Atos* continua sendo modelo pela singeleza da inspiração e sobriedade da forma. Mostra que, apesar de tudo, para a bela poesia não são absolutamente necessários os belos sentimentos. Em seu "doce e amargo tormento", como lhe chamou, todos podem reconhecer os próprios.

Como acontece muitas vezes com as pecadoras, Safo teve uma velhice cheia de decoro e quase edificante. Segundo a lenda, aceita e recolhida também por Ovídio, ela recomeçou a amar os homens. Perdeu a cabeça pelo marinheiro Faon. Como ele não lhe correspondesse, suicidou-se, atirando-se de um rochedo de Leuca. Mas parece que a heroína desta lenda seja outra Safo, mulher da vida. Um fragmento de suas prosas, descoberto no Egito, representa-a de maneira bem diversa, serenamente resignada. Eis sua resposta a um pedido de casamento: "Se meu peito ainda pudesse dar leite e meu ventre frutificasse, iria sem temor para um novo tálamo. Mas o tempo já gravou demasiadas rugas sobre minha pele e o amor já não me alcança mais com o açoite de suas deliciosas penas." E noutro trecho que escapou aos séculos: "Irremediavelmente, como a noite estrelada segue o ocaso rosado, a morte segue todo o ser vivo e por fim o alcança." A posteridade foi severa com Safo, por motivos morais. Faz agora novecentos anos que a Igreja condenou ao fogo sua obra, reunida em nove volumes. Por acaso, no fim do século passado dois arqueólogos ingleses descobriram em Oxorinco alguns sarcófagos envoltos em tiras de pergaminho numa das quais ainda eram legíveis uns seiscentos versos de Safo.

É tudo o que dela nos resta. Mas basta isso para a catalogar entre os maiores poetas, talvez o maior do século VI. Assim a consideraram unanimemente seus contemporâneos e, o que é mais estranho, até seus rivais. Entre estes havia alguns de bom estofo, como Mimnermo. O único que talvez lhe possa ser comparado é Anacreonte, excelente artífice da rima, mas sem a paixão e o ímpeto lírico que constituem o encanto de Safo. Anacreonte era um poeta de corte. Gostava de ficar entre os senhores e fazer-se manter por eles. Nasceu em Teo. Seu principal cuidado foi viver bem. Conseguiu-o, pois viveu até aos oitenta anos. Talvez chegasse aos cera, se um engaço de uva, atravessado na garganta, não o matasse. Para evitar desgostos, nunca se empenhou em nada: nem em política, nem em amor.

Mas é por isso mesmo que sua poesia não entra na alma dos leitores. Do ponto de vista métrico, é magnífica. Tornou-se modelo das odes "anacreônticas". Ao contrário de Safo, que retribuía a inspiração com alegrias e cruéis tormentos, para Anacreonte a poesia foi antes de tudo um ofício, uma ocupação. Como Vicente Monti, escrevia com facilidade, comia com apetite, bebia em abundância, não tinha problemas sentimentais nem casos de consciência. Dizem que depois de velho teve um namoro sério e aprendeu a conhecer o sofrimento do ciúme. Mas já era tarde demais para inspirar sua musa leviana cujo egoísmo a impedira de se aprofundar nos sentimentos humanos.

Capítulo 13

Licurgo

Quem subir ao Peloponeso, da costa para oi Norte, a certa altura encontrará o vale Lacedemônio ou Lacônio, engastado entre montanhas tão inacessíveis que Esparta, sua capital, nunca precisou construir muros de defesa. Dominando todos os outros há o pico nevoso do Taígeto, donde se precipita, vertiginosamente, a torrente do Eurotas.

Esparta significa "a dispersa". Hoje tem uns cinco mil habitantes. Chamou-se assim porque resultou da fusão de cinco Vilas que, ao todo, tinham uns cinquenta mil habitantes. Tal fusão não foi espontânea. Impuseram-na à força os conquistadores dóricos quando desceram do Norte seguindo seus reis héracles. Das montanhas vizinhas dominavam o Peloponeso. Iniciaram a conquista, atacando Messene. Pausânias conta que

Aristodemo, rei daquela cidade, correu a Delfos para consultar o oráculo sobre o que devia fazer para se sair daquele embaraço. Apoio sugeriu que sacrificasse a filha aos deuses. Aristodemo, que talvez trouxesse nas veias um pouco do sangue napolitano, disse que sim. Mas no último instante, às escondidas, pôs outra moça em lugar da filha, esperando que os deuses não o notassem. Saiu para a guerra e foi derrotado. Cinquenta anos depois, seu sucessor, Aristômenes, se rebelou contra o jugo. Ele perdeu a vida e o trono e seus súditos perderam a liberdade. Foram igualados aos nativos de Esparta, que se chamavam *ilotas*. Estes, por sua vez, eram comparados aos escravos e deviam dar, gratuitamente, aos cidadãos a metade de seus lucros e colheitas. Sobre essa massa de deserdados, que na cidade e no campo subiam a cerca de trezentas mil almas — incluindo-se os *periecos*, cidadãos livres mas sem direitos políticos — vogava a minoria guerreira dos trinta mil conquistadores dóricos, os únicos que gozavam dos direitos de cidadania e podiam exercer os políticos. Era natural que o fizessem de modo a barrar o passo às ideias progressistas de justiça social, para não perderem os privilégios patronais. As montanhas que circundavam o vale os ajudaram, tornando difíceis os contatos com outras cidades, especialmente com Atenas, que ficara imune à invasão e onde triunfava a democracia. E Licurgo ainda acrescentou um complexo de leis que petrificavam a sociedade nos estratos de escravos e patrões.

Não se sabe se Licurgo realmente existiu. Os que o afirmam, seguindo o testemunho comum dos antigos historiadores gregos, hesitam quanto às datas. Alguns o colocam novecentos anos antes de Cristo, outros oitocentos, setecentos e seiscentos, como é mais provável. Não era rei. Era tio e tutor do jovem soberano Carilau. Dizem que trouxe de Creta o modelo de sua famosa Constituição. Para fazer que seus compatriotas a aceitassem, contou que fora o próprio oráculo de Delfos quem a sugerira em nome dos deuses. Impunha uma disciplina tão severa e sacrifícios tão grandes que nem todos se mostraram dispostos a aceitá-los. Alcandro, jovem aristocrático, ficou tão irritado na discussão, que atirou uma pedrada em Licurgo, vazando-lhe um olho. Plutarco diz que, para subtrair o culpado da fúria dos presentes, Licurgo o chamou a si e, como único castigo, levou-o a jantar com ele. Entre um prato e outro, colocando compressas no olho ferido, explicou ao agressor como e por que tencionava dar leis tão duras a Esparta. Alcandro convenceu-se e, admirado da generosidade de Licurgo, tornou-se um dos mais zelosos propagandistas de suas ideias.

Sustentam alguns que as leis de Licurgo não foram escritas. De qualquer forma, fizeram-nas observar até se tornarem hábitos e formarem o costume daquele povo. Seu autor reconheceu que o essencial era. "o desprezo da comodidade e do prazer". Marcou um prazo para sua observância, obrigando seus concidadãos a mantê-las em vigor pelo menos até o dia de sua volta. No dia seguinte partiu para Delfos. Tornou a se fechar no templo e aí se deixou morrer de fome. Assim as leis nunca foram revogadas e se tornaram costume.

Elas determinavam que os reis deviam formar dupla no trono para que um vigiasse o outro. De sua rivalidade se aproveitaria o Senado para se tomar árbitro da situação. O Senado era composto de vinte e oito membros, todos de mais de sessenta anos. Quando morria algum (por motivo da idade, isso devia ser frequente) os candidatos à sucessão desfilavam no pátio em fila indiana. O que recebesse mais aplausos era o eleito. Como nas discussões, vencia o que soubesse gritar com voz mais poderosa do que os outros. Abaixo do Senado havia a Assembleia, espécie de Câmara de Deputados, aberta a todos os cidadãos de mais de trinta anos. Nomeava, com prévia aprovação do Senado, os cinco *éforos* ou ministros, para a aplicação das leis.

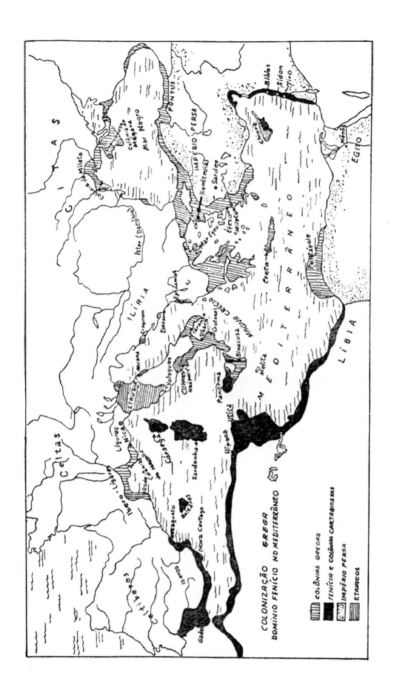

Nessa divisão de poderes, Esparta não diferia muito dos outros Estados da antiguidade. Mas o que lhe deu o caráter que desde então se chamou de *espartano* foram a regra ascética e a disciplina militar na qual, por vontade de Licurgo, se vazou sua vida e especialmente a educação da juventude.

Esparta não *tinha, era* um exército. Seus cidadãos eram apenas *súditos.* Não tinham o direito de exercer indústria ou comércio porque deviam reservar-se unicamente para a política e para a guerra. Não conheceram a prata e o ouro porque sua importação era proibida e suas próprias moedas eram de ferro. Uma junta governativa examinava os recém-nascidos. Os aleijados eram lançados de um pico de Taígeto. Os outros eram obrigados a dormir ao relento, mesmo no inverno. Assim, só os mais robustos sobreviviam. Tinha-se a liberdade de escolher mulher. Mas quem casasse com uma pouco apta para a reprodução pagava multa, como aconteceu ao próprio Rei Arquidamo. O marido era obrigado a tolerar a infidelidade se a adúltera a cometia com um homem mais alto e mais forte do que ele. Licurgo dissera que, em tal caso, o ciúme era ridículo e imoral.

Aos sete anos, o menino era tirado da família e colocado no colégio militar, às custas do Estado. Em cada classe, o melhor aluno, isto é, o que mais tivesse batido os companheiros, melhor resistido às pisaduras e chibatadas dos instrutores, e mais brilhantemente superado as noites na rua, era nomeado *paidónomos* (*Fuhrer,* diriam os alemães). Aos alunos se ensinava a ler e escrever, e miais nada. A única evasão era o canto. Mas era proibido o canto individual, em benefício do coral que servia para reforçar a disciplina. Os coros são sinal característico das sociedades militares e guerreiras. Em coro cantam os alemães e russos, enquanto franceses e italianos cantam cada um por si. Esparta amava a música, como a Prússia no Século passado. E como a educação dada a seus jovens não consentia no desenvolvimento de músicos entre eles, importavam-nos do estrangeiro, como entre nós (italianos) se faz com jogadores de futebol. Terpandro, o mais célebre, foi trazido de Lesbos. Deram-lhe este nome por significar "deliciador de homens", porque compôs hinos patrióticos onde ninguém podia cantar um solo. Os próprios reis que dele participavam deviam ater-se à sua parte e só. Um deles quis lançar um "di petto" e foi multado. Depois de Terpandro vem Timóteo, que tentou aperfeiçoar a lira aumentando-lhe as cordas de sete para onze. Os *éforas,* que não queriam novidade em campo algum, nem mesmo na lira, proibiram-no.

O espartano continuava vivendo militarmente, em tendas ou em barracas, até aos trinta anos, sem conhecer cama nem outras comodidades de casa. Lavava-se pouco. Ignorava o uso do sabão e dos unguentos. Devia prover a alimentação por si mesmo roubando, mas sem ser descoberto. Caso contrário, era duramente castigado. Se depois de vinte e três anos de tal vida ainda não tivesse morrido, podia vir para casa e casar. As moças que esperavam, não tinham segredos a esconder porque eram obrigadas a competir nuas nas reuniões, de modo que cada um podia escolher a mais perfeita e sã. O celibato era delito. A quem nele caía punia-se com a nudez mesmo no inverno, ao canto de um hino em que reconhecia ter desobedecido à lei.

Até aos sessenta anos se comia em mesa pública, em rigorosa dieta. Quem engordasse além de certo limite era mandado para o desterro. Qualquer luxo era considerado ultraje à sociedade. O Rei Cleómenes chamou de volta para a pátria um embaixador em Samos porque se servia de vasilhame de ouro. Ninguém podia ir para o exterior sem permissão do governo, muito difícil de obter. Como todos os Estados totalitários de regime policial, também Esparta teve sua "cortina de ferro". Dentro dela viviam trezentos mil servos de trinta mil escravos.

Um sibarita que lá esteve em visita, exclamou: "Não admira que os espartanos sejam bons soldados. Com a vida que levam, que medo podem ter da morte?"

Esparta teve e continua tendo numerosos exaltadores. Especialmente os filósofos que, a partir de Platão, têm aspirado ao Estado onipotente e pregado o sacrifício do indivíduo à coletividade, ficaram encantados. Por "virtude", os espartanos compreendiam a total submissão à lei e aos interesses da pátria. Quando partiam para a guerra, suas mães os acompanhavam cantando o estribilho: "Volta com o escudo, ou sobre ele." Porque o escudo era tão pesado que, para fugir, era necessário jogá-lo fora e, em caso de morte, servia de padiola.

Certamente foi um poder militar que, durante séculos, fez os vizinhos tremerem de medo. A Grécia inteira arregalou os olhos quando soube que o pequeno exército de Epaminondas a derrotara. Parece impossível que homens que tinham sacrificado tudo à força, por ela pudessem ser vencidos. Pareceria menos impossível, e até perfeitamente normal, que, tendo perdido o exército, Esparta não tivesse mais nada. A força centrípeta de sua sociedade, seus costumes heroicos a mantiveram, todavia, de pé mais tempo do que Atenas. Mas suas leis não lhe permitiam nenhuma evolução. Hoje, quem a visita não encontra senão um inexpressivo agrupamento de cinco mil almas. Em seu paupérrimo museu, não há um resto de estátua, nem um pedaço de coluna que atestem a existência de uma civilização espartana.

Era preciso mandar que a visitassem todos os seguidores de Hitler e Stalin, que foram, por sua vez, modestos macaqueadores de Licurgo, o verdadeiro mestre dos totalitários e o mais respeitável de todos eles, porque não só pregou o sacrifício do indivíduo à coletividade, mas também o praticou, dando o exemplo.

HISTÓRIA DOS GREGOS

Capítulo 14

Sólon

A Ática é — e era também há três mil anos — uma das menores e mais pobres regiões da Grécia. Toda de colinas pedregosas, como Carso. De bom só tem o clima puro e luminoso. Mas naquela época também ela andava doente de malária. Sua única atração eram os portos naturais que se prestavam ao comércio. Apareceram eles em todas as baías por iniciativa da população pelágica, tipicamente mediterrânea. Depois da queda de Micenas mesclaram-se com eles os aqueus jônicos, em fuga do Peloponeso e da Beóeia, diante dos invasores dóricos, que a Ática sempre odiou o repudiou. Segundo a tradição, foi o Rei Teseu quem, voltando das façanhas do Minotauro, unificou aquelas aldeias numa só cidade, Atenas. É por isso que seu nome está no plural e todos os anos celebrava festas à deusa Sinácia (que significa, literalmente, "união das casas"). Começou a se desenvolver a uma dezena de quilômetros do mar Pireu, entre as colinas do Himeto e do Pentélico, à sombra da acrópole fundada pelos aqueus de Micenas. Aí os habitantes podiam refugiar-se em caso de ataque. Do que lhe moveram os dórios, salvou-a o Rei Codro, imolando-se.

Morto este, e cessado momentaneamente o perigo, os atenienses disseram que não dispunham de homem de iguais qualidades para substituí-lo. Aboliram a monarquia e proclamaram a república, dando o poder a um presidente que se chamou *arconte,* eleito vitaliciamente. Acharam depois que esse período era longo demais e reduziram-no a dez anos. Por fim, dividiram as atribuições entre nove arcontes, eleitos por um ano. Havia o arconte basileu, com funções de papa, o polemarca, comandante-chefe do exército, o epônimo, que redigia o calendário e dava nome ao ano etc.

Esta Constituição correspondia à estrutura da sociedade, dominada por uma aristocracia hereditária, a dos *eupátridas,* que significa "bem-nascidos" ou patrícios. Possuíam o monopólio do poder e exerciam-no sobre uma população dividida em três grupos ou classes: os que, por possuírem um cavalo, se chamavam *hippes,* ou cavaleiros, como tais se alistavam no exército e correspondiam à alta burguesia; os que possuíam uma junta de bois e com seus carros formavam as tropas de carroças: os assalariados que não tinham nada e na guerra constituíam a infantaria. Cidadãos eram só os que pertenciam aos dois primeiros grupos, como acontecia também na antiga Roma, onde por *populus* se entendiam só os patrícios e cavaleiros. O sistema feudal trouxe consequências desastrosas. Restringiu cada vez mais a riqueza nas mãos de poucos privilegiados, desesperando a plebe cada vez numerosa. No século VII, Drácon, o arconte tesmóteta, isto é, legislador, procurou remediar a situação com leis que fizeram de seu nome um símbolo de "severidade". Mas Drácon foi draconiano só quanto aos castigos que cominava aos transgressores. Quanto ao resto, suas leis não mudavam nada. Antes petrificavam a ordem existente, baseada em injustiças, e deixavam todo o poder nas mãos do *areópago* — o Senado — composto exclusivamente de eupátridas.

Sólon também era eupátrida e de sangue real, pois descendia de Codro que, por sua vez, se dizia descendente do deus Posídon. Quando rapaz, foi apenas um "filhinho de papai". Em lugar de trabalhar, divertia-se escrevendo poesias — que aliás não deviam ser nada interessantes — e passava o tempo entre mocinhos e meninas de costumes fáceis, enamorando-se indistintamente por uns e por outras. Mas um dia o papai deixou de lhe dar dinheiro, perdido em negócios mal feitos. Então Sólon se põe repentinamente à testa do negócio. Reergue-o da falência. E, em poucos anos, constituiu um grande patrimônio e consegue estável reputação de inteligência e honestidade. Mantivera-se longe da política. Nem mesmo quisera participar, a favor ou contra, de uma revolução que estourara. Talvez fosse porque então devesse escolher entre trair sua classe ou participar de suas prepotências.

O que não impediu a classe média de Atenas de o candidatar à eleição para arconte epônimo. Tendo-o conhecido nos negócios, artesãos e mercadores o estimavam e viam nele o único eupátrida capaz de arrancar o consentimento do areópago para as necessárias reformas sociais. Sólon, então com quarenta anos de idade, foi eleito. Aboliu a escravidão, libertando os que nela tinham caído por dívidas, que foram canceladas. Desvalorizou a moeda, cuja unidade se chamava *dracma,* para facilitar o pagamento também para o futuro. Era uma autêntica revolução que fazia os credores, todos das classes altas e conservadoras, perder uma infinidade de dinheiro. Só Plutarco é que, contando a história muitos anos depois, disse com sua habitual candura que, desvalorizando a moeda, Sólon favorecera os devedores sem prejudicar os credores, pois recebiam as dracmas em número igual ao que tinham emprestado. É um atestado evidente' dos conhecimentos econômicos do ilustre historiador...

Mas a grande revolução de Sólon foi dividir a população de acordo com o recenseamento. Todos os cidadãos eram livres e sujeitos às mesmas leis. Seus direitos políticos variavam conforme as taxas que pagavam. Era o fisco, e não o brasão, o que os graduava. E isso era progressivo, como é hoje em todos os países civilizados. Quem mais contribuía para o erário, mais anos devia servir no exército, e mais altos postos lhe estavam reservados tanto na paz como na guerra. O privilégio era medido pelos serviços prestados à coletividade.

Dividida assim em quatro classes de cidadãos, Atenas se tomava uma democracia modelo para todas as coletividades. Os membros do Areópago e os arcontes eram escolhidos dentre a primeira classe, mas eleitos pela Assembleia de todos os cidadãos. A Assembleia podia exigir inquérito sobre qualquer funcionário e era corte competente para cassar qualquer veredito de tribunais, vereditos esses formulados por jurados escolhidos entre seis mil cidadãos de boa conduta, extraídos de todas as classes.

Mas Sólon reformou também o código moral. Fez do ócio um crime e cominou a perda da cidadania aos que, nas revoluções, permanecessem neutros como ele fizera anos antes. Admiraram-se alguns de que tivesse legalizado a prostituição. Respondeu que a virtude não consistia em abolir o pecado, mas em mantê-lo em sua *sede*. Fixou pequena multa contra quem seduzisse a mulher alheia. Negou-se a castigar os celibatários, dizendo: "Porque, somando tudo, uma mulher c um bom aborrecimento."

Nestes pormenores está o caráter do homem que amava a justiça, mas sem exageros moralísticos, e muito indulgente para com as fraquezas de seus semelhantes. Ao contrário de Licurgo, em Esparta, e de Numa, em Roma, não pretendeu ter recebido de Deus o texto dessas leis. Aceitou todas as críticas de que foram alvo. Quando Anacársis, que apesar de amigo o ironizava, lhe perguntou se as considerava as melhores em sentido absoluto, respondeu: "Não, considero-as as melhores em sentido ateniense."

Sua força de persuasão e sua capacidade diplomática devem ter sido imensas para conseguir impor seu código mesmo àqueles cujos interesses lesava, e manter o cargo durante vinte e dois anos seguidos. Quando lhe ofereceram o cargo para toda a vida, com plenos poderes, recusou: "Porque a ditadura é uma das poltronas das quais não se consegue sair vivo". Retirou-se aos sessenta e cinco anos, em 572. "É tempo de eu estudar alguma coisa", disse. E, tendo conseguido de seus concidadãos a promessa de que não mudariam as leis por dez anos, partiu para o Oriente. Heródoto e Plutarco contam que, na Lídia, recebeu um convite de Creso. Este perguntou a Sólon se o considerava um dos homens mais felizes. Sólon respondeu: "Nós, gregos, majestade, tivemos uma sabedoria muito caseira e limitada para poder prever o que acontecerá amanhã e proclamar feliz um homem ainda empenhado em sua luta."

Permanecia diplomático, mesmo diante de um rei. Mas isto não impedia que fosse sincero quando falava de "sabedoria caseira e limitada" e restringia o gênio grego, ou pelo menos o ateniense, na consciência de tais limites. Toda sua vida demonstra que teve sempre clara essa consciência. A isso se deve o sucesso pessoal e o da reforma, cuja sobrevivência Cícero pôde observar, cinco séculos depois, naquela cidade decaída, onde a democracia se tornara rixa permanente. Quando lhe perguntaram em que consistia a ordem, em sua opinião, respondeu: "Em os povos obedecerem aos governantes e os governantes obedecerem às leis."

Voltou à pátria muito idoso. Aprendera uma porção de coisas. A que mais o havia impressionado era a história que lhe haviam contado em Heliopolis, a história da Atlântida, o continente submerso. Vivia contando-a a todo mundo. Já fizera disso quase uma mania, como geralmente acontece com os velhos. Seus concidadãos sorriam um tanto contrafeitos. Julgamos, que tenha caducado um pouco quando começaram as agitações — o povo deixou de obedecer aos governos e os governos deixaram de obedecer às leis. Do contrário, deveria ter deduzido que as leis valem pouco, o que seria reconhecer a inutilidade de sua obra.

Sólon foi inscrito, por seus contemporâneos, na lista dos Sete Sábios. Era mais ou menos o Prêmio Nobel da época, levado muito mais a sério. E se quiséssemos atribuir-lhe um ditado, teríamos de escolher o que ele mesmo fez gravar no frontispício do templo de Apoio: *Meden Agan,* o que significa "Sem exageros!"

Capítulo 15

Pisístrato

A democracia introduzida por Sólon em Atenas articulara-se em três partidos. Suas lutas mostraram logo como é ela difícil. Havia o partido chamado de "Planície", conservador, da direita, chefiado por latifundiários eupátridas, os aristocráticos. O da "Costa", dominado por ricos comerciantes e armadores, reunia a burguesia média e alta. Havia, finalmente, o partido da "Montanha", do proletariado urbano e rural.

Um dia, o chefe deste último partido se apresentou ao Areópago, levantou uma ponta da toga e mostrou aos presentes uma ferida dizendo ter sido infligida pelos inimigos do povo, com a intenção de o assassinarem. Pediu que lhe permitissem reunir um grupo de cinquenta homens armados para se defender. A pretensão era revolucionária. Numa cidade sem exército permanente, sem forças policiais, a lei proibia que alguém tivesse guarda particular. Com ela seria fácil a qualquer um impor-se ao povo indefeso. Chamaram Sólon, que acorreu. Apesar de velho, percebeu logo do que se tratava e advertiu os presentes. "Atenienses, escutai bem o que vou dizer: Sou mais sábio do que muitos de vós e mais corajoso do que muitos outros. Sou mais sábio do que aqueles que não veem a malícia e as segundas intenções deste homem, e mais corajoso do que aqueles que, vendo-a, fingem não a ver para evitar incômodos e viver em paz." Percebendo que não lhe davam ouvidos, acrescentou indignado: "Sois sempre os mesmos. Individualmente, cada um de vós age como raposa. Mas, coletivamente, sois um bando de patos."

O velho, sabendo em perigo toda a sua reforma, compreendia facilmente os planos daquele tribuno chamado Pisístrato. Era seu primo, e Sólon desde menino lhe conhecia a astúcia, a ambição e a falta de escrúpulos. Mas, além da "Montanha", Sólon tinha contra si também a "Planície", dominada pelos aristocratas reacionários e carolas a quem tirara o monopólio do poder. Amargurado e desiludido, fechou-se em sua casa. Trancou a porta e pendurou, como então se usava, o escudo e as armas para significar sua retirada da política.

Pisístrato também era de família aristocrática e rica. Mas compreendera que a democracia, uma vez instaurada, é irreversível e pende sempre para a esquerda. Por isso, havia tempo invertera todas as suas ambições no proletariado. Pusera-se à frente dele com a demagogia e o cinismo que o proletariado adora. Pisístrato, em vez de cinquenta, reuniu e armou quatrocentos homens. Apoderou-se da Acrópole e proclamou a ditadura. Naturalmente, em nome e para o bem do povo, como todas as ditaduras.

A "Costa", as classes burguesas que até então o haviam sustentado, assustou-se. Coligou-se com a "Planície". Derrubaram o tirano e o obrigaram a fugir. Mas Pisístrato voltou logo ao ataque. Heródoto conta que um dia, em 550, se apresentou às portas da capital um carro imponente, enfeitado de flores. Nele vinha, majestosamente, uma lindíssima mulher com as armas e o escudo de Palas Atena, protetora da cidade. Naturalmente, foi acolhida com palmas e saudações. Quando os batedores que precediam o coche anunciaram que a deusa viera, pessoalmente, restaurar Pisístrato, o povo se inclinou. E Pisístrato apareceu imediatamente, à testa de seus homens, que vinham escondidos no cortejo.

Terá sido a raiva por se haverem deixado enganar com tão grosseiro estratagema que levou os burgueses da "Costa" a se aliarem novamente aos barões da "Planície" contra o ditador de ascendência aristocrática, mas de ideias progressistas? Não se sabe. Sabe-se unicamente que a aliança foi feita e levou a melhor, tornando a exilar Pisístrato. Mas ele não era homem de aceitar derrotas. Três anos após a segunda derrubada, em 546, ei-lo, com seus homens, novamente às portas de uma cidade que evidentemente não resolvera restaurar o antigo regime. Entrou sem resistência. Pisístrato tornou a ser ditador e o foi, quase sem perturbações, até à morte, dezenove anos depois.

Este curioso e complexo personagem parece que a História o criou de propósito para confundir os que pensam ter ideias bem claras para julgar que a democracia é *sempre* um bem e a ditadura *sempre* um mal. Mal o tiveram no poder, todos os inimigos, que continuaram sendo muitos, tremeram à ideia de um expurgo. Mas Pisístrato, que na luta se mostrara carrancudo, na vitória alardeou generosidade. Desembaraçou-se logo, mandando para o exílio só os que teimavam em irredutível aversão. Aos outros deu indulgência plenária. Todos esperavam que modificasse a Constituição de Sólon para dar base jurídica a seu poder pessoal. Mas as acomodações foram raras e superficiais.

Nada de regime policial, denúncias, "leis especiais", nada de "culto à personalidade". Pisístrato quis eleições livres. Aceitou os arcontes designados pelo voto popular. Submeteu-se ao controle do Senado e da Assembleia. E, quando um particular o acusou de assassínio, levou a queixa perante um tribunal comum. Venceu a causa porque o adversário não se apresentou. Sabia muito bem que sustentava uma tese impopular. Pois a grande maioria dos atenienses, depois de o ter hostilizado e suspeitado dele por muito tempo, se afeiçoara sinceramente a Pisístrato, que tinha a seu favor uma arma formidável — a simpatia.

Chamavam-no de tirano. Mas naquela época o nome não trazia o significado deprimente e ameaçador de nossos dias. Vinha de *tirra,* que significa *fortaleza.* Era esse também o nome da capital da Lídia, onde o rei Giges estabelecera realmente um clássico regime ditatorial. Pisístrato era ura homem cordial. É verdade que fazia o que queria, mas depois de convencer os outros de que sua vontade era a vontade deles. Poucos sabiam opor argumentos aos argumentos dele, mesmo porque os expunha de maneira muito persuasiva. Possuía o que os franceses chamam de *charme.* Sabia a arte de temperar os discursos de assuntos desagradáveis com fatos divertidos. Sabia demover os opositores sem os ofender, aparentando concordar com eles. Apresentava seus pensamentos com bons modos e calma, tornando-os compreensíveis a todos. Serviu-se destas enormes qualidades para realizar uma obra formidável. Sua reforma agrária foi tão bem-feita que, por séculos, a Ática não precisou de outra. Destruiu o latifúndio. Em seu lugar surgiram milhares de cultivadores diretos que, sentindo-se proprietários, se sentiam, cidadãos e, assim, interessados nos destinos da pátria. Sua política foi a "da produção" e de pleno emprego da mão-de-obra através de colossais empreendimentos públicos que absorveram os desocupados e fizeram de Atenas a verdadeira capital da Grécia. Até então fora apenas uma cidade como tantas outras, de segundo plano em relação a Mileto e Éfeso, muito mais desenvolvidas sob o aspecto comercial, cultural e arquitetônico. Tanto assim que Homero mal fala dela. Pisístrato começou pelo porto. Construiu estaleiros que em breve forneciam as mais modernas e poderosas embarcações da época. Compreendera que o destino de Atenas, fechada por áridas e pedregosas montanhas, só podia ser o mar. Tal iniciativa, além de lhe trazer o apoio da burguesia da "Costa", formada quase só de armadores e comerciantes, lhe deu dinheiro para a reforma urbanística. Foram seus geólogos que descobriram prata e mármore nas vizinhanças. Com estes materiais, em lugar das cabanas de barro, surgiram palácios. Na Acrópole, o velho templo de Atena foi embelezado pelo famoso peristilo dórico. Pisístrato, o homem de ferro, não deixava de ser culto e de gostos refinados. Uma das primeiras coisas que fez, logo ao tornar o poder, foi instituir uma comissão que recolhesse e ordenasse a *Ilíada* e a *Odisséia* que Homero deixara esparsas em episódios fragmentários, confiando-os à memória oral do povo. E até que ponto a comissão apenas reuniu e não modificou o texto, é difícil saber.

Na política externa, Pisístrato teve em vista duas coisas: evitar a guerra e dar a Atenas, sem que as outras cidades notassem, a posição de capital moral da Grécia, para depois transformá-la em capital política. Conseguiu-o apesar dos aborrecimentos que deve ter causado a muita gente com sua frota onipresente e intrometida e com as "colônias" que implantou por toda parte em casa alheia, especialmente nos Dardanelos. Escultores, arquitetos e poetas acorreram a Atenas porque reconheciam em Pisístrato um intelectual igual a eles. Os "jogos pan-helênicos" que instituiu, tornaram-se ponto de encontro não só para os atletas, mas também para os homens políticos de toda a Grécia. Não se foi além disso. Ciosos, cada um, de sua "pequena pátria" representada por uma única cidade com seus arredores, os gregos eram constitucionalmente refratários à concepção de uma pátria maior.

    Pisístrato viu os inconvenientes, mas teve o bom-senso de não forçar com a violência uma unidade que não seria natural. Como Renan, acreditava que uma nação se funda no desejo de viver junto. Quando esse desejo não existe, não há polícia que o possa substituir. Foi um grande homem. Sua ditadura, apresentada como a negação da Constituição de Sólon, foi quem de fato lhe forneceu os meios de funcionamento e de resistência às provas sucessivas. O tirano Pisístrato soube fugir de todas as tentações do poder absoluto, menos uma — a de ceder o "lugar", como herança, aos filhos Hípias e Hiparco. O amor paterno o impediu de ver, com a habitual clareza, que os totalitarismos não possuem herdeiros, e que seu totalitarismo se justificava apenas como uma exceção da democracia, para lhe assegurar a ordem e a estabilidade. Foi pena.

Capítulo 16

Os Persas à Vista

Pisístrato morrera em 527 antes de Cristo. Vinte e um anos depois, em 506, encontramos Hípias, um dos filhos destinados a sucedê-lo, na corte de Dario, rei persa, para o persuadir a declarar guerra a Atenas e toda a Grécia. Os grandes homens nunca deveriam deixar viúvas nem herdeiros. São perigosíssimos.

Morto o pai, Hípias não começara mal. Mocinho inteligente, de tanto ficar ao lado do pai aprendera muitas espertezas. Sua paixão era a política. O irmão Hiparco, ao contrário, só pensava em poesia e amor. Assim, entre os dois não existiam perigosas rivalidades. Contudo, foi exatamente Hiparco o causador dos males que acarretaram a queda da dinastia.

Não devia ser pior do que muitos de seus contemporâneos em questão de moralidade. Em matéria sentimental, seguia as ideias correntes, sendo uma delas a total imparcialidade quanto aos sexos. Hiparco teve a infelicidade de topar com um belo mocetão chamado Armódio que certo Aristogíton — quarentão aristocrático, prepotente e ciumento — considerava propriedade sua. Teve a ideia de se desfazer do rival com o punhal. E, para dar ao assassínio uma etiqueta mais nobre que o tornasse popular, pensou em estendê-lo também ao irmão Hípias. Seria, então, um "delito político" em nome da liberdade, contra a tirania. Neste sentido, organizou conjuração com outros nobres latifundiários. Numa festa, tentou o golpe. Deu certo apenas pela metade. Hiparco morreu, mas Hípias escapou. E, desde aquele momento, pelo rancor e medo de outras conjurações, o filho e discípulo de Pisístrato, ditador liberal, indulgente e iluminado, tornou-se um *tirano* autêntico.

Os efeitos de sua política de perseguição não se fizeram esperar. Aristogíton, que tentara o golpe por torpes motivos pessoais e não encontrara apoio moral no povo, em breve se transformou em herói da liberdade na fantasia popular indignada com os excessos de Hípias. Armódio passou a ser uma espécie de mártir, como se fora virgem imaculada e perseguida. Até a devassa Lena, sua amante, foi aureolada pela lenda. Dizia-se que, presa e torturada pela polícia para revelar o nome dos cúmplices, cortara a língua com uma mordida e cuspira-a na face de seus algozes.

O descontentamento do povo enfureceu Hípias, que por sua vez enfureceu o povo. E, quando a cisão foi completa, os foragidos que, entretanto se haviam concentrado em Delfos, armaram um exército, chamaram os espartanos em seu auxílio, e com eles marcharam sobre Atenas. Hípias se refugiou com seus sequazes na Acrópole. Mas para garantir os filhinhos, procurou expatriá-los secretamente. Os assediantes prenderam-nos. O infeliz pai, para se salvar a si e aos seus, Capitulou e rumou voluntariamente para o exílio. Mas não se deve esquecer que em suas veias corria o sangue de Pisístrato, homem sempre pronto a sacrificar a posição à família, mas nunca disposto a se resignar com a derrota.

Quem comandava os rebeldes, à testa dos quais entrou na cidade, era Clístenes, aristocrata pouco estimado pelos outros porque, como Pisístrato, alimentava ideias progressistas. Por isso, como vencedores que eram, boicotaram-lhe a candidatura às eleições seguintes e, em seu lugar, colocaram Iságoras, latifundiário retrógrado, que pretendia fazer a república estrangular todas as suas conquistas sociais. Depois de quatro anos foi envolvido numa insurreição popular. Nem mesmo os espartanos, vindos novamente para escorar uma ordem constituída bem a seu gosto de retrógrados calejados, puderam resistir-lhe. Clístenes, que chefiara a revolta, assumiu o poder e exerceu-o um tanto ditatorialmente, mas em nome da democracia. Terminou a reforma igualitária de Pisístrato. Duplicou o número de cidadãos com direito a voto. Eliminou pela raiz a separação em tribos, que constituía a força de clientela da aristocracia, correspondendo mais ou menos ao nosso colégio uninominal. Inaugurou o sistema de autodefesa das instituições democráticas, chamado *ostracismo.* Cada membro da Assembleia popular, de que faziam parte seis mil. pessoas — praticamente todos os chefes de família da cidade podia escrever, numa lousa, o nome de um cidadão que, a seu ver, constituísse ameaça para o Estado. Se tal denúncia anônima fosse aprovada por três mil colegas, o denunciado era exilado por dez anos, sem necessidade de processo que lhe provasse as culpas. Era um princípio

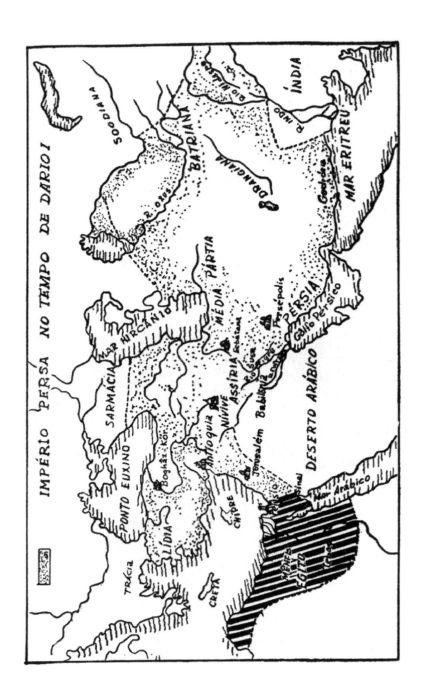

injusto e tremendamente perigoso, pois se prestava a toda espécie de abusos. Mas os atenienses praticaram-no com moderação, ainda que nem sempre com pertinência. Nos quase cem anos que esteve em uso, foi aplicado apenas em dez casos. E o cúmulo do bom-senso foi aplicá-lo exatamente a quem o havia inventado. Um dia o presidente da Assembleia, como de costume, perguntou aos presentes: "Há alguém que deva ser considerado perigoso para o Estado? Se há, quem é?" Muitas vozes responderam: "Clístenes." A denúncia reuniu os três mil votos exigidos por lei. E o inventor do ostracismo a ele foi condenado pelo povo a quem devolvera a liberdade. Usaram sábia ingratidão para se livrar de quem, tendo tantos méritos em seu ativo, podia ser tentado a fazer deles um título para legitimar nova tirania.

Não conhecemos a reação do pobre proscrito. Não o ter a História registrado demonstra que deve ter sido menor do que a de um Pisístrato ou Hípias. Clístenes talvez tenha sido bastante inteligente para perceber que a ingratidão, sempre repreensível do ponto de vista humano, muitas vezes não o é do ponto de vista político. O próprio fato de os atenienses, a quem fizera participantes da soberania do Estado, se terem imediatamente mostrado tão ciosos em seu uso, evidenciou o triunfo de sua obra. A ela sacrificou, conscientemente, seu destino pessoal. Como o ostracismo não implicava noutra perseguição além do exílio, apraz-nos pensar que Clístenes tenha vivido bastante para ver o heroísmo com que os atenienses defenderam as liberdades recebidas. Heroísmo evidenciado quando o exército de Dario se alinhou ameaçadoramente. Vinha aconselhado por Hípias que, velho, mas ainda forte, ao contrário de Clístenes, era incapaz de perdoar e de se resignar.

Neste ponto, vamos abrir parênteses.

Alguma coisa mudara desde os tempos em que as *poleis* gregas podiam entregar-se livremente às forças centrífugas e separatistas por não haver ameaça de inimigo externo. Do Norte, donde tinham vindo os aqueus e os dórios, já não vinham bárbaros para a Hélade. Ao Sul, o poderio egípcio continuava decaindo. A Oeste, Roma e Cartago ainda estavam na alvorada. O perigo vinha do Leste, onde até então só existira o reino da Lídia, fruto antes de tudo, da diplomacia do grande soberano Creso, o amigo de Sólon. Creso, apesar de ter avançado em várias ilhas da Jônia, era favorável aos gregos, cuja cultura assimilara. Talvez este tenha sido seu erro. Ocupado e preocupado com eles, não deu atenção à Pérsia, que lhe crescia às costas. Quando se apercebeu do perigo, já era tarde.

O novo rei, Ciro, o Grande, já conquistara Babilônia e Mesopotâmia quando Creso lhe declarou guerra. Justamente no dia da batalha, houve eclipse da lua. Os dois exércitos ficaram tão fortemente abalados que se negaram a combater. Pouco depois, Creso foi a Delfos, consultar o oráculo. Este lhe respondeu que, se conseguisse atravessar o rio Hális com seu exército, destruiria um poderoso império. A profecia se verificou. Creso atravessou o rio Hális, combateu e destruiu um grande império: o seu. Heródoto conta que Ciro, tendo capturado Creso, pô-lo numa grelha para o "sacrificar aos deuses" — como gentilmente se dizia — num assadinho bem passado. Naquele momento Creso se lembrou de Sólon que, com tanta diplomacia, lhe aconselhara prudência, e lhe invocou o nome três vezes. Ciro quis saber quem era Sólon. Tendo-lhe ouvido a história, ficou tão impressionado que mandou desamarrar o prisioneiro. Tarde demais, porque o fogo já ardia. Mas algum deus misericordioso mandou um temporal que o apagou. Assim Heródoto contava os grandes acontecimentos históricos. Se acreditarmos nele, Creso não só foi salvo, mas passou a ser amigo de Ciro, cuja hospitalidade desfrutou até o fim da vida. Mas não recuperou mais o trono. A anexação da Lídia permitiu à Pérsia entrar pelo Mediterrâneo, bem diante da Grécia, que nele imperava com a frota ateniense.

A coroa de Ciro estava agora na cabeça de Dario, mais chefe de exército do que verdadeiro homem de Estado. Como militar, considerava o poder de um império por sua extensão. De conquista em conquista, já se lançara no continente europeu, absorvendo a Trácia, a Macedonia e as costas montanhosas da Grécia meridional.

Os historiadores modernos dizem que concebera o plano grandioso de impor ao mundo a civilização oriental, destruindo os centros do ocidental. Não duvidamos, pois quando Hípias, refugiado em sua corte, depois da lei que o exilara, o incitava contra a própria pátria, Dario respondeu: "Mas quem são estes atenienses?" Era, evidentemente, a primeira vez que ouvia falar neles. Não era homem de grandes concepções estratégicas. Seguia uma lógica militar, a lógica simplista de todos os generais desde que o mundo é mundo: a conquista de um país não estará segura enquanto não for seguida da conquista dos países vizinhos. A aplicação desse princípio levara-o a anexar as ilhas do Egeu oriental porque ameaçavam as costas da Ásia Menor, em que se instalara.

Entre as conquistas, estava Mileto, revoltada contra o jugo persa. Aristágoras, um dos mais ferventes revoltosos, foi solicitar o auxílio de Esparta, que declinou. Era uma cidade de camponeses que não enxergavam além do nariz. Aristágoras foi para Atenas e teve outra acolhida... Os atenienses eram armadores e negociantes. Para eles, o mar significava tudo. Além disso, as cidades do Egeu eram quase todas colônias jônicas, fundadas e povoadas por gente da Ática. E Aristágoras era bom orador, qualidade muito apreciada pelo bom gosto de Atenas.

Talvez os sucessores de Clístenes não soubessem exatamente o que significava Dario no chamado equilíbrio das forças mundiais. Nem tiveram noção exata da importância histórica que revestia sua decisão de lhe barrar o passo. Só hoje, depois do fato consumado, podemos dizer que ela possibilitou o nascimento da Europa. Se naquela ocasião Dario tivesse passado, o Ocidente se teria tornado tributário do Oriente quem sabe por quantos séculos e com que consequências! Mas é lícito pensar que, no momento, os atenienses foram tentados só pela ideia de contribuir para o resgate de algumas cidades que constituíam a sua Trento e Trieste... E, meio levianamente, decidiram mandar uma pequena frota de vinte navios em auxílio dos insurretos.

Acabou mal porque, na frota da liga jônica então formada, o contingente de Samos desertou no momento da batalha travada em Lade. Os gregos sofreram derrota colossal. Os persas reconquistaram Mileto. Mataram todos os homens. Reduziram as ilhas jônidas a tais condições que nunca mais se recuperaram. E, para grande alegria de Hípias, declararam guerra a Atenas.

Capítulo 17

Milcíades e Aristides

A sorte da Grécia, que dentro em pouco deveria desaparecer como nação, por nunca o ter sido realmente, teve como prenúncio a reação oferecida em 490 antes de Cristo, quando seiscentos navios e duzentos mil soldados persas se apresentaram às suas portas. Os Estados setentrionais entregaram-se, cada um por sua conta. A Eubéia aceitou o jugo, Esparta pediu conselho aos deuses. Aconselharam-na a evitar a "dureza". Em suma, ao lado de Atenas só formou a pequena Platéia, cidade de segunda ordem, que mandou seus poucos soldados cerrarem fileira ao lado do exército que Mileíades preparara às pressas. Mileíades era um chefe que muito bem teria figurado na Itália do século XIII. Tais pessoas, quando nascem no momento certo, isto é, na hora do perigo, são uma bênção para a nação.

Havia nele algo que nos lembra McArthur e que o levaria aos mesmos êxitos e aos mesmos excessos. Com vinte mil homens sumariamente armados e pouco treinados, quase sem tradição militar, Mileíades devia enfrentar duzentos mil soldados. As condições eram particularmente difíceis porque, pelo regulamento, o comando era dividido, em turnos, com outros nove generais. Os atenienses não queriam que da guerra voltassem "heróis" prontos a desfrutar os méritos militares em carreiras políticas. E tinham razão. Mas há casos em que certas preocupações provocam a paralisia.

A grande sorte de Milcíades foi que, no dia da batalha da planície de Maratona, o turno de comando era de Aristides. Este, reconhecendo com honestidade a capacidade superior do colega, renunciou a seu favor. Milcíades compreendera qual o fraco dos persas: eram valentes soldados, individualmente, mas não tinham ideias de manobra coletiva. E foi nisso que bateu. Se acreditarmos nos historiadores da época — que infelizmente eram todos gregos — Dario perdeu sete mil homens, Milcíades nem duzentos. Não nos parece muito verossímil. Mas o certo é que obteve surpreendente vitória. Todos sabem como o mensageiro Fedípoda, mandado a anunciar a vitória em Atenas, fez vinte milhas correndo. Depois de dada a notícia, caiu morto, com o pulmão estourado. Deu exemplo que nenhum "corredor de maratonas", até Zátopek, teve a forca e a coragem de seguir. Enquanto corria os espartanos também chegaram a Maratona. Muito humilhados com o atraso, humildemente pediram desculpas aos vencedores.

Cheio de orgulho e com o peito coberto de medalhas, Milcíades pediu setenta navios. Os atenienses não entenderam o que queria fazer, mas por gratidão, lhes deram. O general, transformando-se em almirante, conduziu-os a Paros e intimou os habitantes a lhe darem cem talentos, aproximadamente meio milhão. Eis o que quisera com a frota: cobrar o serviço prestado à pátria, visto que esta se esquecera de pagar. O governo chamou-o de volta e obrigou-o a restituir só a metade do que embolsara. A outra metade, achou justa. Milcíades não teve tempo de restituí-lo porque a morte o colheu antes, para sorte sua e de seu país. Quem sabe lá o que ainda teria feito se tivesse continuado vivo?

Sobreviveu-lhe Aristides. Suas aventuras mostram que a honestidade, em política, nem sempre encontra recompensa e que a História, como as mulheres, tem um fraco pelos tratantes.

Foi o homem para o qual todo o público voltou o olhar quando, uma tarde, no teatro, fora recitados estes versos de Ésquilo: "Não procura parecer, quer ser justo. E de seu espírito, como trigo de solo fértil, só nascem sabedoria e ponderação." Nestas palavras, todos lhe reconheceram o retrato. Era o homem que cedera seu turno de comando a Milcíades; depois da batalha recebeu a incumbência de guardar as tendas dos vencidos. Dentro delas havia notáveis riquezas e ele as entregou intatas ao governo — coisa que já naquele tempo, como se vê, impressionava muito. Sua retidão era tão universalmente reconhecida que, quando Atenas e seus aliados resolveram estabelecer uma liga e instituir um fundo comum em Delfos, foi unanimemente designado para administrador.

Não nos admira. Foi amigo e discípulo de Clístenes. Passou a juventude combatendo a corrupção política e o peculato dos funcionários, em nome da ordem democrática. Infelizmente, estas são qualidades que o povo admira, mas não ama. Talvez faltasse a Aristides o dom da "simpatia" que foi a força de Pisístrato e fizera que lhe perdoassem o cinismo. O fato é que foi vencido por seu adversário Temístocles, de quem estava separado, mais pela rivalidade sentimental do que por oposição ideológica. Ambos tinham estado profundamente enamorados da mesma moça, Estesilau de Ceo. Agora ela estava morta. Mas os rancores sobreviviam. E o destino quis que as boas qualidades dos dois fossem igualmente repartidas — ao caráter superior de Aristides contrapunha-se a superior inteligência de Temístocles, orador brilhante e homem de recursos inversamente proporcionais aos escrúpulos. "Não aprendera grande coisa — diz Plutarco — quando os mestres procuravam ensinar-lhe como devia *ser*, mas aprendera muito bem a lição quando o haviam instruído sobre os modos de *conseguir*.

Venceu e, com pouco cavalheirismo, propôs o ostracismo para Aristides. Era o único meio de se ver livre do gentil-homem. E não depõe nada a favor dos atenienses o terem encontrado, também desta vez, os três mil votos. Os motivos dessa aversão, expressou-os com clareza um pobre camponês analfabeto que, no dia da votação, se voltou para Aristides, sem o conhecer, pedindo-lhe que escrevesse na lousa sua aprovação à proposta de Temístocles. "Por que queres mandar Aristides para o exílio? Fez-te algum mal?" — perguntou Aristides. "Não me fez nada" — respondeu o outro. — "Mas estou farto de o ouvir chamar de "o justo". Encheu-me as medidas com sua justiça." Aristides sorriu de tanto rancor, típico da mediocridade contra a excelência, e marcou contra si o voto daquele homem. Ao ouvir o edito que o condenava, disse simplesmente: "Espero, atenienses, que não tenham mais ocasião de se recordarem de mim." Assim, depois de Clístenes, que o inventara, também seu melhor amigo e discípulo caía vítima do ostracismo. Mas também agora havia um motivo, ainda que cruel e injusto: Atenas, naquele momento, precisava mais de Temístocles do que de Aristides. Estava com os persas novamente às portas.

Vinham agora conduzidos por Xerxes, que sucedera ao pai em 485 e agora surgia decidido a lhe vingar a única derrota. Levou quatro anos preparando a expedição. Heródoto calculou em mais de dois milhões e meio de homens, apoiados por uma frota de mil e duzentos navios, o exército que em 481 se pôs em marcha para o grande castigo. "Quando paravam num lugar para tomar água, secavam os rios", acrescenta o historiador para tornar mais verossímeis os seus números. Os espiões mandados por Temístocles para colher informações foram descobertos. Mas Xerxes soltou-os. Preferia que os gregos o conhecessem e, conhecendo-o, se entregassem.

Os Estados do norte assim o fizeram. Vendo os engenheiros fenícios e egípcios construírem uma ponte de setecentos barcos, espalharem sobre eles uma camada de troncos e de barro, abrirem um canal de dois quilômetros para atravessar o istmo do monte Atos, os pobres colonos pensaram que Xerxes devia ser uma encarnação de Zeus, sendo portanto inútil qualquer resistência. Como de costume, a princípio, só Platéia se pôs ao lado da temerária Atenas. A ela se juntou Téspias. Por fim, Esparta também decidiu unir-se à coalizão. Seu rei, Leônidas, conduziu para as Termópilas um diminuto exército de trezentos homens, todos velhos, porque os jovens deviam ficar em casa para semente. Segundo os historiadores gregos, os trezentos, sozinhos, teriam resistido aos dois milhões e meio, se traidores não tivessem guiado os inimigos por uma senda desconhecida, às costas de Leônidas, que caiu com duzentos e noventa e oito dos seus homens, depois de haver causado vinte mil mortos aos adversários. Dos dois restantes, um se suicidou de vergonha, e o outro resgatou a honra caindo em Platéia. Uma lápide comemora o episódio. Nela está escrito: "Vai estrangeiro, dize a Esparta que nós caímos em obediência às suas leis."

A notícia da derrota alcançou Temístocles um dia depois da batalha naval de Artemísio, na qual, apesar de um contra dez, conseguiu não perder. Na véspera, os outros almirantes queriam retirar-se. Mas os eubeus, temendo desembarque persa, tinham-lhe mandado trinta talentos — aproximadamente vinte e cinco milhões de cruzeiros — para que os convencesse a lutar. Temístocles deu-lhes a metade. Guardou para si o resto da "bolada". O desastre das Termópilas não lhe permitiu retomar a batalha no dia seguinte. Era preciso mandar a frota para Salamina, embarcar os atenienses, que começavam a fugir diante do exército de Xerxes em marcha para a cidade, que ainda não se rendera. Um deputado propôs a rendição e foi morto na Assembleia. Sua mulher e seus filhos foram lapidados pelas mulheres.

Os persas saquearam uma cidade vazia. Julgaram ter vencido porque também sua frota entrara na enseada. Aí é que se viu quem era Temístocles. Não podendo opor-se aos colegas que, unânimes, queriam a fuga, mandou, às escondidas, um escravo informar do plano da retirada a ser executado na noite imediata. Se a mensagem fosse descoberta, Temístocles passaria por traidor. Mas alcançou o destino. Xerxes rodeou o inimigo para não o deixar fugir. E Temístocles conseguiu seu intento: obrigar os gregos a lutar. Xerxes, de terra firme, assistiu à catástrofe de sua frota, que perdeu duzentos navios contra quarenta barcos gregos. Os únicos marinheiros de sua frota que sabiam nadar eram gregos e se uniram ao inimigo. Os outros morreram afogados. Assim, pela segunda vez depois de Maratona, Atenas e toda a Europa foram salvas em Salamina. Era o ano de 480 antes de Cristo.

Capítulo 18

Temístocles e Efialtes

Quando, depois de tudo terminado, os almirantes gregos se reuniram para decidir quem fora o maior artífice da vitória, para o recompensar, todos deram dois votos: um para si mesmos e outro para Temístocles. Este, mesmo depois de Salamina, continuara a fazer das suas. Após a batalha naval, tornara a mandar o escravo de inteira confiança informar Xerxes de que conseguira dissuadir os colegas da perseguição da frota vencida. Fizera-o realmente? E por que motivo avisava o adversário? Talvez por não se sentir seguro e preferir que ele se retirasse. Mas o desenrolar dos acontecimentos sugere suspeitas mais graves. De qualquer forma, Xerxes acreditou mais uma vez.

Deixou na Grécia trezentos mil homens, sob o comando de Mardônio. Desanimado, retirou-se com os outros para Sardes. A disenteria grassava. Houve um ano de tréguas, porque ambos os lados sentiam necessidade de tomar fôlego. Depois um exército grego, de cem mil homens comandados por Pausânias, rei de Esparta, agrupou-se em Platéia, diante do exército persa. Deu-se o encontro em agosto de 479. Estamos novamente diante de cifras incríveis. Heródoto diz que Mardônio perdeu duzentos e sessenta mil soldados. Pode ser. Mas acrescenta que Pausânias perdeu cinquenta e nove. Parece inverossímil.

Em todo caso, foi uma grande vitória terrestre. Poucos dias depois, seguiu-se uma vitória em Mícale, onde a frota persa foi destruída. Como após a guerra de Tróia, os gregos tornavam a ser donos do Mediterrâneo. Ou melhor, os donos eram os atenienses, que haviam sido os maiores contribuintes para a frota e constituído o Estado-chefe durante a luta da libertação. Temístocles, o homem das "emergências" e dos "furos", soube desfrutar a seu modo aquela alta posição. Organizou uma confederação de cidades gregas da Ásia e do Egeu. Chamou-a "Délia", porque escolheu como protetor o Apoio de Delos, em cujo templo concordaram em depositar o tesouro comum. Mas pediu e obteve que Atenas, além de ser chefe, contribuísse com navios, não com dinheiro. Assim teve pretexto para desenvolver ainda mais sua frota. Por meio dela reforçou o primado naval que já possuía. Temístocles via com clareza o destino de sua pátria. Sabia que da terra não havia nada de bom a esperar. E não teve descanso enquanto não conseguiu que o governo aceitasse o projeto de cercar a cidade até ao porto do Pireu — um bom trecho — com enorme valo. Ficava aberta só para o mar, onde sua força já era a maior. Previa as lutas com Esparta e com os outros Estados do interior, invejosos do poderio de Atenas. Ao mesmo tempo tomou a iniciativa dos tratados de paz com Xerxes, pois queria o mar aberto e livre ao comércio.

Mas, como Milcíades, tencionava cobrar os serviços prestados. Fê-lo sem reparar nos meios. A democracia obrigara ao exílio muitos aristocratas conservadores, proprietários de notáveis fortunas. Secretamente, propôs-lhes a volta. Embolsou as "boladas" e deixou-os no exílio. Um dia apresentou-se com a frota nas ilhas Cícladas e impôs-lhes multa pelo auxílio que, obrigadas pela violência, haviam dado a Xerxes. Com escrupulosa exatidão, deu o montante ao governo. Mas guardou no bolso as somas que algumas cidades lhe deram, discretamente, para escapar ao castigo. Se a guerra tivesse continuado, talvez os atenienses lhe tivessem perdoado. Mas a grande tempestade passara. Todos desejavam voltar à normalidade, que significava, antes de tudo, honestidade e ordem administrativa. E por isso, mais uma vez, a Assembleia recorreu ao ostracismo e condenou quem, por meio dele, condenara o virtuoso Aristides.

Temístocles retirou-se para Argos. Era riquíssimo. Sabia gozar a vida mesmo fora das ambições políticas. E ninguém mais teria falado nele se os espartanos não tivessem mandado para Atenas uma carta dizendo que Temístocles, secretamente e à traição, junto com Pausânias, rei de Esparta, negociara com a Pérsia. Esparta já condenara Pausânias à morte. A História não sabe se a denúncia corresponde à verdade. O "caso" Temístocles parece-se um pouco com o de Tugacesky, o marechal soviético que os alemães, para se verem livres dele, denunciaram a Stalin como traidor. Mas o brilhante estrategista grego, informado do que estava para cair sobre sua cabeça procurou refúgio na corte de Artaxerxes, sucessor de Xerxes. Será que Temístocles, homem previdente, quis preparar terreno quando mandou aos persas a famosa informação que lhes permitiu uma retirada calma depois da batalha de Salamina? Artaxerxes recompensou o serviço com suntuosa hospedagem. Deu-lhe uma pensão alta e ouvia complacente os conselhos que Temístocles lhe dava no sentido de recomeçar a luta contra Atenas e os critérios a seguir para o bom resultado. A morte alcançou aos sessenta e cinco anos, em 459, esse "pai da pátria" em vias de se tornar algoz. Terminou a carreira de um inquietante personagem que parecia reunir em si todas as qualidades e todos os vícios do gênio grego.

Entretanto, criara-se em Atenas nova situação. Os dois partidos — o oligarco, comandado por Címon, filho de Milcíades, e o democrático, dirigido por Efialtes, já não estavam mais equilibrados como antes, quando se revezavam no poder. Os motivos eram dois: antes de tudo, porque a guerra fora vencida pela frota, arma e feudo da burguesia mercante. O exército, arma e feudo da burguesia terrestre, quase não tomara parte. E, segundo, porque o valo em que Atenas pretendia fechar-se, e no qual já se estava trabalhando, acentuava a vocação burguesíssima de empório marítimo. Címon foi vítima desta situação. Não herdara do pai nenhum daqueles cínicos recursos que lhe haviam feito o sucesso. Era honesto, um grande caráter, mas politicamente desajeitado. Não foi este, porém, o motivo de seu desastre. O adversário também era íntegro e cheio de arestas. De Efialtes, cuja ação foi decisiva por aplainar o caminho de Péricles e inaugurar o período áureo de Atenas, sabemos apenas que era pobre, incorruptível, melancólico e idealista. Atacou a aristocracia em sua própria fortaleza, o Areópago ou Senado. Atacou no plano constitucional, revelando na Assembleia todas as tramoias e intrigas que aí se cometiam, tornando praticamente inoperante a democracia. Suas acusações eram circunstanciadas e incontestáveis. Pôs à luz do dia todas as trapaças urdidas pelos senadores, em colaboração com os sacerdotes, para dar apoio religioso às decisões cujo fim único era salvaguardar os interesses da casta.

O Areópago saiu da campanha abatido. Vários de seus membros foram condenados à morte e outros ao exílio. Além disso, foi privado de quase todos os poderes e reduzido a posição subordinada em relação à Assembleia ou Câmara de

Deputados. Mas Efialtes pagou caro a vitória. Depois de várias e infrutíferas tentativas de corrupção, não restava senão um punhal assassino para os adversários se verem livres dele. Foi assassinado em 461. Mas como sempre, "o crime não compensou". Pelo contrário, tornou mais claro e irrevogável o triunfo da democracia e custou o ostracismo a Címon que, provavelmente, nada tinha a ver com o atentado.

As perspectivas de Atenas não podiam ser mais brilhantes quando Péricles, natural sucessor de Efialtes, fez sua estreia política. No mesmo ano de 480, em que destruíra os persas em Salamina, os gregos da Sicilia tinham vencido os cartagineses em Ifímerti. Em todo o Mediterrâneo oriental o Ocidente, representado pela frota de Atenas, tomava a hegemonia sobre o Oriente, representado pelas frotas da Pérsia e da Fenícia. Não eram definitivas as vitórias de Maratona, Platéia, Hímera, Mícale.

A luta contra os persas continuou por decênios, mas o teatro de guerra distanciava-se sempre mais pana leste. O Mediterrâneo oriental já estava aberto à frota de Atenas, que dele se se aproveitava a bel-prazer. A cidade possuía todas as condições para se tornar uma grande capital. Mercadorias e ouro para lá afluíam. E, o que é mais, para lá afluíam homens de diversas civilizações que nela criariam aquela mescla de culturas, fonte de uma cultura nova a que se costuma chamar de "civilização grega", civilização de Partenão, de Fídias, de Sófocles, de Eurípides, de Sócrates de Aristóteles e de Platão. Foi um florescer rápido e impulsivo, que em dois séculos deu à humanidade o que outras nações não conseguiram dar em milênios.

Terceira Parte

A Idade de Péricles

Capítulo 19

Péricles

A maior sorte que se possa ter neste mundo é nascer no momento certo. É muito provável que todas as gerações tenham seus Césares, Augustos, Napoleões e Washingtons. Mas se lhes acontece agir numa sociedade que não os aceita por ser muito severa ou muito corrompida, eles geralmente acabam na forca ou na obscuridade, e não no poder.

Péricles foi um dos poucos venturosos. Teve a seu favor tantas e tão felizes circunstâncias, era dotado de qualidades tão correspondentes às necessidades de seu tempo, que a História — que à boa sorte sempre se inclina — acabou por dar seu nome ao mais glorioso e florescente período da vida ateniense. A *Idade de Péricles* é a idade de ouro de Atenas. Era filho de Xantipo, oficial da Marinha que recebeu os galões de almirante em Salaminia e comandou a frota na vitoriosa batalha de Míeale. A mãe, Agariste, era bisneta de Clístenes. Péricles era, portanto, um aristocrata, mas ideologicamente ligado ao partido democrático — o de futuro mais certo. Algo de singular devia marcá-lo desde pequeno para uma posição de destaque, pois logo circulou uma lenda atribuindo sobre naturalidade à sua origem. Dizia-se que Agariste, pouco antes de o dar à luz, fora visitada em sonhos por um leão.

O certo é que o pequeno Péricles não teve semelhança alguma com leão. Era antes delicado e frágil, com uma curiosa cabeça em forma de pera, fato que se tornou alvo das más línguas e dos *chansonniers* de Atenas, que fizeram dele motivo de infinitas zombarias. Em família, desde o início, deram-lhe educação de príncipe herdeiro. Aproveitou-o com inteligência e aplicação. História, economia, literatura, arte militar, eram o seu pão de cada dia. Recebia-o das mãos dos mais insignes mestres de Atenas, entre os quais se destacava Anaxágoras, de quem continuou sempre discípulo afeiçoadíssimo. Como rapaz, Péricles deve ter sido muito sério, precocemente compenetrado da própria importância e com evidentes caracteres de "primeiro da classe", ajuizado e bonzinho, o que talvez o tornasse um tanto impopular entre seus coetâneos. Desde o primeiro momento em que entrou em política — e entrou cedíssimo — jamais cometeu erros em que geralmente caem, por impetuosidade, os principiantes. Prova-o o sobrenome de Olímpico, que logo lhe atribuíram e que foi usado até pelos adversários, ainda que com arzinho de ironia. Havia, realmente, nele alguma coisa que parecia vir do alto. Talvez fosse o modo de falar que desse tal impressão. Péricles não era orador eloquente, enamorado de sua própria palavra, como Cícero e Demóstenes. Raramente pronunciava discursos. Fazia-os breves e procurava ouvir-se, não para se inebriar, mas para se controlar. Não falava para entusiasmar, falava para persuadir. Tinha a lógica geométrica da estatuária e da arquitetura daquele período. Não excitava paixões, trazia fatos, dados, números e silogismos.

Péricles era honesto, mas não à maneira de Aristides, que fizera da honestidade uma religião em meio a compatriotas malandros, desejosos de serem governados por um homem distinto que, entretanto, os deixasse continuar suas espertezas... Como Giolitti, Péricles foi honesto para si. Saiu da política com o mesmo patrimônio com que entrou. Foi mais tolerante para com os outros. Foi especialmente por esse bom-senso, julgamos nós, que os atenienses não se cansaram de o eleger para os mais altos cargos durante quase quarenta anos seguidos, de 467 a 428 antes de Cristo. E reconheceram-lhe, no cargo de *strategos autokrator*, mais poderes do que a Constituição lhe dava.

Democrata autêntico, sem exageros, Péricles não abusou. Para ele o melhor regime era um liberalismo iluminado e de progressivo reformismo, garantindo as conquistas populares na ordem, excluindo a vulgaridade e a demagogia. É o sonho acariciado por todos os homens de Estado. Mas a sorte de Péricles consistiu exatamente em que Atenas, depois de Pisístrato, Clístenes e Efialtes, estava em condições de poder realizar o sonho e tinha uma classe dirigente capaz de o concretizar. A democracia, garantida por lei, ainda encontrava alguma dificuldade de aplicação nos desníveis econômicos entre as classes. Péricles introduziu o soldo no exército, parta que o apelo às armas não arruinasse as famílias pobres. Instituiu pequeno estipêndio aos jurados no tribunal, para que tão delicada função não fosse monopólio de ricos. Estendeu a cidadania a vastas categorias de pessoas, que por um motivo ou outro não a podiam ter. Mas impôs, ou deixou impor, uma espécie de racismo, proibindo a legitimação de filhos tidos com estrangeiros. Medida absurda, que ele mesmo, mais tarde, haveria de pagar. Sua maior arma política foram os trabalhos públicos. Podia empreender as obras que entendesse porque, com os mares livres e a frota de Atenas, o comércio andava de vento em popa. O Tesouro vivia cheio de dinheiro. De resto, todos os grandes estadistas são também grandes construtores. Mas o que distingue Péricles dos outros não é tanto o volume como a perfeição e o gosto artístico das obras. É claro que tinha homens capazes: mestres como Ictino, Fídias, Mnésicle. Mas foi Péricles quem os chamou a Atenas, os selecionou e lhes supervisou os planos. Em seu tempo construiu-se o muro projetado por Temístocles para isolar a cidade e o porto da terra firme. Vendo nele uma fortaleza invencível, os espartanos mandaram um exército para destruí-lo. Mas o muro resistiu. Péricles encontrou alguma dificuldade em persuadir seus concidadãos a elevar o Partenão, a maior herança arquitetônica e escultural que a Grécia nos deixou. O orçamento previa uma despesa de mais de dois bilhões e meio de cruzeiros. E os atenienses, por mais amantes do belo que fossem, não estavam dispostos a pagar tanto. É característico de Péricles o estratagema a que recorreu: "Bem — disse resignado — então deixai que eu o construa à minha custa. Isto significa que, no frontispício, será inscrito o nome de Péricles e não o de Atenas." A inveja e a emulação obtiveram o que a avareza impedira.

Passava por frio, e talvez o fosse como todos os homens dominados pela paixão política. Mas um dia também pagou tributo à mais humana das paixões — o amor. Apaixonou-se por uma mulher. O assunto era um tanto delicado, por duas razões. Antes de tudo, porque já era casado e até então se mostrara o mais virtuoso dos maridos; segundo, porque ela era estrangeira de passado e atitudes um tanto discutíveis. Aristófanes, a mais acerba língua de Atenas, dizia que Aspásia era mulher pública de Milésia, onde dera origem a uma infinidade de casos. Não temos elementos nem para o confirmar nem para o desmentir. Em todo caso, vindo para Atenas, abrira uma escola não muito diversa da que fundara Safo em Lesbos. Aspásia não escrevia poesias, mas era uma intelectual que lutava pela emancipação da mulher. Queria tirá-la do gineceu, torná-la participante da vida pública em igualdade de direitos com o homem.

São coisas que hoje nos deixam indiferentes, mas naquela época pareciam revolucionárias. Aspásia exerceu grande influência sobre os costumes atenienses, criando o protótipo de "hetera", que se tornou corrente na cidade. Não sabemos se era bonita. Seus admiradores falam de sua "voz de prata", de seus "cabelos de ouro", de seu "pé arredondado", particularidades essas que bem podem ser de uma mulher feia. Mas devia ter atração porque todos concordam em lhe louvar a conversa e as maneiras. Dizem alguns que, quando Péricles a conheceu, ela era amante de Sócrates. Este ligava pouco a mulheres e lhe cedeu, continuando amigo. Certamente, sua alcova era frequentada pela. melhor sociedade de Atenas. Aí compareciam Eurípides, Aleibíades. Fídias. Sabia entretê-los tão bem que Sócrates reconheceu, exagerando um pouco, ter aprendido com ela a arte de argumentar. Foram certamente mais as qualidades intelectuais do que as físicas que seduziram o Olímpico. Desta feita, não resistiu à tentação de descer à terra e agir como qualquer mortal. Parece que, por simples conveniência, resolveu notar que sua mulher fora um pouco menos virtuosa do que ele. Em vez de repreendê-la, ofereceu-lhe gentilmente o divórcio. Ela aceitou. Péricles levou Aspásia para sua casa. Tendo-se tornado a "primeira dama de Atenas", abriu nova sala e, entre uma conversa e outra, lhe deu um filho. Ora vejam. Péricles era o autor da lei que proibia ia legitimação e a extensão da cidadania aos frutos de uniões com estrangeiros. Era agora vítima de sua própria lei, e o foi com muita dignidade.

Parece que Aspásia o tornou feliz, mas não lhe deu sorte política. Progressistas no parlamento, os atenienses eram conservadores em família. Não ficaram nada edificados com o exemplo do *autokrator*, que tratava a concubina como igual, lhe beijava a mão e a fazia plenamente participante de sua vida e de suas preocupações. Tornando-se sempre mais separado, começou a perder o contato com a massa. O povo acusou-o de esnobismo e passou a ter aversão por ele. Continuaram, entretanto, ainda por muitos anos, dando-lhe o voto e confirmando-o no posto de supremo chefe e guia. Pode-se dizer que caiu junto com Atenas, quando do ocaso do primado que ele mesmo dera à sua cidade com hábil política interna e externa. Este primado de Atenas, luminoso e rápido como um meteoro, confunde-se com o da Grécia, cuja civilização floresceu e se consumou em pouco mais de três gerações. Péricles teve o privilégio de assistir a quase toda essa extraordinária parábola e de lhe dar seu nome. Apesar de fechado melancolicamente na ingratidão e na catástrofe, seu destino foi um dos mais afortunados que jamais tenham tocado a um homem.

Capítulo 20

 # A Batalha da Dracma

A extraordinária riqueza de Atenas deve ter-se iniciado com a pobreza. Os habitantes da Ática não podiam ter escolhido, como pátria, canto mais estéril, árido e seco. Boa parte de seus duzentos mil hectares não é cultivável, nem mesmo hoje com as técnicas modernas. A outra parte exigia heroísmos para lhe arrancar os frutos típicos de suas terras pobres: vinho, óleo e figos. Nem os grandes trabalhos de beneficiamento e irrigação empreendidos desde Pisístrato permitiram colheitas de trigo capazes de suprir mais de um quarto da população. A falta de pastagens impedia o desenvolvimento pastoril. Da necessidade os atenienses fizeram virtude. E, mais ou menos como os toscanos de dois mil anos depois (muito semelhantes a eles no bem e no mal), aprenderam a desfrutar ao máximo seus magros recursos e administrá-los com critério. Parece impossível, mas a civilização compreendida como senso de medida e harmonia, de equilíbrio e clareza racional, tem sempre como condimento a avareza da terra e a parcimônia dos homens que nela encontram estímulo à sua iniciativa. Tendo apenas o óleo como produto básico, os atenienses excogitaram logo todas as suas possíveis utilidades culinárias, químicas e combustíveis. Poderíamos reunir os povos em duas categorias: os que funcionam a óleo e os que funcionam a manteiga. E não há dúvida que a civilização nasceu entre os primeiros.

Condicionada à pobreza, a dieta dos atenienses era sóbria. Daí sua boa saúde e seu primado esportivo. Quem segue as narrativas de Homero, nas quais um cabrito assado era almoço normal, anda fora do caminho. Em Atenas só os ricaços comiam carne, de vez em quando. E se o peixe em salmoura é mais comum, o peixe fresco representa preciosa e cara *delikatesse*. Os colonos só conheciam cereais: lentilhas, favas, ervilhas, cebolas, couves e alho. Só nos dias de festa torcem o pescoço de frango e fazem doce de ovos e mel. Todos são criadores de aves e abelhas. Nem o cidadão médio se afasta desse regime. Hipocrates, o primeiro médico leigo, exclama escandalizado: "E dizer que há quem coma duas vezes por dia e o ache normal!"

O panorama melhora um pouco quanto a indústrias extrativas. A primeira delas foi a do sal, que por certo tempo chegou a constituir moeda de troca. Tanto assim que, para fazer o elogio de uma mercadoria, se dizia: "Vale o seu sal." Os atenienses nunca procuraram o carvão, que aliás não existia. Como combustível utilizavam unicamente a madeira. Foi esta sua desgraça, porque em pouquíssimo tempo destruíram as poucas florestas que os circundavam. Já Péricles encontrou Atenas num mar de pedras, precisando importar até madeira. Seus geólogos esquadrinharam as entranhas da terra em busca de prata, ferro, zinco, estanho, mármore. Quando perdeu o poder, Atenas estava numa "febre de prata", por causa de um rico filão descoberto em Lauriuin. O subsolo pertencia todo ao Estado, que não geria diretamente as minas, mas as arrendava a operadores, mediante determinada quantia ao ano, mais uma porcentagem sobre o produto. Trabalhavam-nas com escravos. No século V, havia uns dez a vinte mil deles trabalhando em condições inauditas. Os empregadores alugavam-nos dos atacadistas a uns vinte cruzeiros por dia, cada. Com salários de tal nível, os lucros naturalmente eram elevadíssimos. No primeiro balanço de Péricles, representavam uma das maiores fontes de receita do Estado — cerca de cinquenta bilhões de cruzeiros. O beneficiamento do minério era primitivo, mas já conheciam o pilão, o tamiz e a lavagem. Os resultados deviam ser apreciáveis, pois as moedas de prata tinham noventa e cinco por cento de pureza e o artesanato ateniense foi dos mais bem estabelecidos e dos mais famosos, pela perfeição de seus produtos. Quem fazia espadas, não fazia escudos e vice-versa, porque cada uma destas especialidades era monopólio de uma corporação de armeiros. Não se tratava, naturalmente, de verdadeiros complexos industriais, mas de uma Via-Láctea de oficinas, todas ciosas de sua independência, com escravos em lugar de máquinas. Todos os mais proeminentes cidadãos de Atenas eram um pouco industriais, porquanto cada um deles possuía uma ou mais oficinas. Péricles e Demóstenes também as possuíam. Isso teve sua importância, porque uma nação de caráter industrial acaba sempre desenvolvendo política diversa da de uma população de caráter agrário.

Inicialmente, como primeira coisa, tende a dar precedência aos problemas de comércio e finanças. Para compensar as importações de gêneros alimentícios, os atenienses tinham de exportar manufaturas sendo, portanto, obrigados a uma produção maciça. Eis por que a civilização ateniense foi essencialmente citadina. Se tivesse de se restringir às dimensões e recursos do condado ático, Atenas permaneceria mais campesina. Para se tornar capital, era obrigada a desenvolver ao máximo o artesanato industrial, assegurando-lhe mercados de consumo. Mas estes não se encontravam no interior, dadas ias dificuldades de comunicação. Os atenienses não foram construtores de estradas como os romanos. Só fizeram, e mal, a Via Sacra até Elêusis. Vendo que os lucros não compensavam os gastos, nem sequer a calçaram. Em seu leito barrento, os carros puxados por bois se empantanavam. É por isso que na Grécia nunca se desenvolveu serviço postal nem indústria hoteleira.

Só restava, portanto, o mar. Atenas, com seu Pireu, foi uma Milão com Gênova a dez quilômetros. (*) Depois de Salamina, dominou o Mediterrâneo Oriental. Sua frota contava com navios de mais de duzentas toneladas, velocidade de quinze quilômetros por hora, escravos aos remos e velas ao vento. Eram cargueiros. Mas também transportavam passageiros, cuja passagem variava de acordo com o peso da pessoa e de sua bagagem. Consideravam-nos como saco de trigo ou de batatas. Cada qual levava consigo os víveres para a viagem. Nem uma cadeira se lhes dava. Em geral, a passagem custava pouco. Cento e vinte e cinco cruzeiros davam para ir ao Egito. O mais difícil era regular o sistema monetário e bancário. E aí Atenas entendeu o que os italianos nunca entenderão — que a única maneira de ser esperto é a de não o ser. Enquanto todos os outros Estados praticavam a astúcia mesquinha da desvalorização, Atenas praticou uma honestidade acima dos hábitos e da moralidade de seus cidadãos, dando à própria dracma um valor estável como o franco suíço e o dólar americano, tornando-a, pois, de troca universal. Uma dracma compunha-se de seis óbolos. Estes va-

---

(*) Ou S. Paulo com Santos (Nota do T.).

liam uns vinte e cinco cruzeiros cada um e continham determinada quantia de prata que nunca foi alterada. Transacionar com outras moedas oferecia o perigo de terminar como nossos proprietários de bônus do Tesouro. A dracma dava tranquilidade: em todos os países do mundo seu poder aquisitivo era o de um alqueire de trigo.

Sendo de metal, era difícil transportá-la. Por isso surgiram os bancos. Sua história permite medir a hipocrisia dos atenienses e a infinidade de seus recursos. Consideravam imoral o empréstimo a juros. Durante alguns séculos, obrigaram o economizador a esconder seu dinheiro no pé-de-meia. Depois viram que esse capital ficava fora do ciclo produtivo. Então, continuando ainda a proibir os bancos, permitiram que as reservas fossem depositadas nos templos. Compreenda-se: uma vez que alguém confia seu pecúlio à deusa Palas, por exemplo, está com a consciência moral tranquila. Quanto a Palas, ela pode fazer o que queira com o dinheiro, até emprestá-lo a um fiel com a obrigação de este o devolver com juros. Tanto assim que, quando Atenas propôs aos outros Estados a constituição de um fundo comum, um banco internacional, quem foi nomeado presidente? Apoio de Delfos.

Aconteceu que os deuses bancários agiram de maneira contrária à de Giuffrè. Davam dois ou três por cento de renda aos que depositassem seu capital em suas instituições. Mas exigiam até vinte por cento de juros a quem lhes pedisse emprestado. Temístocles, que nas guerras persas não só conquistara os galões, mas também uns setenta e cinco milhões de cruzeiros que não sabia onde empregar, foi o primeiro, ao que parece, a se dirigir a um particular de Corinto, um tal Pilostéfano, que lhe garantiu cinco por cento. Em Atenas, quando o souberam, não se alarmaram tanto com haver um general acumulado tão grande patrimônio, quanto com saber que o capital fugira para

HISTÓRIA DOS GREGOS

o estrangeiro. Decidiram então autorizar cambistas. Em vista da mesa em que sentavam, foram chamados de *trapezitas* e, pouco a pouco, transformaram-se em verdadeiros banqueiros. Entre eles se tornaram célebres e onipotentes Arquéstrato e Antístenes, os Rothschilds de Atenas. Assim explodiu o *loom* comercial, garantido pela supremacia naval, pela estabilidade da moeda e pelo sistema crediário. Atenas não exporta só manufaturas para pagar as importações de alimentos. Seus armadores garantem o transporte a todo o comércio do Mediterrâneo e seus banqueiros fornecem todas as dracmas para as transações. No Pireu, embarcam todos os produtos, já escalam todas as mercadorias e todos os viajantes. Tudo e todo o mundo aí é de casa. "Lá se encontra — dizia Isócrates — o que é impossível obter noutro lugar." Calcula-se que, só com a taxa de cinco por cento sobre o frete, o Estado devia ganhar uns cento e vinte e cinco milhões de cruzeiros por ano.

Mas os efeitos não eram só econômicos, mas também morais e espirituais. Foi essa vocação de grande empório internacional que fez de Atenas a cidade mais cosmopolita e menos provinciana da Grécia e do mundo antigo. Deveu isso à pobreza do cantinho de mundo em que Teseu e os outros fundadores colocaram o pequeno povo da Ática.

Capítulo 21

A Luta Social

A coisa mais extraordinária é que nesta Atenas comerciante, ressoante de malhos e de martelos, onde se adora o dinheiro a ponto de instalar bancos nos templos e fazer dos deuses seus presidentes, os cidadãos desprezavam o trabalho e consideravam-no humilhante para a dignidade humana.

Por contraditórias e pouco fidedignas que sejam as estatísticas da época, não há dúvida de que os cidadãos constituíam pequena minoria na massa da população. Segundo Demétrio Palereu, não passavam de vinte mil, em cinquenta mil habitantes. Quem sabe como fizeram os cálculos! O certo é que eram poucos e consideravam o ócio a mais nobre atividade e a primeira condição para qualquer progresso espiritual e cultural. Deixavam o trabalho para monopólio das outras categorias sociais da população: metecos, libertos e escravos.

Por metecos (que literalmente significa "coinquilinos") os atenienses entendiam o que os ingleses chamam de *aliens* — todos os que, sem o privilégio de terem nascido em Atenas, aí estabeleceram moradia. Eram livres, mas sem direitos políticos. Formavam uma típica classe média de artesãos, comerciantes, corretores, procuradores e professores. Geralmente, eram de origem meridional. A lei ateniense tratava-os de cima para baixo. Excluía-os do arrendamento de minas — trabalho tão cômodo e remunerative que havia de ser monopólio dos nacionais. Proibia-lhes comprar terras e casar com cidadãos, impunha-lhes o serviço militar e as taxas. Mas, no campo comercial, necessitando de sua preciosa colaboração, ela os tolerava, reconhecendo a legalidade de suas profissões e a validez de seus contratos.

Quase na mesma condição estavam os libertos — escravos e filhos de escravos que tinham conseguido a liberdade. Os caminhos para chegar a tão suspirada posição eram vários. Em alguns casos, o patrão concedia-a como prêmio pela boa conduta. A algum outro davam-lhe amigos e parentes livres que tivessem conseguido dinheiro para sua libertação (foi o caso de Platão, entre outros). A muitos mais dava-lhe o Estado para os fazer soldados, quando exaustas as fileiras. Havia ainda quem a comprasse por si mesmo com as economias acumuladas, óbolo por óbolo.

Metecos e libertos, apesar do tratamento discriminatório a que eram submetidos, amavam Atenas. Consideravam-na sua pátria e dela se orgulhavam. Foram eles que lhe formaram a substância e a força. De suas fileiras saíram os grandes médicos, os grandes engenheiros, os grandes filósofos, os grandes dramaturgos, os grandes e os pequenos artistas. O ateniense que, fiel à vocação do ócio, procurava um bom administrador, um bom capataz, um bom sapateiro, um bom professor particular etc., entre eles os encontrava. De resto, até certo ponto as finanças de Atenas eram controladas por dois deles, Pásion e Fórmion que, tendo reerguido e desenvolvido o banco de Arquéstrato e Antístenes, chegaram a ser os donos de uma cidade que lhes negava a cidadania. Os verdadeiros deserdados eram os escravos que talvez não chegassem a quatrocentos mil, como quer Demétrio, mas certamente passavam de cem mil. Quase todos são presa de guerra ou sobra das galeras. No campo há poucos porque um colono dificilmente pode comprá-los, em face do preço. No mercado de Delos, o mais importante, onde eram expostos nus, um escravo de boa constituição chegava a custar até uns cento e vinte e cinco mil cruzeiros. Além disso, ao contrário do que ocorria em Roma, onde o dono tinha até o direito de matar o escravo, em Atenas ele gozava de certa proteção da lei. Matá-lo era incorrer em crime de homicídio. Castigá-lo demais era arriscar vê-lo fugir e refugiar-se no templo, donde ninguém o pode tirar. Por fim teria que vendê-lo a preço de liquidação.

Exceto os da mineração, onde se trabalhava dez horas por dia e, mais cedo ou mais tarde, se acabava debaixo de um desmoronamento, a sorte deles já não é tão negra. Muitos são empregados pelo Estado como pessoas de serviço — porteiros, entregadores, serventes — com pequenos salários e liberdade de movimento e moradia. Outros entram em casas particulares como cozinheiros e camareiros, ou ainda como escrivães e bibliotecários, e acabam fazendo parte da família. Somando tudo, devemos dizer que a civilizadíssima Atenas praticou a escravidão da maneira mais humana possível, mas dela não fez um problema de consciência, ainda que algum filósofo o agitasse. Sócrates não a mencionou. Platão disse que se devia reprovar que gregos escravizassem outros gregos. Pudera! tocara-lhe a ele a sorte de escravo. Aristóteles defende uma teoria vagamente marxista, dizendo que a escravidão não é nem moral nem imoral. É apenas necessidade imposta por um regime capitalista ainda não agitado pela revolução social. "Serão as máquinas — disse — e não as leis que libertarão os escravos, tornando-os inúteis."

Que o regime ateniense fosse capitalista, quando Péricles subiu ao poder, não há dúvida. A propriedade da terra, que ao tempo dos aqueus era da "gente", agora é individual. Os bancos, as grandes sociedades de navegação, as indústrias, são particulares. O Estado só é dono do subsolo. Mas não o administra diretamente. Deve-se, no entanto, acrescentar que o problema social se restringe à minoria dos cidadãos. Nem os políticos mais radicais têm a ideia de agitar a causa dos metecos e dos libertos.

Os desníveis econômicos entre estes cidadãos não eram muito grandes. Fora Temístocles, obrigado a fugir para salvar a pele e o dinheiro, não havia milionários. Mas este fora um caso escandaloso. Os grandes patrimônios, dos quais se falava com um misto de inveja e admiração, eram os de Cália e Nícias, que andavam pelos 125 milhões de cruzeiros. Na origem da luta de classes, em Atenas, talvez esteja mais um conflito de ideias e de moralidade do que de interesses. Vejamos Alcibíades, um dos protagonistas. Pertence à aristocracia de terra. No meio dela passa como rico. Possui vinte hectares. Numa Ática já retalhada em pequenas propriedades, vinte hectares são latifúndio. Vindo de uma casinha de campo, que pomposamente chama de "castelo", mas que não é mais do que uma fazendola onde o pai arava pessoalmente com os bois, quando chega à cidade sente a riqueza dos burgueses, seus coetâneos, sua cômoda vila, suas roupas na moda, como uma falta de consideração para consigo.

Afeta grande desprezo pelos novos ricos — que muitas vezes o merecem — e por sua democracia. Procura distinguir-se deles, acrescentando o do pai ao próprio nome. Intromete no cartão de visitas, como alguns fazem hoje, um "de" entre o nome e o sobrenome. Em suma, também o pequeno barão de terra quer enriquecer, sob o estímulo da mulher que deseja a pele de visão e o palacete na cidade. Ela não vale nada no *ágora,* mas em casa ronca como um tufão.

A democracia só deixa uma força sobre a qual estes nobres deserdados possam apoiar-se: os cidadãos das classes mais pobres. Em teoria, os mais pobres seriam os colonos, condenados a uma mistura endêmica pela pobreza do solo e a pequenez das propriedades. Mas são pouco receptivos a ideias revolucionárias. Além disso, ainda que também sejam membros de direito da Assembleia, raramente vão a ela por falta de meios de comunicação. É exatamente isso o que marca limites precisos e exatos à democracia ateniense. Entre trezentos ou quatrocentos mil habitantes, seus protagonistas são trinta ou quarenta mil cidadãos. Destes, boa metade, os do interior, estão excluídos pelas dificuldades da viagem. Tudo, portanto, se desenvolve entre as quinze a vinte mil pessoas que coabitam dentro dos muros da cidade. Todos se conhecem. Encontram-se todos os dias e chamam-se pelo nome. Eis por que a experiência democrática de Atenas alcançou um valor exemplar na história e nela espelha com clara evidência. Os filhos da aristocracia empobrecida procuram seguidores entre os descontentes da democracia capitalista, que só favorece as classes alta e média. É fácil entender quem são: todos os que ficam para trás no regime de livre concorrência. E há sempre: basta guardar os salários e os lucros. É difícil calcular hoje o valor aquisitivo da dracma. Mas, pelos cálculos dos mais abalizados conhecedores, uma família de quatro pessoas precisava de mais ou menos cem dracmas por mês para viver como hoje se vive com vinte e cinco mil cruzeiros. Pois bem, o salário de um artesão e o ordenado de um pequeno empregado não iam além de trinta dracmas.

Daí as reivindicações e as "instâncias sociais" sobre as quais a democracia decaída se apoia. Ela não a interpreta reclamando a nacionalização, como o socialismo de hoje: pede a abolição das dívidas, a distribuição gratuita de trigo, a participação em todas as utilidades da indústria e do comércio. Mas para os cidadãos, é claro. Com metecos, com libertos, para não falar de escravos, ninguém se importava. Aristófanes apresenta uma "condessa da esquerda" que prega uma espécie de comunismo aristocrático, reclamando a distribuição, em partes iguais entre os cidadãos, dos lucros do trabalho coletivo. Mas quem é que executa o trabalho?" — pergunta-lhe Blepiro. "Os escravos, é claro." — respondeu a dama.

Estes são os termos em que se debate a luta de classes em Atenas com um partido democrático correspondendo, mais ou menos, ao que foi, até há pouco, o partido radical francês, inteiramente composto de classe média interessada no progresso, mas com muita moderação e combatido por uma extrema direita e uma extrema esquerda totalitárias, coligadas, como quase sempre acontece, por uma aliança absolutista. Mas não exageremos. Apesar de viva e cheia de escaramuças no Parlamento, nos comícios e nas reuniões, a luta de classes foi sempre temperada pelo medo comum dos trinta ou quarenta, mil cidadãos — o medo de serem vencidos, algum dia, pelos duzentos ou trezentos mil metecos, libertos e escravos sobre quem a exígua minoria pretendia ficar dominando. Apesar disso, foram estes marxistas atenienses, com tanto brasão e escudo no cartão de visitas, que inventaram a bandeira sob a qual, desde então, militarão todos os comunistas de todos os tempos: a vermelha. Tal bandeira, pois, não tem origem proletária, como hoje se pensa. Sua origem é aristocrática.

Capítulo 22

Um Teófilo Qualquer

Não se sabe dizer com exatidão se a política ateniense foi ou não favorável ao incremento demográfico. Neste ponto, foi sempre contraditória. Na lei civil e religiosa há muitos incentivos até à adoção de filhos por parte de casais estéreis. Nela encontramos sancionado também o infanticídio regularmente praticado contra crianças defeituosas. Mas o código médico de Hipocrates proibia o aborto.

Em suma, tudo leva a crer que o Estado deixava plena liberdade à iniciativa particular, tudo dependendo dos pais que a sorte destinasse ao recém-nascido. Se estes fossem afetuosos, a criança do sexo masculino e bem constituída tinha muita possibilidade de ser bem aceita. Caso contrário, corria perigo de ser lançada porta a fora.

Superado este primeiro e difícil exame, aos dez dias o pequeno era acolhido pela família, numa cerimônia em que o regalavam com vários presentes, entre os quais o nome. Os romanos seus coetâneos recebiam três nomes — o nome próprio, o da família e o da *gens* ou dinastia. O grego, porém, recebia um só. Isto mostra quanto mais individualista era a sociedade grega e quanto menor a importância dada ao parentesco.

Tomemos um Teófilo qualquer da classe média. Chamaram-no assim porque esse era o nome do avô. Talvez, para distingui-lo de outros Teófilos da cidade ou do quarteirão, será chamado de Teófilo de Címon, que é o nome do pai, ou então Teófilo do Pireu, nome do bairro. Com o nome, recebe o direito à vida. Isto significa que, daquele momento em diante, já não pode ser atirado fora. É preciso ficar com ele, alimentá-lo e educá-lo. Naturalmente, tudo depende do caráter e das possibilidades econômicas dos pais. O próprio Temístocles, que foi um dos homens mais poderosos e prepotentes de Atenas, dizia que o verdadeiro dono da cidade era seu filho, porque o filho mandava na mãe e ela mandava nele. O que vem mostrar que, uma vez afeiçoados aos filhos, os pais atenienses, como bons meridionais, se tornavam tão dóceis como os italianos de hoje.

A casa em que nasceu Teófilo, não é lá grande coisa. Por fora apenas um muro embranquecido com cal, sem janelas; uma porta, com olho mágico, dando para a ruela não calçada. É de tijolos, de um piso só. Mesmo depois de Alcibíades encorajar o luxo e os enfeites, poucos foram os cidadãos que aumentaram a casa e a rodearam de colunas. Temiam causar inveja aos vizinhos, tentar os ladrões e as pretensões da "tributação". E o clima não favorecia o amor à casa, considerada pouco mais do que um dormitório.

No centro havia o pátio, que só os bem colocados rodeavam com um pórtico. Aí se reunia a família para comer e rezar. Nele dão todos os quartos, escassamente dotados de decorações e de mobília: alguma cadeira, uma mesa, a cama. Quase não é necessário aquecimento. Quando é preciso, aquece-se com lareiras de bronze. Para a iluminação, há na parede uns anéis onde enfiar as tochas.

Teófilo cresce ao ar livre, no pátio, junto com as mulheres, brincando com os irmãozinhos e as irmãzinhas. Seus brinquedos preferidos são bolinhas de barro cozido, bonequinhas, soldados de pano, carrinhos de madeira. À tarde, cedo, deitam-no no "gineceu", o cômodo das mulheres. E assim passa, frequentemente, vários dias seguidos sem ver o pai, que sai de manhã cedo para trabalhar ou discutir política na praça. Mais do que na família, ele vive na "fraternidade", isto é, no clube (há, pelo menos, mais de cinquenta em Atenas) e nem sempre volta para almoçar. O pai grego é menos conservador e autoritário do que o romano. Não educa, pessoalmente, o filho. Ao atingir seis anos, manda-o para uma escola particular. Todas as manhãs é levado pela mão de um "pedagogo" que, ao contrário do que se julga, não é um mestre, mas um escravo que só o acompanha. Apesar das sugestões de Platão, o Estado de Atenas nunca quis assumir o monopólio da educação e deixou-a à iniciativa privada. Como coisa sua, o Estado instituiu só "palestras" e "ginásios", onde se praticava a ginástica, porque, evidentemente, os músculos de seus cidadãos valiam mais do que os cérebros.

Teófilo permanecia *pais,* isto é, menino, e continuava indo à escola até aos catorze ou dezesseis anos, aprendendo a ler, escrever, contar e tocar lira. Não senta em carteira. Só tem uma cadeira e sobre os joelhos segura o livro, o caderno, a pena e o lápis. Contudo são poucas as horas aí empregadas, em relação às que passa na "palestra". Porque em Atenas não se considera "educado" quem não saiba correr cem metros em menos de doze segundos, nadar, lutar, lançar o disco e o dardo. Só depois desta formação média é que Teófilo, querendo, pode especializar-se em oratória, ciência, filosofia ou história, seguindo os cursos de mestres particulares que ensinam andando nas vizinhanças das palestras ou sentados debaixo de uma árvore. Cursos bem caros.

Aos dezoito anos torna-se *efebo*. Faz o serviço militar. Para se instruir na arte da guerra, na administração e na política, inscreve-se numa *nomadélfia,* onde dorme e come com os de sua idade. Com eles discute os regulamentos da comunidade. Se nela se distinguir, passa a fazer parte do governo que a rege. Depois de um ano de treinamento, jura fidelidade à pátria, Atenas, em esplêndida cerimônia diante do Conselho dos Quinhentos, e vai terminar a parada no quartel. Desde esse momento passa a ser cidadão de plenos direitos. Tem poltrona gratuita no teatro. Vai para a primeira fila nas procissões que se fazem em honra da deusa Palas. Toda a cidade o contempla com simpatia, porque jovem e belo, e é aplaudido quando, com os outros efebos, corre, à noite, a "estafeta" do Pireu a Atenas, passando a tocha ao companheiro da esquadra. Quando se despede, Teófilo tem vinte e um anos. Já não é mais efebo. É *aner,* homem, autorizado a constituir família própria e a ser protagonista da vida da cidade. Não quer dizer que se pareça exatamente com uma estátua de Fídias, mas geralmente é um belo tipo, estatura média, menos robusto, porém mais harmonioso do que o romano. Ao passo que Címon, o pai, trazia os cabelos e a barba muito compridos, Teófilo os tem curtos. De quinze em quinze dias vai ao barbeiro cortar o cabelo. A barbearia já se tornou ponto de reunião e centro de mexericos políticos e mundanos. Pelo menos assim conta Teofrasto. Prova-se mais uma vez que a humanidade, no fundo, é sempre a mesma.

Teófilo não simpatiza muito com a água. Ainda mais que dispõe de pouca naquela cidade rodeada de montanhas onde os serviços de água sempre deixaram a desejar. Em lugar de se lavar, pela manhã, passa óleo e usa algum dos muitos perfumes, cuja fabricação constitui uma das mais prósperas indústrias de Atenas. (E Sócrates, pessoa muito suja, quando o encontra, lamenta e torce o nariz). Em compensação, a dieta sóbria e enxuta, as longas natações na piscina ou no mar, a vida passada quase sempre ao ar livre — porque ao ar livre são também igrejas e teatros — torna menos necessário o uso de abluções. Possui um só traje para todas as estações. É o *chiton,* uma túnica de lã. A do pai era branca. Mas Teófilo pintou-a de vermelho. Chapéu, não tem. Acha que, com ele, os cabelos branqueariam ou se tornariam ralos antes do tempo. Seu calçado habitual são sandálias. Só usa sapatos propriamente ditos, ou mesmo botas, por ocasião das grandes viagens, como uma peregrinação a Dodona ou a Epidauro. Dá muita importância ao anel. Geralmente usa mais de um, ainda que não chegue ao exibicionismo de Aristóteles que enchia os dedos até os esconder completamente. Pode gastar alegremente seu dinheiro porque a casa lhe custa pouco. Já não é tão afeiçoado à casa como o pai. Nela nasceu, mas nela viveu só até aos seis anos. Sua ulterior formação desenvolveu-se toda na escola, no quartel, na praça. Pertence muito mais à cidade do que à família. É por isso que sua moral é mais livre e desenvolvida do que a romana.

Teófilo é hospitaleiro, porém já menos do que Címon, porque a segurança das estradas é maior. Os hóspedes, chama-os de *parasitas,* como antigamente se chamavam os sacerdotes que se apropriavam dos presentes de trigo, levados aos deuses pelos fiéis. Acha muito natural, e até digna de louvor, a mentira, pois não há, entre seus heróis preferidos, Ulisses, o mais descarado mentiroso da História? Vender, por boas, olivas podres, ou roubar no peso, para ele é perfeitamente moral e ensinará ao filho a arte de "embrulhar" o próximo. Sua moralidade é a do rei Agesilau que, à proposta de uma traição contra Tebas, perguntou: "Dará resultado?" Se der resultado, até a traição será permitida. Na guerra, Teófilo acha muito lógico acabar de matar a sabre o inimigo ferido, roubar-lhe as armas e a carteira, saquear a cidade, violentar as mulheres.

Como bom meridional, Teófilo não ama a natureza. Destrói plantas e animais, contribuindo com suas próprias mãos para a pobreza e aridez da terra. Em conjunto, é bem pouco parecido com o exemplo de sabedoria olímpica, imaginado por Goethe e Winkelmann. É astuto e inconstante. Cuidou mais de formar a inteligência do¹ que o caráter. Prefere ser um vagabundo brilhante a ser um honesto medíocre. Acredita na lógica mais como arma para "ensacar" o próximo do que como chave para explicar o "porquê" da vida. Prega o *sef-control* mas não o pratica por estar sempre preso a alguma paixão: glória, amor, poder, dinheiro e também sabedoria. Gosta da novidade. E, por isso, tem mais amor aos jovens do que respeito aos velhos. Seu ideal de vida não é a serenidade, como diziam, mas a exuberância de forças que lhe permita uma existência intensa, cheia de todas as experiências boas e más. Em resumo, há nele tudo o que é necessário para fazer de Atenas, no prazo de um século, a capital do mundo e a mais decaída das colônias.

Capítulo 23

Uma Nice Qualquer

Fora as da lenda — Helena, Clitemnestra, Penépole etc. — as únicas mulheres que conquistaram lugar na verdadeira história grega foram as *heteras,* algo semelhantes às *gheishas* japonesas e às *cocottes* parisienses. Deixemos de lado a mais célebre, Aspásia, que, como amante de Péricles, se tornou a "primeira dama" de Atenas e com sua sala intelectual lhe ditou leis. O nome de muitas outras foi conservado por poetas, cronistas e filósofos que com elas tiveram grande intimidade e, longe de se envergonharem, disto se gabavam. Frinéia inspirou Praxiteles, que a amava desesperadamente. Tornou-se famosa não só pela beleza, mas também pela habilidade com que a administrava. Andava sempre coberta de véus. E duas vezes por ano, pelas festas de Elêusis e de Posídon, tomava banho de mar completamente nua. Atenas inteira se reunia na praia para vê-la. Era um "furo" de publicidade que lhe permitia manter tarifa bem elevada. Tão alta que um cliente, depois de pagar, a denunciou. Deve ter sido um processo sensacional, seguido com ânsia por toda a população. Frinéia foi defendida por Hipérides, um Giovanni Porzio da época, que a frequentava. O advogado não perdeu muito tempo em eloquência. Limitou-se a tirar-lhe de cima a túnica para lhe mostrar os seios aos jurados. Estes olharam (devem ter olhado muito tempo) e absolveram-na.

O escrúpulo da boa administração era vivo também em Clessidra, assim chamada porque se dava por tempo, depois do qual não concedia prorrogação. "Administradora" também era Gnatena, que investiu todas as economias na filha. Depois de a fazer a mais famosa mulher da época, emprestava-a por uns cem mil cruzeiros a noite. Mas não se julgue que as heteras fossem apenas animais de prazer, unicamente dedicadas a ganhar dinheiro. Ou, pelo menos, não procuravam o prazer só em suas formas mais lucrativas. Eram as únicas mulheres cultas de Atenas. É por isso que, apesar de a lei as privar dos direitos civis e as excluir dos templos, menos do templo de sua padroeira Afrodite, as maiores personalidades da política e da cultura as frequentavam abertamente e, muitas vêzes, as traziam na palma da mão. Platão, quando cansado de filosofia, ia descansar em casa de Arqueanassa. Epicuro reconhecia dever boa parte de suas teorias sobre o prazer a Dânea e Leôncia, que lhe haviam proporcionado nas maiores doses. Sófocles teve longa intimidade com Teorides. Depois dos oitenta anos, iniciou novas relações com Arquipa.

Quando o grande Míron, já arcado ao peso dos anos, viu Laís entrar no estúdio para servir de modelo, perdeu a cabeça e lhe ofereceu tudo o que tinha para que ficasse à noite. Ante a recusa, no dia seguinte o pobre homem cortou a barba, pintou os cabelos, vestiu uma túnica vermelha de jovem e deu uma pinturinha no rosto. "Meu amigo — disse-lhe Laís — não esperes obter hoje o que ontem neguei a teu pai." Era uma mulher tão extraordinária, não só pela beleza, que muitas cidades disputavam a honra de a ter visto nascer. (Parece que nasceu em Corinto.) Recusou as ofertas do feio e riquíssimo

Demóstenes, pedindo-lhe quase um milhão e meio para o atender. Mas entregava-se gratuitamente a Aristipo, que não tinha dinheiro, simplesmente porque gostava de sua filosofia. Morreu pobre depois de ter gasto tudo embelezando os templos, em que não podia entrar, e ajudando amigos caídos na miséria. Recompensou-a Atenas com funerais tão espetaculares como nenhum homem de Estado ou famoso general jamais os tivera. De resto, também Frinéia tivera a mesma paixão pela beneficência. Entre outras coisas, oferecera a Tebas, sua cidade natal, a reconstrução de todos os muros se neles lhe inscrevessem o nome. Tebas respondeu que se devia considerar também a dignidade. E, para mantê-la, ficou sem muros.

As heteras não devem ser confundidas com as *pornai,* meretrizes comuns. Estas viviam em bordéis espalhados pela cidade, mas bem mais numerosos no Pireu, bairro do porto. Os marinheiros sempre foram, em todos os tempos, os maiores frequentadores destes maus lugares. Quase todas eram mulheres orientais de juventude curta, carnes flácidas, sonolentas. Suportavam a própria degradação sem revolta, deixando-se explorar pelas empresárias, velhas megeras que administravam aquelas casas. Só as que conseguiam aprender um pouco de boas maneiras e a tocar flauta é que melhoravam de situação, tornando-se *alêutridas.* Parece que a própria Aspásia fez tal ascensão. Mas seu caso permaneceu único.

De qualquer forma, não são estas mulheres públicas — sejam elas pornai, alêutridas ou heteras — que constituem a média das mulheres de Atenas. Curiosamente, em Atenas, mesmo no período de maior esplendor, a mulher permaneceu em posição subordinada e de inferioridade. Tomemos o caso de uma Nice qualquer, nascida em família de classe média. Antes de ser aceita, correu maiores perigos do que seu irmão Teófilo: seu sexo torna-a menos útil e, portanto, menos aceita. "Azar, é uma menina! Que fazer?" — é a costumeira saudação do pai à recém-nascida. Cresce em casa, no pátio e no gineceu, onde não recebe nenhuma verdadeira e própria educação. Sua mãe só lhe ensina economia doméstica. Mesmo porque também ela só sabe cozinhar e tecer lã. Aspásia tentou constituir cursos de letras e de filosofia para moças, mas as que os frequentaram tiveram que enfrentar o escândalo. E a iniciativa não teve prosseguimento.

Nice cresceu dentro de casa e é mais um motivo por que não é bonita. Atávico sedentarismo torna-lhe as pernas curtas, largos os flancos. Os peitos facilmente se tornavam frouxos. É morena, mas se pinta para ser loura. Como todos os homens do Sul, os gregos preferem as cores do Norte. Também ela se lava pouco e, em lugar de sabão, usa unguentos e perfumes. Retoca os lábios com baton, passa creme e pó de arroz nas faces. Tenta parecer maior, usando saltos, sobre os quais lhe custa manter-se. Prende os seios num enredado de tiras e peitilhos. Conta Plutarco que, quando em Mileto se difundiu entre as mulheres uma epidemia de suicídio, o governo lhe pôs fim ordenando simplesmente que os corpos das vítimas fossem expostos nus diante da população. O coquetisino conseguiu o que o próprio instinto de conservação não conseguira. Nice, tornada moça, veste túnica de lã branca ou colorida. É a única escolha que se lhe permite. Como fica sempre em casa, nem pode escolher um rapaz que lhe agrade. Deve esperar que o pai concorde com outro pai na combinação do casamento. Como pertence à burguesia média, Nice possui um dotezinho, e isso facilita muito as coisas. O dote é sempre propriedade sua. Está aí uma razão por que o marido ateniense não gosta de se divorciar. O amor, entretanto, entra bem pouco nestes casamentos, decididos pelos respectivos pais, muitas vezes, sem os interessados o saberem, à base de critérios quase exclusivamente econômicos. Geralmente há muita diferença de idades entre os esposos. Entre pornai, alêutridas e heteras, o solteiro ateniense tem onde passar suas noitadas e não se apressa em casar. A pobre Nice, se tiver sorte, aos dezesseis anos casará com um homem de trinta ou de quarenta. Precedido de poucos dias de noivado, o casamento realiza-se em sua casa. E, ainda que o cerimonial tenha caráter religioso e preveja, entre outras coisas, um "banho de purificação", o matrimônio é leigo, pois nenhum sacerdote, como tal, o assiste. De véu, a esposa, é carregada pelo esposo num carro seguido de músicos. E levada para a casa dele, onde o chefe de família a acolhe como "nova adepta de seus deuses". (Cada família tem seus deuses, pois há tantos à disposição) Na porta, para simular um rapto, o esposo toma-a nos braços e depõe-a na câmara nupcial. Os hóspedes ficam à porta cantando, a plenos pulmões, os coros nupciais até que ele volta anunciando que o matrimônio está consumado.

Nice é obrigada à fidelidade conjugal. Se não a observar, o marido será chamado de "corno" — foram os gregos e não os napolitanos que inventaram a palavra — e terá direito de expulsá-la de casa. A lei até imporia o uxoricídio, mas os gregos sempre foram indulgentes em tal caso e geralmente se contentavam em ter o dote, todo ou em parte, como reparação da honra ofendida. O marido pode ter concubina. Demóstenes foi o teórico deste costume, dizendo que o homem, para estar bem, devia ter uma mulher com quem passar a noite e procriar filhos, uma concubina com quem passar o dia conversando, e alguma mulher pública com quem se exercitasse. Qual o lugar do trabalho, num dia tão distribuído, Demóstenes não diz.

Em suma, ao sair do gineceu paterno Nice entra no gineceu conjugal e aí permanece mais ou menos fechada, porque a lei lhe proíbe também o esporte e o teatro. Decaiu muito sua condição desde os tempos da idade heroica, quando, por uma mulher, se desencadeava uma guerra e Homero lhe dedicava capítulos e capítulos de seus poemas. Já então não era ela que devia comprar o marido com um dote. Era o esposo que a comprava à custa de ovelhas e porcos. Tanto na civilização aquéia, como na heráclida, ou dórica, a mulher é protagonista. E este ponto confirma a origem nórdica dos conquistadores. De fato, onde eles dominaram, como em Esparta, ela desfruta de outra posição. Vemo-la nua nos estádios, para pôr os jovens em condições de escolher a de melhor constituição, a mais perfeita "geradora" de filhos robustos.

Heródoto, para explicar por que as mulheres comiam na cozinha e não na sala de jantar com os maridos, conta que os atenienses, toda vez que, em tempos passados, conquistavam alguma ilha ou fundavam colônias, matavam todos os homens, esposando-lhes as viúvas e órfãs. Estas, de sangue meridional, tinham jurado nunca se sentar à mesa com eles. Talvez haja algo de verdade. Atenas, hostil aos dóricos setentrionais e desligada do interior pelas montanhas, teve comunicações quase exclusivamente com o Egito, Pérsia, Ásia Menor. Foi com tais mulheres que seus cidadãos se mesclaram.

Eis por que, capital do progresso político e cultural, foi a cidadela da reação no plano das relações familiares. Preguiçosa e ignorante, Nice é uma mulher de harém. Vê raras vezes seu civilizadíssimo e moderníssimo marido, que só volta à casa para dormir. E, quando regressa, não lhe conta nada, não a corteja. Dela fala, na praça e no barbeiro, unicamente para repetir com Plutarco e Tucídides que "o nome de uma mulher séria deve ser desconhecido, como seu rosto." Tais palavras teriam deixado Homero furioso.

Capítulo 24

Os Artistas

Segundo cálculos, sobre cuja exatidão temos muitas dúvidas, Péricles gastou nada menos de sete bilhões para fazer de Atenas não só política, mias também arquitetonicamente, a primeira cidade da Grécia. Tendo em mente quão menor era o meio circulante daqueles tempos, fácil é imaginar que sensação de prosperidade, que *loom,* dir-se-ia hoje, terá provocado tal movimento de dinheiro.

Os atenienses, na volta de Salamina, encontraram a cidade meio destruída pelos persas. A reconstrução era necessária. Uma das razões que lhes permitiram não se limitarem apenas a reparos, como teriam desejado os administradores mais tacanhos, foi a descoberta das minas de um maravilhoso mármore rosado, nas encostas do Pentélico, pequena montanha cuja proximidade reduzia as fadigas e as custas do transporte.

Mas a essa causa material veio juntar-se outra: a maturidade alcançada pelo gênio artístico grego, não só em Atenas, em métodos, escolas e estilos. "Juro por todos os deuses — diz um personagem de Xenofonte — que não daria a Beleza por todo o poder do rei da Pérsia." Era o sentimento dominante dos gregos daquele período.

Não o demonstraram muito na pintura, que entre eles sempre foi arte de menor valor, por não se prestar à sua concepção, geométrica e racional, da harmonia. No século anterior, ela fora monopólio dos artesãos como ornato de vasos. Agora elaborara técnica mais perfeita, descobrira a tela, a têmpera e o afresco. O público começou a gostar. Vários governos a patrocinaram. O de Atenias pagou, a Polignoto de Taso, a representação do *Saque de Tróia,* de *Ulisses no inferno* e de vários outros episódios homéricos. O sucesso do autor é claro pela altíssima recompensa que lhe deram: a cidadania. Em 470 antes de Cristo, Delfos e Corinto instituíram as primeiras Quadrienais, como as de hoje em Veneza, que se realizavam por ocasião dos jogos ístmieos. O primeiro a alcançar o prêmio foi Paneno, o inventor do "retrato". Em sua *Batalha de Maratona* os protagonistas eram reconhecíveis. A semelhança impressionou de tal forma os juízes que os tornou cegos a todos os defeitos do afresco. Paneno conhecia menos perspectiva do que os outros. Colocava todas as figuras no mesmo plano e, em lugar de as diminuir, para indicar a distância, colocava-lhes as pernas atrás das ondulações do terreno.

É curioso que os pintores se aproveitassem tão pouco dela, quando a geometria estava fazendo tantos e tão decisivos progressos. Só Agatareo, o cenógrafo de Ésquilo e de Sófocles, compreendeu o jogo de luzes e sombras sobre as quais Anaxágoras e Demócrito escreveram tratados. Foi ele quem inventou o claro-escuro. Quem se tornou verdadeiro mesmo foi Apolodoro, chamado *skiágrafo,* ou pintor de sombras, de quem Plínio diz, com respeito: "Foi o primeiro a representar os objetos como realmente aparecem."

Um dia, rua Quadrienal, apresentou-se estranho personagem com cavalete, pincéis e tintas, envolto em preciosa túnica, na qual, recamado em ouro, vinha o nome do titular: Zêuxis de Heracléia. Agatarco desafiou-o a improvisar, imediatamente, um afresco para ver quem terminaria primeiro. Zeuxis respondeu: "Tu, certamente, pois podes assinar qualquer garatuja. Minha assinatura é só para obras-primas." Animado por essa modéstia, apresentou suas obras, mas "fora de prêmio" porque — alegava — não havia soma bastante alta que lhes pudesse pagar o valor. Deu-as aos governos, ministros e deputados. Não temos elementos para julgar se os quadros estavam à altura da opinião do autor. Mas lamentamos notar que, desde aquele tempo, a primeira coisa a fazer para alcançar importância era fazer-se de importante. Os atenienses convidaram Zêuxis a estabelecer-se entre eles. Ante suas hesitações, suplicaram e definiram sua chegada como um "acontecimento". Nunca lhes deu confiança. Falava de cima, pintava de cima. Tratou com condescendência os rivais e fez questão de ignorar o mais ilustre deles, Parrásio de Éfeso, que se proclamara a si mesmo "o príncipe dos pintores". Trazia uma coroa na cabeça. Quando adoecia, pedia aos médicos que o curassem "porque a Arte não suportaria o golpe da minha morte".

Entre os dois concorrentes, a luta pelo primado foi à faca. Bem que desejaríamos conhecer melhor os detalhes. Suspeitamos que Parrásio tivesse tal atitude, principalmente porque caricaturava Zêuxis e zombava dele. Não conseguimos conciliar o fato com sua rumorosa cordialidade, com as brincadeiras que contava, com o seu pintar alegremente, cantando, assobiando, brincando com a rapaziada que invariavelmente o cercava. Acusavam-no de comprar escravos para os torturar e estudar, na realidade, suas contorções sob o chicote. Talvez fossem boatos espalhados por Zêuxis.

Por fim, os dois rivais concordaram em apresentar-se diante de uma comissão que decidiria qual era o melhor. Zêuxis expôs uma natureza morta, representando cachos de uva. Eram tão "reais", que um bando de pássaros se atirou sobre eles para apanhar-lhes os grãos. Os juízes lançaram gritos de entusiasmo. O autor, certo da vitória, convidou Parrásio a levantar o pano que encobria seu quadro. Mas também o pano era só pintura. Zêuxis, com muito cavalheirismo, declarou-se vencido e deixou Atenas a seu mais competente rival, retirando-se para Cróton, onde lhe encomendaram uma Helena para o templo de Hera. Aceitou com a condição de que as cinco mais belas da cidade posassem nuas para escolha do melhor modelo. O governo permitiu. E as boas filhas de família fizeram o impossível para vencer a prova. E dizer que foi o cinema e os concursos de "rainha" que corromperam os costumes! O último afresco de Zêuxis foi um atleta. Aos pés da imagem escreveu que à posteridade seria muito mais fácil criticá-lo do que igualá-lo. E com esta última manifestação de modéstia terminou sua carreira.

Mas não se creia que a pintura tenha alcançado alto nível nos tempos de Péricles. Falamos, é claro, por ter ouvido dizer, pois nada nos ficou que nos permita julgamento real.

Sabemos, com certeza, não ter sido esta a arte em que se manifestou o gênio grego, desconfiado das cores, estranho ao romance e enamorado pelas linhas e pela simetria. Realmente, entre os gregos, a pintura se manifestou sobretudo no desenho, que é mais racional. Em suma, a pintura foi considerada como espécie de subproduto ou prima pobre da escultura. Só os Estados e os governos a mantiveram viva, por meio de prêmios e encomendas. Mas nenhum particular se tornou seu mecenas ou colecionador. Os gregos, e os atenienses em particular, não eram avarentos em todo caso, não mais avarentos do que outros povos. Mas quando podiam gastar no embelezamento de suas casas, preferiam fazê-lo em estátuas e não em quadros.

É por isso que a estatuária já nasce caseira, pessoal, mais de proporções do que de dimensões, sem nada de áulico, de solene ou forçado. Nasce sincera. Não era criada, para museus, mas para o túmulo de família ou para a sala de casa. Os próprios motivos de sua inspiração são modestos e caseiros: menino brincando com uma bola no tapete; caçador descansando, com o cão estirado aos pés; menina tirando água da fonte... No sexto século são bem poucas as obras que vão além de um valor de artesanato. Sua técnica ainda é muito rudimentar. No quinto, há um salto de gigante. Enquanto Zêuxis e Parrásio, com seus pincéis, ainda trabalhavam figuras imóveis, rígidas, amontoadas num só plano, o mais humilde escultor de Atenas já descobrira a perspectiva e considerava ponto de honra representar seu modelo sempre em movimento. Sócrates, como filho de um deles, pertencia à classe. Visitava diariamente os ateliês e lhes recomendava: "É só com modelos vivos, meus rapazes, que se podem fazer estátuas vivas. Nossos diversos movimentos provocam no corpo diferentes jogos de músculos. Uns se contraem e outros se relaxam. Só colhendo-os, nesta passagem, é que conseguireis dar vida às estátuas."

Estes artistas já trabalhavam com todos os materiais: madeira, barro, osso, marfim, ouro, bronze, prata. Mas desde que descobririam as minas do Pentélico preferiram o mármore. O bronze, até então preferido por sua durabilidade, apresentava grandes dificuldades técnicas parla a fusão. Eram necessários, como hoje, plastilina, cera, metal e fornalha. Processo longo e dispendioso. No mármore podiam trabalhar diretamente, a mão livre, no bloco mesmo, sem quebrar a cabeça com problemas técnicos. Com um simples formão, o artista tinha a sensação imediata de estar "transformando a matéria em forma", como dizia Aristóteles.

Representavam tudo, deuses, animais, homens, mulheres e principalmente atletas que, num país de torcedores, eram os mais populares e mais se prestavam ao estudo dos "músculos em movimento". O bronze tornou-se praxe para motivos de reconhecimento — religiosos e mitológicos. E o mármore, o belíssimo mármore do Pentélieo, com veios de ferro, que com o tempo se acendia com reflexos dourados, tornou-se, definitivamente, a matéria-prima da grande estatuária leiga ateniense.

Capítulo 25

Fídias no Partenão

Uma das maiores batalhas que Péricles teve que enfrentar no Parlamento foi, como já dissemos, a reconstrução da Acrópole, centro e baluarte da cidade desde a época miceniana. Os persas tinham-na. destruído, reduzindo os templos e os palácios a um amontoado de ruínas. O primeiro a atacar a obra, depois de Salamina, fora Temístocles, que a empreendera com sua habitual grandiosidade. Depois de sua queda os trabalhos, apenas iniciados, foram abandonados por duas razões: primeiro, porque eram caros demais; segundo, porque previam a construção de enorme templo à deusa Atena, protetora da cidade, que antes do saque ficava noutro local. O partido oligárquico, tradicionalista e zelote, dizia que Atena se enfureceria se lhe mudassem a casa. E os atenienses, com todas as suas ideias progressivas, eram muito supersticiosos e acreditavam nisso.

Péricles não se deu por vencido. Num memorial debatido no Parlamento superou as duas objeções, obtendo o "cumpra-se" para os trabalhos a serem executados pelos arquitetos Ictino e Calicarte, sob a supervisão de Fídias.

Fídias viera para Atenas naquele mesmo ano, chamado pelo *autokrator.* Filho de pintor, também fora pintor. Trabalhara no ateliê de Polignoto de Taso, o grande mestre do início do século. Dele aprendera a mirar alto. Polignoto não pintava quadros, mas paredes. Seus afrescos eram carregados de personagens. *Ulisses no Inferno, O Saque de Tróia,* As *Mulheres Troianas* eram verdadeiros filmes que haviam extasiado a Grécia. Mandara-os, sem preço, aos governos das várias cidades, contentando-se com que o mantivessem suntuosamente.

Fídias, em muitos aspectos, se parecia com o mestre. Depois de aprender, com perfeição, desenho e perspectiva, trocou o pincel pelo formão, julgando-o instrumento mais apto à realização de suas grandes concepções. Quatro escolas disputavam então a primazia na escultura: a de Régio, a de Argos, a de Egina e a de Atenas. Cada uma tinha seus campeões, entre os quais se desenvolviam disputas. Fídias visitou-as todas procurando assimilar o melhor de cada uma delas. Os que mais o impressionaram foram Agelada e Policleto, de Argos. Haviam eles descoberto uma espécie de "geometria das formas", o que vem a ser a descoberta das relações de dimensão entre a cabeça, o tronco, as pernas e até as unhas da figura.

Outro mestre de Fídias foi certamente Míron, discípulo de Ageladas, como Policleto, e fundador da escola ática. É autor do famoso *Discóbulo,* que os contemporâneos ainda não consideram sua obra-prima, preferindo *Atena e Mársia.* Há uma cópia delas em Latrão. Míron foi, sem dúvida, o que melhor traduziu, em mármore e bronze, as recomendações de Sócrates, representando suas figuras em movimento. Como Policleto, preferia os atletas e os animais. Sua *Bezerra* era tão natural que um admirador gritou: "Muge!" Fídias, porém, não lhe perdoava ver as coisas em ponto pequeno e preferir a harmonia à grandiosidade.

Da pessoa de Fídias pouco sabemos. Parece já estar carregado de anos e desilusões quando põe mãos ao Partenão, pois numa decoração se representa a si mesmo um tanto velho, careca e triste. Tudo leva a crer que fosse exatamente o contrário de Zêuxis, de Parrásio e de Policleto — artista eternamente insatisfeito com sua obra. O encargo que aceitara obrigava-o unicamente a traçar o plano da imensa obra e controlar sua realização. Mas quis ainda esculpir três estátuas da deusa. Duas eram de proporções colossais e a terceira toda de marfim e ouro, cravejados de pedras preciosas. É impossível fazer juízo exato, porque nada nos resta. Mas os contemporâneos preferiram a menor, Atena de Lemnos. Isso parece indicar que a perdição de Fídias era quase sempre a mania de grandeza.

Devia ser solitário e pouco social, porque é o único personagem célebre de Atenas que não vem mencionado pelos memorialistas e nos libelos da época. A única notícia certa é a de sua incriminação, por furto de ouro e marfim que lhe foram entregues para a estátua. Certamente o golpe era dirigido mais contra Péricles do que contra ele. Mas o fato é que Fídias não soube justificar a falta e foi condenado. Sua fama já era tão grande que a sentença causou escândalo. E o governo de Olímpia ofereceu-se para cobrir os danos do governo de Atenas, contanto que desse liberdade ao escultor. Encomendou-lhe a estátua de Zeus, para o templo do mesmo nome.

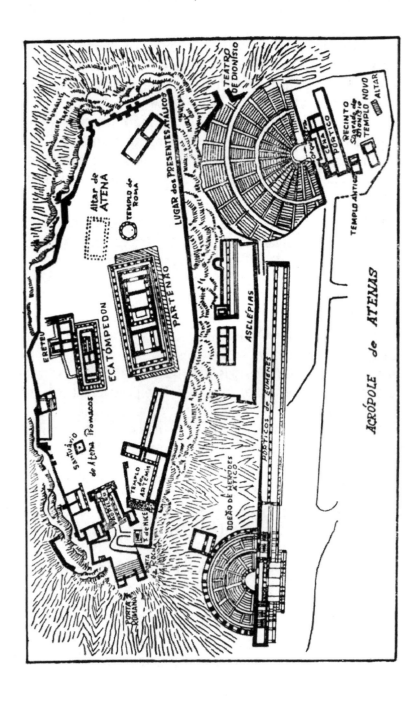

Fídias, além da liberdade, encontrou, finalmente, o espaço que procurava. Representou o rei dos deuses sentado em seu trono. Mesmo sentado, media mais de vinte metros de altura. E miais uma vez recorreu ao marfim e ao ouro. Quando o viram, no dia da inauguração, os habitantes de Olímpia exclamaram: "Tomara que não se levante, senão, adeus telhado!" A obra, da qual infelizmente nada mais resta senão destroços do pedestal, foi considerada, uma das sete maravilhas, como já então se dizia. Fídias, pela primeira vez satisfeito, pediu a Zeus um sinal de agrado. E Zeus, é o que dizem, descarregou um raio sobre o templo. Era uma maneira um tanto burlesca de se congratular. Mas Emílio Paulo e Díon Crisóstomo, que o viram, atestam que se tratava de uma obra de mestre.

Fídias terminou mal. Dizem alguns que, depois de Olímpia, voltou a Atenas onde o tornaram a prender e o detiveram até à morte. Outros afirmam que emigrou para Élida onde, não se sabe por que, o condenaram à pena capital. Devia haver, em seu caráter, algo que o tornasse inimigo dos homens, pois ninguém gostava dele. E, contudo, não foi apenas um grande escultor, mas também um grande mestre. Além de ter criado um estilo, fez escola e transmitiu suas regras a discípulos como Agorácrito e Alcâmenes, continuadores do "clássico".

Mas já estamos antecipando os tempos. Convém voltar aos de Péricles quando este, ainda firme no posto, todas as tardes subia para a Acrópole, antes de ir ter com sua Aspásia, a fim de ver os trabalhos que progrediam sob a direção de Fídias. Começara-se pelo lado sudoeste da colina, onde Calíerates pusera mãos ao Odeão, espécie de teatro para concertos, arrojadamente moderno por sua forma cônica. Os atenienses logo viram nisso semelhança com a cabeça de Péricles, que tinha forma de pera. E as más línguas da oposição logo o apelidaram de odeão. Além disso, já iam bem adiantadas as escadarias de mármore, ladeadas por duas fileiras de estátuas. E Mnésieles, no topo, levantava as colunatas dóricas que mais tarde se chamariam de *propileu,* ou anteporias. Não vamos fazer a descrição do monumento. Isso pertence à arqueologia e à história da arte. Chama-se, como todos sabem, Partenão, derivado de *tom parthenom,* e significa "das virgens". Este nome se referia somente ao cubículo das sacerdotisas da deusa, quartinho construído num canto da ala ocidental. Não se compreende como, com o correr do tempo, acabou dando o nome a todo o majestoso e complexo conjunto. Certamente, com Péricles iam visitá-lo seus amigos pessoais, alguns deles seus inimigos políticos. Iam Sócrates com a comitiva dos discípulos, entre os quais Alcibíades e Platão; seu ex-mestre Anaxagoras que talvez, lá de cima, em lugar de olhar para as estátuas e oratórios, perscrutava o céu procurando relações de espaço entre estrelas e planetas; Parmenides com seu pupilo Zenão, o eterno contra; Sófocles, Euripides, Aristófanes — todos eles personagens destinados a gravar vestígios na história da humanidade. Tais personagens, na Atenas de Péricles, encontravam-se em todas as esquinas. Poucos dentre eles aí haviam nascido. Serem obrigados a essa convergência, para encontrarem terreno favorável às suas obras e ideias, dá a medida da importância e do desenvolvimento de Atenas.

Ao mesmo tempo em que na Acrópole se desenvolvia o Partenão, a obra-prima mais completa do gênio artístico grego, no resto daquela pequena cidade de duzentos mil habitantes e de trinta ou quarenta mil cidadãos, lançavam-se as bases de todas as escolas filosóficas e preparavam-se os temas dos futuros conflitos entre a fé e a razão.

O segredo do extraordinário florescimento cultural grego está exatamente nisso: na intimidade dos contatos entre seus protagonistas cercados pelo diminuto espaço dos muros da cidade, reunidos na ágora e nas salas das heteras; na intensa participação de todos na vida pública e em sua pronta atitude em relação aos mais importantes motivos políticos e culturais; na liberdade que a democracia de Péricles soube garantir à circulação das ideias. Um pensamento de Empédocles, um sofisma de Pitágoras, um *bon mot* de Górgias, uma insolência de Hermipo, passando de boca em boca, percorriam a cidade, ecoavam no Parlamento, alcançavam Sófocles, influenciando o enredo de um drama.

Terão os atenienses percebido o imenso privilégio que lhes tocara, de nascer em Atenas naquele momento? Talvez não. Os homens só sabem apreciar e medir a sorte dos outros. A própria, nunca.

Capítulo 26

A Revolução dos Filósofos

O que, realmente, fez de Atenas a pátria da filosofia não foi uma predestinação natural devida ao gênio superior de seus filhos. Foi, unicamente, seu caráter imperialista e cosmopolita que a tornou receptiva às idéias, mais curiosa e tolerante do que as outras cidades gregas. A filosofia, até Sócrates, lhe foi trazida por imigrantes. Mas enquanto Esparta a proibia, vendo nela. apenas "um incitamento às discussões e às discussões inúteis", Atenas abriu-lhe as portas com entusiasmo. Acolheu seus cultores nas casas e nas salas de reunião. Nutriu-os e honrou a muitos com o dom supremo da cidadania. Não sei se isto a ajudou a viver melhor. Mas lhe permitiu sobreviver na lembrança dos homens, que no nome de Atenas veem reunido e simbolizado todo o gênio da antiga Grécia. O veículo desta infecção filosófica foram os *sofistas,* palavra que com o tempo tomou significado um tanto depreciativo, mas que originariamente significava "mestres de sabedoria." Cunhou-a e a si mesmo a atribuiu Protagoras quando veio de Abdera, sua pátria, para fundar uma escola em Atenas. Dizem que, para nela serem admitidos, os jovens deviam pagar dez mil dracmas, mais ou menos um milhão e quinhentos mil cruzeiros atuais. É provável que a exorbitância do preço contribuísse para a antipatia em que acabaram os sofistas. Mas a verdadeira razão foi outra. Foi o abuso em que não demoraram a cair. Abuso de argumentação especiosa, de cavilação dialética, enfim, de tudo o que hoje, com desprezo, se chama de "sofisma".

Protágoras jamais caiu nele. O próprio Platão, que o conheceu e lhe era antipático, registrando-lhe os diálogos com Sócrates, reconhece que Protágoras era, dos dois, o que discutia com mais objetividade e medida. Se alguém por acaso se refugiava em sofismas, era Sócrates. Diógenes Laércio vai ainda mais além. Diz que Protágoras foi o inventor do método socrático. De qualquer forma, não há dúvida de que lhe devemos a teoria do relativismo filosófico no problema do conhecimento. Até aí, o que mais preocupara a mente dos gregos fora o problema da origem das coisas. Tanto assim que quase todos os seus livros se intitulam *Va Natureza* e procuram esclarecer a formação do mundo e as leis que o regem. Protágoras põe-se a indagar quais os meios pelos quais o homem pode perceber a realidade e até que ponto pode conhecê-la. E conclui ser necessário resignar-se ao pouco que os sentidos conseguem perceber — a vista, o ouvido, o tato, o olfato. Com estes imprecisos e mutáveis instrumentos, o homem certamente não poderia ir longe. Exatamente por isso devia renunciar à descoberta das chamadas "verdades eternas", válidas para todos, em todos os tempos e em todas as circunstâncias, como pretendia Heráclito. Era preciso que o homem se contentasse com a verdade válida para ele, naquele momento e naquela circunstância particular, admitindo implicitamente que ela poderia não valer para outro, ou para ele mesmo noutro momento ou circunstância. Compreendemos perfeitamente que tal lição, enquanto provocava entusiasmo nos salões intelectuais, era motive de escândalo e apreensão em meio à gente timorata e entre as hierarquias constituídas. Era sacudir os "princípios" sobre os quais se fundava a sociedade de Atenas, como todas as outras em qualquer época. Princípios que não podem voltar à discussão sem provocar um terremoto. Não passavam, portanto, o hem e o mal, e o próprio deus, de verdades contingentes e subjetivas às quais qualquer pessoa podia contrapor outra inteiramente diversa?

Numa conferência, perante público de livres-pensadores, entre os quais estava o jovem Euripides, que nunca mais o esqueceria, Protágoras respondeu que sim. Diante disso, o governo o expulsou. Confiscou lhe os bens e queimou lhe os livros em praça pública. O mestre embarcou para a Sicilia e parece que morreu num naufrágio. Deixara, porém, unia recordação indelével em todos os que o haviam conhecido pessoalmente. Seus discípulos tinham sido muitos. Se é verdade que cobrava um milhão e meio dos ricos, é também verdade que ensinava gratuitamente aos que no templo, diante de deus, haviam jurado ser pobres. Procedimento curioso num homem que dizia não acreditar em deus. Mais do que tudo, deixara um germe no seio do povo ateniense: o germe da dúvida.

Quem lhe tomou o lugar foi Górgias, diplomata mandado como embaixador em Atenas pela cidade siciliana de Leontino. Vinha pedir ajuda contra Siracusa. Górgias fora discípulo de Empedocles. De sofista tinha o método e o profundo ceticismo que se resumia nestas três proposições: nada existe fora do que o homem pode perceber com os sentidos; se alguma coisa existisse, nunca a perceberíamos; e mesmo que a conseguíssemos perceber, não o conseguiríamos comunicar aos outros.

Górgias saiu ileso porque, como bom diplomata, parou aí sem pôr os deuses na dança. No fundo, foi coerente. Porque é justo sofrer as consequências para afirmar as "verdades eternas", não para as negar. Os sentidos, nos quais depositara tanta confiança, recompensaram-no cumulando-o de prazeres até à idade de cento e oito anos. Górgias percorreu toda a Grécia fazendo conferências e hospedando-se nas vilas dos melhores senhores. Andava pelos oitenta quando, nos Jogos Olímpicos de 408 antes de Cristo, obteve imenso êxito numa alocução em que convidou os gregos, já empenhados em luta fratricida, à paz e à união ante o poder persa que ressurgia. Antes de morrer teve o bom-senso de gastar todo o seu patrimônio. Nas pegadas destes dois grandes, pululou uma multidão de sofistas menores. Entre eles havia, como sempre acontece, o bom e o mau. Mas o mau superava o bom. Estimularam o espírito dialético. Habituaram os atenienses a raciocinar por esquemas lógicos e contribuíram fortemente para ia formação de uma língua precisa, submetendo a rigoroso exame os substantivos e os adjetivos. É com eles que, ao lado da poesia, nasce a prosa grega. Sem eles, provavelmente, o próprio Sócrates não se teria tornado o que se tornou, ou teria demorado mais. Se não provocaram, pelo menos, indubitavelmente, apressaram a desintegração da sociedade. Há os não-conformistas que acabam praticando mais males do que bens, negando só pelo gosto de negar e fazendo disso um exibicionismo. O Clube do Diabo, fundado por certos intelectuais *à la page,* naqueles anos, para se dedicarem a solenes comilanças nos dias em que o calendário assinalava o jejum, enoja até a nós que nunca acreditamos nos deuses gregos. A maneira de suprimir a tradição e a superstição é pior do que elas. Era isto, sobretudo, que Sócrates condenava nos sofistas, de quem aprendera muitas coisas.

Como já disse, os sofistas, mais do que descobridores, eram divulgadores daquilo que o pensamento grego estava elaborando. Naqueles tempos não havia imprensa nem academias que garantissem contatos e permitissem intercâmbios entre as diversas escolas. A Grécia não tinha unidade geográfica. Seu gênio andava disperso em miríades de cidades e pequeninos Estados que iam desde a Ásia Menor até as costas orientais da Itália. O maior serviço que os sofistas prestaram foi o de sugar o mel de todas as flores, levá-lo para Atenas e aí fundi-lo num cadinho comum. O momento era bem escolhido. Estavam-se lançando as bases do grande conflito filosófico que dura ainda hoje, sem possibilidade de solução: o conflito entre o idealismo e o materialismo.

O primeiro nasceu na Eléia, nas costas italianas, e encarnou-se em Parmenides. Dele só se conhece o pouco que foi escrito por Diógenes Laércio. Sabemos apenas que foi discípulo de Xenófanes, fundador da escola eleática. Era personagem irrequieto e curioso. Nascido em Cólofon, passou a longa vida emigrando. Onde quer que andasse, seu sarcasmo e sua mordacidade só suscitavam inimizades. Implicava com todos, mas particularmente com Pitágoras, a quem acusava de impotência e histerismo. Não poupava nem os mortos. De Hesíodo e Homero dizia: "Estes panegiristas do roubo, do adultério e da fraude." Isso, aliás, não é completamente falso. Mas já se vê que a maledicência é um elixir de longa vida. Xenófanes passou dos cem anos, exercitando-a em todos.

Parmênides não participou do ódio ao mestre Pitágoras. Estudou-o e aceitou alguns de seus ensinamentos, especialmente no campo da astronomia. Mas estava muito interessado no mundo dos homens para perder tempo no do cosmos. Redigiu, por ordem do governo da Eléia, um código de leis. Dedicou-se à filosofia apenas como passatempo. Escreveu sobre ela num poema, como então se usava. Para variar, chamou-o

Da natureza. Dele só nos restam uns duzentos versos. Inverteu a tese de Heráclito, para quem "tudo passa" e a realidade consiste neste passar ou transformação. Segundo Parmenides, "tudo permanece" e a transformação é apenas ilusão de nossos sentidos. Nada "começa", nada "se torna", nada "acaba". O *ser* é a única realidade. É imóvel. Para admitir que se desloque de um lugar, onde está, para outro, onde não está, seria necessário admitir a existência de um espaço vazio que, não *sendo,* não pode existir. O *ser,* por definição, preenche tudo por si. O ser identifica-se com o pensamento, pois não se pode pensar senão o que é, e, inversamente, não pode *ser* o que não se pensa. Tudo isso já é muito difícil para nós. E seria, talvez, completamente incompreensível aos contemporâneos se Zenão, o mais inteligente aluno de Parmenides, não o vulgarizasse num livro de paradoxos. Uma dezena deles chegou até nós. Eis alguns. A flecha que voa, na realidade está parada no ar, porque a cada instante de sua aparente corrida, ela ocupa um ponto parado no espaço: logo, sua parábola nada mais é do que engano dos nossos sentidos. O corredor mais veloz não pode ultrapassar uma tartaruga, porque, toda vez que alcançar a posição dela, ela já a passou. De fato, um corpo, para se mover do ponto A ao ponto B, deve alcançar a metade deste trajeto, que é o ponto C. Para alcançar C, deve primeiro chegar à metade deste segundo trajeto que é o ponto D, e assim, infinitamente. Ora, como o infinito exige uma série infinita de movimentos, é impossível percorrê-lo num tempo finito.

Não temos muita certeza de que Parmênides aprovasse, se o ouvisse, o método com que seu seguidor demonstrava a validade de suas teorias. Mas deveria convir em que divertia muitos os atenienses entre os quais Zenão o pregava, como bom sofista. Sócrates teve antipatia por ele e criticou lhe asperamente a ardilosa dialética. Mas imitou-a. Talvez o único que não se emaranhasse em suas tramas fosse o próprio Zenão que, depois de velho, zombava dos que o tinham levado a sério.

Voltando para Eléia, este cético teve um fim de estóico, quando o prenderiam e torturaram por motivos políticos. Morreu bem, sem se dobrar e sem lamentar-se.

Indiretamente, foi um discípulo seu quem deu o primeiro impulso à revolta do materialismo contra o idealismo de Parmenides. Pelo ano de 435, viera de Mileto para Eléia um certo Leucipo. Devia ter ouvido alguma coisa de Pitágoras ou talvez frequentado a escola de algum de seus discípulos. Não se convencera da história do ser onipresente e imóvel, identificado com o pensamento. Transferindo-se para Abdera, aí abriu escola própria e desenvolveu o conceito do *não ser*, do vácuo. Segundo ele, a criação não passa de uma combinação de vácuo e de átomos que, girando vertiginosamente no espaço, entre si se combinam, dando origem às formas ou coisas. Também o que nós chamamos de "alma" não passa de uma combinação de átomos. São eles que constituem a substância de tudo, mesmo do pensamento. Tudo, portanto, não passa de matéria. Mas o conceito materialista desenvolveu-se ainda melhor em Demócrito, seu amigo e seguidor nos cursos de Abdera. Pertencia ele a. uma família da burguesia mercante. O pai, ao morrer, deixou-lhe cem talentos, uns cem milhões de cruzeiros. Empregou-os Demócrito numa grande viagem, que deve ter durado vários anos, através do Egito, Etiópia, India, Pérsia. Era curioso e consciencioso. Queria ver tudo pessoalmente. Vinha sem preconceitos de chauvinismo e provincialismo. Costumava dizer que "A pátria de um homem sensato é o mundo" e "É mais importante conquistar uma verdade do que um trono." Aristocrático pudor impediu-o de fazer propaganda das próprias teorias, fundar escola e até provocar debates, como então se usava. Mesmo quando acabou o último centavo, em lugar de desfrutar de sua cultura, limitou os gastos. Em Atenas, onde se estabeleceu, viveu solitário, sem frequentar outros filósofos e salões de reunião. Vivia escrevendo. Diógenes Laércio diz que compunha tratados de medicina, astronomia, matemática, música, psicoterapia, física, anatomia etc. Era certamente um enciclopédico dotado de estilo límpido e conciso. Na opinião de Francisco Bacon foi o maior dos pensadores antigos, superando até Aristóteles e Platão. Só uma vez concordou em aparecer em público para ler a seus concidadãos de Abdera, para onde voltou depois de velho, um excerto intitulado O *Grande Mundo,* espécie de súmula de sua sabedoria. E Laércio conta que a impressão causada foi tal, que o Estado decidiu dar-lhe os cem talentos que gastara para acumular tanta sabedoria. Exemplo digno de ser imitado por nossos governantes.

Parece que Demócrito, praticando os preceitos de higiene que recomendava, viveu até os noventa anos. Mas há quem diga que chegou a cento e nove. Ainda segundo Laércio, um dia percebeu que estava morrendo e disse-o à irmã. Ela respondeu que não o devia fazer por aqueles dias. Era a festa de Tesmofória, e ela devia ir ao templo. Demócrito retrucou que fosse sossegada. Bastava que, todas as manhãs, voltasse a lhe trazer um pouco de mel. A irmã assim fez, e ele, aplicando mel às narinas, respirava lhe a fragrância, conseguindo sobreviver até terminarem as festas. Depois disse: "Pois bem, agora posso mesmo ir." E foi-se, sem sofrimentos, chorado por toda a população que o acompanhou em massa para o cemitério. Demócrito chegara a conclusões materialistas, partindo das premissas idealísticas de Parmenides. Também nega os sentidos como instrumentos de conhecimento, dizendo que só nos permitem apreender as "qualidades secundárias" das coisas: forma, sabor, temperatura etc. Tudo isso nos dá apenas uma opinião. Mas a verdade foge-nos. A verdade é constituída de uma *necessidade,* incompreensível para nós, que regula as combinações dos átomos, única realidade da criação. Os átomos são o que são, eternos: não há velhos que morrem, nem novos que nascem; só mudam as combinações que nós, muitas vezes, atribuímos ao *acaso,* palavra inventada por nossa ignorância, que não nos permite compreender a *necessidade* que a determinou. Até no homem tudo é feito de átomos. É bem verdade que os constituintes do que chamamos "alma" são de material diferente e mais nobre do que os do corpo.

Dessa gnoseologia, teoria do conhecimento das coisas, Demócrito deduziu uma "ética", uma regra moral. O homem deveria contentar-se com a modesta felicidade que lhe permitia tão estreita dependência de matéria. Não lhe servindo para entender as coisas, os sentidos não bastam para lhe oferecer mais felicidade. O homem só pode procurar a serenidade numa existência ordenada e moderada, porque é dentro de nós, e não fora, que encontramos o bem e o mal.

Nesta luta, ainda atual, entre os que, como Farmênides, em nome da alma negavam a matéria e os sentidos, e os que, como Demócrito, diziam ser matéria a própria ideia e alma, surgiu, com intenções de conciliação, aquele que talvez seja o mais pitoresco e turbulento dos filósofos de todos os tempos — Empédocles.

Nascera em Agrigento, numa família de criadores de cavalos de corrida. O pai devia ser uma espécie de Tesio da época. Talvez preocupado com o caráter indócil, exuberante e arrojado do rapaz, mandou-o para a escola dos pitagóricos que, seguindo os passos do mestre, haviam por toda parte fundado colégios célebres pela severidade da disciplina. Empédocles atirou-se à filosofia com sua natural impetuosidade. Entusiasmou-se pela teoria da transmigração das almas. Não demorou a descobrir em si mesmo a alma de um peixe, pois nadava magnificamente; a de um pássaro, porque corria como uma flecha; por fim, a de um deus: "De que alturas, de que glória, caí sobre esta terra miserável, para confundir-me com estes bípedes vulgares!", dizia indignado. Incapaz de guardar dentro de si o menosprezo, revelou seus sofrimentos a pessoas fora do colégio, coisa estritamente proibida pelo regulamento dos pitagóricos. E foi expulso.

Expulso, Empédocles não voltou para casa. Convencido já de sua origem divina, calçado com sandálias douradas, um manto de púrpura nos ombros e coroa de louros na cabeça, pôs-se ia percorrer o mundo, oferecendo-se como médico e adivinho. Dizia ser o irmão Apoio quem lhe sugeria receitas e profecias. Talvez até acreditasse nisso. Havia nele uma mistura de Cagliostro, do mago de Nápoles e de Leonardo da Vinci. Deu aulas de oratória a Górgias que depois demonstrou aproveitamento brilhante. Improvisou-se engenheiro para reparos dos banhados de Selino. Em Agrigento organizou uma revolução. Conduziu-a ao triunfo e, declinando a ditadura, instaurou a democracia. Em horas perdidas, escrevia versos tão perfeitos que mais tarde suscitaram a admiração de Aristóteles e Cícero. Mas acima de tudo considerava-se filósofo com a missão de conciliar Parmênides com Demócrito a alma com os sentidos, a ideia com a matéria. Tentou-o inventando a lei que presidia às combinações e às decomposições dos átomos — o *ódio* e o *amor.* Segundo Empédocles, é por amor que os elementos se associam e por ódio que se dissociam. É um processo alternado que vai ao infinito. E se os sentidos não nos permitem percebê-los claramente, ao menos nos colocam no bom caminho. Não devemos acreditar cegamente neles, nem devemos desprezá-los.

Em resumo, pelas quatro ou cinco mil palavras que, em conjunto, nos restam de Empédocles, julgamos poder deduzir que foi maior como engenheiro, revolucionário, poeta e, certamente, aventureiro de alta escala do que como filósofo. Talvez tenha sido vítima da própria exuberância, que não lhe permitia enquadrar-se numa escola e limitar-se nela. Curiosidade devoradora e temperamento instável induziram-no ao ecletismo e não lhe deram o tempo de desenvolver, do princípio ao fim, uma teoria orgânica. Pensador medíocre e agitado, foi cm compensação um personagem fora do comum. Assim permaneceu até à velhice, quando jogou fora as sandálias de ouro, a túnica de púrpura e a coroa de louros. Descalço como um franciscano, transformou-se num penitente que convidava os homens à purificação antes da reencarnação que os esperava, renunciando ao matrimônio e também ele, como Pitágoras renunciando às favas. Por que teriam os gregos da antiguidade tanta ojeriza por esse legume caseiro?

Há duas versões quanto a seu fim. Segundo a mais acreditada, quando os atenienses assediaram Siracusa, Empédocles correu a defendê-la. Agrigento, que odiava a cidade rival, desgostou-se e exilou-o para Mégara, onde veio a morrer. Mas segundo Diógenes Laércio, que não se podia contentar com fim tão banal, Empédocles desapareceu misteriosamente durante uma festa organizada para celebrar um milagre que fizera, ressuscitando uma morta. Mais tarde encontraram-lhe apenas as ceroulas na orla da cratera do Etna onde, evidentemente, se precipitara para não deixar vestígios de seu corpo e confirmar assim sua origem divina. Traíra-o, entretanto, aquela banal peça do vestuário, trazida à superfície por uma erupção, pois os deuses não usam ceroulas.

Capítulo 27

Sócrates

"Agradeço a deus, escreveu Platão, ter nascido grego e não bárbaro, homem e não mulher, livre e não escravo. Mas lhe agradeço, sobretudo, ter nascido no século de Sócrates." Sócrates é antes de tudo um dos raríssimos casos de modéstia premiada. Não premiada pelos contemporâneos, que o condenaram à morte, mas pelos pósteros que reconheceram a imortalidade das obras que, todavia, não escreveu, porque seus discípulos se encarregaram disso. Cercavam-no todas as idades, condições e ideias — desde o aristocrático e turbulento Alcibíades ao nobre e moderado Platão; desde o reacionário Crízias ao socialista Antístenes e ao anárquico Aristipo. Cada um deles viu e descreveu o mestre a seu modo. E Diógenes Laércio conta que, ao ler o esboço escrito por Platão, Demóstenes exclamou: "Meu deus, quantas mentiras este moço contou a meu respeito!"

Cremo-lo antes de tudo porque ninguém — nem mesmo Sócrates, o homem que mais acirradamente o tentou — consegue ver-se a si mesmo, ou ao menos ver-se como os outros o veem; e, segundo, porque todo retratista atribui a seu personagem não só o que ele disse e fez, mas também o que poderia ter dito e feito em coerência consigo mesmo. Breno certamente não pronunciou a frase *Vae victis!*, ainda mais que não sabia latim. Mas tal frase calha bem em sua boca e caracteriza-o. As boas biografias estão cheias de pequenos fatos, na maioria falsos. O importante é que destas falsidades ressalte a verdade.

Sócrates, que olhava muito para dentro de si, mas falava pouco, definiu-se como "um moscardo". E o foi em sentido muito nobre, pois com sua mania de perscrutar até o íntimo das almas e das coisas, não deixou ninguém em paz. Vinha "do nada", como hoje se diz. O pai fora modesto escultor. Talvez pouco mais do que amador do cinzel, ainda que se lhe atribuam, não sabemos com que fundamento, as três Graças que se erguem junto à entrada do Partenão. Em horas vagas, o filho continuava o trabalho, modelando, vez por outra, em mármore ou pedra. Sentia-se, porém, mais próximo da mãe, que fora parteira. E dizia, meio rindo e meio sério: "Também eu ajudo os outros a dar à luz: não filhos, mas ideias." Esta era sua real vocação. Esta a sua única atividade durante toda a vida. É fácil supor que os pais não se entusiasmassem com isso. Devem ter tomado a renitência do rapaz à escola e ao trabalho e a extraordinária paixão de andar na praça e na rua ouvindo o que se dizia, perguntando, amolando, como arte que não prometia nada de bom. Não era este certamente o melhor meio de alcançar posição. Mas o fato é que Sócrates não se importava com carreira. Não era rico, nem muito pobre. Pela morte do pai herdou a casa e setenta minas, (*) algo parecido com um

---

(*) Mina, moeda grega antiga (N. do r.).

milhão de cruzeiros, que confiou ao amigo Críton para que as investisse. Calculava viver de rendas, pois suas necessidades eram bem limitadas.

Aristóxenos de Taranto conta que ouvia o pai dizer — por tê-lo conhecido pessoalmente — que Sócrates era um beberrão ignorante, cheio de dívidas e vícios. Realmente, a única educação que cultivara era a militar e esportiva. Chamado às armas durante a guerra do Peloponeso, mostrara-se bom soldado, valente, resistente, disciplinado e corajoso. Na batalha de Potidéia, foi ele quem salvou a vida de Alcibíades, mas não o disse piara não comprometer a medalha de valor concedida ao jovem amigo. Em Délio, contra os espartanos, que eram grandes soldados difíceis de vencer, foi o último dos atenienses a ceder terreno. Devia possuir o estofo do *Grognard* e do alpino. O próprio busto que o representa, e que se encontra no museu das Termas em Roma, sugere a mesma impressão.

Não era certamente belo, pelo menos no sentido grego da palavra. O nariz largo e grosso, os lábios carnosos, a fronte pesada, o maxilar maciço fazem supor ascendentes colonos. Alcibíades, o descarado, dizia-lhe rindo: "Não podes negar, caro Sócrates, que o teu rosto se parece com o de um sátiro." O Mestre não levava a mal e respondia: "Tens razão! Além disso, tenho ainda a barriga. Preciso começar a dançar para me manter em forma."

É bem possível que o pai de Aristóxenos deduzisse o desregramento de Sócrates deste aspecto desalinhado e do pouco cuidado que tinha com sua pessoa. No verão e no inverno vestia sempre a mesma túnica surrada e remendada. Levantava o cotovelo com frequência e de propósito. E Xantipa, sua mulher, dizia que ele não se lavava. Esta Xantipa veio a ser, na posteridade, a personificação da mulher queixosa, resmungona, exigente e sufocadora. É natural que assim seja, pois, a biografia, ou melhor, as biografias de Sócrates foram escritas pelos amigos e discípulos que a detestavam e a quem ela detestava porque lhe tiravam o marido de casa. Efetivamente, não cuidava muito da família. Não lhe dava tostão, porque não ganhava. Passava dias e noites fora de casa. A pobre mulher chegou a tal ponto de exasperação que o denunciou por negligência dos deveres e o levou ao tribunal. Sócrates, em lugar de se defender a si mesmo, defendeu a mulher. Defendeu-a perante o juiz e também perante os discípulos indignados. Disse que, como mulher, tinha toda a razão. Era boa mulher e merecia um marido melhor do que ele. Mas, uma vez absolvido, retomou tranquilamente seus hábitos extradomésticos, nem sempre inocentes. Não se limitava a frequentar o salão intelectual de Aspásia. Frequentava também a casa de Teodata, a mais célebre prostituta de Atenas.

Todos o estimavam por seu constante bom-humor. Nada o ofendia, e dizia as coisas mais abstratas com as palavras mais simples. Bodegueiros e comerciantes saudavam-no com familiaridade quando passava pelo caminho, seguido da comitiva dos discípulos. Parava diante das vitrinas e dizia admirado: "Veja só, de quantas coisas necessita a humanidade de hoje!" Mesmo nas casas mais distintas, onde o convidavam para jantar, já estavam habituados com seus pés descalços. Entre as coisas de que não sentia necessidade, estavam também os sapatos. Não se sabe que escolas frequentou. Talvez nenhuma. E, se descobrissem que nunca aprendera a escrever, não me admiraria. De natureza sedentária, nunca viajava. Sua cultura deve ter sido fruto exclusivo da meditação e da conversação com intelectuais do tempo. Platão descreveu os encontros de Sócrates com Hípias, Parmênides, Protágoras e muitos outros filósofos da época. É provável que tais encontros nunca se tenham dado. Parece que Sócrates, pessoalmente, conheceu apenas Zenão, de cuja dialética assimilou alguma coisa. Com Anaxágoras, que o influenciou, teve apenas contato indireto através de Arquelau de Mileto, discípulo de Anaxágoras e mestre de Sócrates.

De resto, o método de Sócrates exclui a consulta livresca. Propusera dois problemas fundamentais, que nenhuma biblioteca ajuda a resolver: que é o bem, e qual o regime político mais apto para consegui-lo? A atração de seus ensinamentos consistia nisso: em lugar de subir à cátedra para expor suas idéias aos outros, dizia não ter ideias e pedia a todos que o ajudassem a procurá-las. "Julgo-me o mais sábio dos homens", dizia, "porque sei que nada sei." Dessa premissa, modesta e imodesta 'ao mesmo tempo, partia todos os dias para a conquista de alguma verdade, fazendo perguntas em lugar de dar respostas. Ouvia pacientemente as respostas dos discípulos e depois começava a fazer suas objeções. "Tu, Críton, que falas em virtude, que entendes por esta palavra?" Sócrates jamais se cansava de exigir conceitos precisos, formulações claras. "Que é isto?", era sua pergunta preferida, fosse qual fosse o assunto. Passava todas as definições pelo crivo da ironia, para revelar-lhes a falácia ou a inadequação. Era mesmo um "moscardo" incorrigível, nascido para abalar todas as certezas dos ouvintes que, com frequência, se incomodavam e se revoltavam contra ele. "É claro", gritava Hípias, "é muito fácil ironizar as respostas alheias, sem dar respostas próprias. Nego-me a dizer o que entendo por justiça, se antes não disseres o que entendes." E Aristófanes, mais tarde, satirizou numa comédia — As *Nuvens* — aquilo a que chamava "bar do pensamento" onde, segundo ele, só se aprendia a arte do paradoxo. Apresenta um discípulo de Sócrates que, surrando o pai, sustentava a legitimidade da ação dizendo que fazia isso para pagar a dívida contraída quando o pai o surrara. "Dívidas são dívidas. É preciso restituir o que se recebeu."

Platão conta que um dia Sócrates decidiu inverter os papéis, passando a responder em vez de perguntar. Mas desistiu, dizendo: "Vocês têm razão quando me acusam de provocar dúvidas em lugar de oferecer certezas. Mas que se há de fazer? Sou filho de uma parteira: habituado a ajudar a dar à luz, não a procriar." Contaremos mais tarde como e por que o condenaram à morte. Dizem que o responsável, pelo menos em parte, foi Aristófanes, com sua comédia satírica. Parece difícil, pois a condenação veio vinte e quatro anos depois da primeira representação. Contudo, os motivos aduzidos na sentença são os mesmos que inspiraram Aristófanes na comédia. Sócrates, para inventar a filosofia, de que se tornou verdadeiro pai, necessitou afirmar o direito à dúvida, c que significou abalar todas as fés. Não cremos que tenha visado unicamente, nem principalmente, à democracia. Achamos que tenha submetido *também* a democracia à crítica que lhe era habitual. Do seu "bar" saiu de tudo: um idealista como Platão, um lógico como Aristóteles, um cético como Euclides, um epicurista antecipado como Aristipo, um aventureiro da política como Alcibíades, e finalmente um general e professor de história como Xenofonte. É natural que em tão vasto laboratório se tenham criado venenos contra o regime democrático que lhes tornou possível o nascimento e o funcionamento.

Sócrates, ao morrer, reconheceu que a democracia tinha razão de o matar e pronunciou um ato de fé democrática. Mas, por enquanto, deixemo-lo viver, passear e falar pelas ruas e praças de sua Atenas.

Capítulo 28

Anaxágoras e "A Ficção Científica"

Anaxágoras deixou Clazômenas, sua cidade natal, e foi para Atenas em 480 antes de Cristo, a convite do almirante Xantipo, que o escolhera para instrutor de seu filho Péricles. Anaxágoras tinha apenas vinte e oito anos. Provavelmente ficou desiludido, não com a cidade em si, que decerto lhe pareceu maravilhosa, mas com as condições atrasadíssimas, ou melhor, com o desequilíbrio em que encontrou os estudos científicos.

Na realidade, em Atenas, como em toda a Grécia, até então só progredira a geometria, não como instrumento de realizações práticas, mas apenas como pretexto de especulações 'abstratas. Os atenienses não recorriam a ela para a construção de pontes e aquedutos, de que não sentiam necessidade, mas apenas para se distraírem com sua lógica dedutiva. Quem a ela se dedicou não foram os engenheiros, mas os filósofos, especialmente os que frequentavam a escola de Pitágoras. O problema que mais os atraía era a quadratura do círculo.

A matemática ficara na "haste" e isto, não como maneira de dizer. Uma haste era 1, duas eram 2. Para dez e os múltiplos de dez, usavam-se as iniciais da palavra equivalente: d = *deka,* h = *hekato* etc. A mente grega nunca excogitou o zero, o mais necessário dos algarismos. Pessoas que falavam com muita competência em *fenomeno,* em *noumeno,* em plantas e perspectivas, quando se tratava de fazer a mais elementar soma ou divisão recorriam ao formulário, porque sem ele não conseguiam nada. E se entrassem em questão as frações, desistiam do cálculo. Só a muito custo é que aprenderam dos egípcios a contar por dezenas, e dos babilônios por dúzias. Por própria conta, não deram mais passos à frente.

Outro campo em que a ciência andava nos primeiros vagidos, era a astronomia. Basta ver, como prova, a redação do calendário. Cada cidade tinha o seu e marcava o início do ano quando lhe agradasse. Até os nomes dos meses eram diferentes porque nem sequer neste ponto os Estados gregos conseguiam pôr-se de acordo uns com os outros. Atenas ficara, mais ou menos, com a divisão de Sólon, separando o ano em doze meses de trinta dias. E como nessa conta faltassem cinco dias no fim do ano, cada dois anos se acrescentava mais um mês para os recuperar. Mas com tal acréscimo sobravam dias. Então os anos foram divididos em meses de trinta e de trinta e um dias, alternadamente. Para eliminar a pequena sobra que ainda restava, determinou-se que, cada oito anos, se pularia um mês.

A razão de tal atraso, além da alergia que os atenienses mostravam pela matemática, era a superstição. Ridicularizavam-na por palavras, mas respeitavam-na na prática. Em todas as sociedades e em todos os tempos, a astronomia foi sempre a primeira inimiga do Gênese, como quer e por quem quer que tenha sido revelada. Assim era particularmente na Grécia antiga, onde se esquadrinhava a árvore genealógica de cada um, ligando-o a algum deus ou deusa. Em Tebas, o pitagórico Filolau podia até pregar que a terra não era o centro do universo, mas apenas um planeta entre muitos outros que giravam em torno de um "fogo central", porque naquela cidade ninguém o entendia e talvez nem o ouvisse, nem mesmo os sacerdotes. Já em Atenas todos teriam notado as dificuldades de tal teoria, perguntando como a conciliava com Zeus e toda a cosmogonia que dele derivava. O próprio Péricles não ousara abolir a lei que proibia a astronomia, como contrária à religião.

Não sabemos se Anaxágoras frequentou escolas. Como era mais curioso pelas coisas celestes do que pelas terrestres, certamente recolhera as novas ideias que, a respeito do céu, já circulavam como pólen, nos ares de toda a Grécia. Demócrito de Abdera dizia que a Via-Láctea era apenas uma poeira de estrelas. Em Agrigento, Empédocles insinuava que a luz dos astros demorava certo tempo para chegar até nós. Parmênides, de Eléia, avançava fortes dúvidas sobre a forma achatada da terra e inclinava-se a crer que fosse redonda. Enópides, em Quio, prenunciava a obliquidade da elipse.

Entendamos bem: eram apenas intuições, quase sempre formuladas em linguagem vaga e misturadas com afirmações extravagantes. Até suspeitamos que os historiadores modernos tenham exagerado sua importância científica. Para se tornarem verdadeiras e próprias descobertas científicas tiveram que esperar pelos instrumentos de cálculo elaborados nos dois milênios sucessivos. Foram eles que permitiram a Copérnico e Galileu fundar tais afirmações em bases experimentais. No momento, todos os astrônomos que andavam pela Grécia olhando para cima não passavam de "Panerones" mais geniais e mais ricos de fantasia, tirando as ideias da própria cabeça sem lhes fornecer nenhum elemento de prova. Anaxágoras também foi assim. Se por um lado merece o título de "pai da astronomia" pela exatidão de certas adivinhações, por outro tem direito ao de "inventor da ficção científica", pela arbitrariedade das deduções. Assim, por exemplo, afirmou que os outros planetas eram habitados, como a terra, por homens em tudo semelhantes a nós, que constroem casas e cidades como nós e, como nós, aram a terra com bois.

Era um tipo curioso, atordoado e conversador que, pelas estrelas, descuidou seu patrimônio, falando unicamente nelas. Partia do conceito de que não é necessário invocar algo de sobrenatural para explicar o natural. Dizia que o cosmo se formara do caos a partir de um turbilhão que, com sua força centrífuga, separara os quatro elementos fundamentais: o fogo, o ar, a água e a terra. Destas combinações dependem as formas orgânicas. Em consequência disso, tinham-se destacado da terra pedras e pedaços de rocha que, levados para um ar incandescente, queimavam: eram as estrelas. A maior delas era o sol. Anaxagoras calculava-o umas quatro ou cinco vezes maior do que o Peloponeso. Enquanto girarem, as estrelas permanecerão no ar. Quando param, caem e se tornam meteoros. A lua é da mesma origem. É a mais próxima da terra. De vez em quando, ela se interpõe entre a terra e o sol, formando os eclipses.

A terra gira envolta numa camada de ar. Suas rarefações e condensações são consequência do calor solar e causa dos ventos. Não deixa de ser uma bela descoberta para a época, mas Anaxagoras lhe diminuiu um tanto o valor, acrescentando que o relâmpago é determinado pelo atrito, e o trovão pela colisão das nuvens. A vida também é dada pelos mesmos elementos a todos os animais, que se diferenciam só por doses e combinações diversas. O homem desenvolveu-se melhor do que todos os outros porque sua posição ereta lhe deixou — será preciso dizê-lo? — a mão livre, dispensada dos encargos da locomoção.

Como se vê, o sistema de Anaxagoras é uma confusão em que, se quisermos, encontraremos de mistura Galileu e Darwin, junto com histórias em quadrinhos e filmes sobre marcianos. Mas tinha um pequeno defeito em relação às leis de Atenas: nunca citava Zeus, como se este nada tivesse a ver com toda essa evolução. Anaxágoras deu pela coisa quando condensou tudo num livro que também se chamou — *Sobre a Natureza*. Introduziu, então, um *nous,* como pai do turbilhão que dera origem ao universo. Este *nous* era uma mente que, diante dos jurados, poderia fazer passar pelo Padre Eterno. Citava-o continuamente, até mesmo em conversa. Tanto assim que os atenienses, para mexer com ele, o apelidaram de *nous* e assim o chamavam quando passava pelas ruas. "Olá, *nous!*... Oh! *nous,* será que amanhã vai fazer bom tempo?"

Talvez *nous* tivesse escapado, se não fosse tão amigo de Péricles e frequentador do salão de Aspásia, privilégio que se pagava caro naquela democracia tão cheia de invejas. Certo dia, durante um sacrifício, chegou às mãos dos áugures um carneiro com um chifre só. Os sacerdotes dedicados à cerimônia viram nisso algo de sobrenatural. E Anaxágoras, que não queria nada com o sobrenatural, pô-los em apuros diante de todo o povo, fazendo decapitar o animal e demonstrando que crescera um chifre só porque o cérebro se desenvolvera, irregularmente, no centro, e não nos lados da testa.

Cléon, adversário de Péricles, viu nisso boa ocasião para atrair a si o clero ludibriado, insinuando-lhe que o famoso *nous* era uma desculpa inventada pelo filósofo para não pagar alfândega e fazer contrabando de heresia. Anaxágoras foi acusado de impiedade diante de um verdadeiro tribunal de inquisição, que se pôs a lhe investigar o livro, admirado por toda a classe culta de Atenas e considerado a maior obra científica do século. Realmente, o *nous,* introduzido na última hora, valia pouco. Preto no branco, o que ali estava era que o sol, que a religião oficial considerava deus, não passava de massa de pedras incandescentes.

Quanto ao posterior desenrolar dos acontecimentos, há duas versões. De acordo com a primeira, Péricles, quando viu o caso perdido, mandou que o velho mestre fugisse. A segunda diz que Péricles julgou poder salvá-lo e defendeu-o diante dos jurados. Só depois de o ver condenado, organizou a evasão. Seja como for, o certo é que Anaxagoras refugiou-se em Lámpsaco, no Helesponto, e aí viveu até aos setenta e três anos, ensinando filosofia. Quando lhe falavam da condenação que recebera dos atenienses, dizia sacudindo a cabeça: "Coitados, não sabem que a natureza já os condenou a eles também." Péricles que lhe fizera, ao mesmo tempo, tanto bem e tanto mal, às ocultas lhe mandou subsídios até ao último dia.

Capítulo 29

As Olimpíadas

Só de quatro em quatro anos é que os gregos, divididos em cidades-estados sempre em lutas entre si, se sentiam irmanados por um vínculo nacional. Vínculo criado pelo esporte, por ocasião dos jogos olímpicos.

"Como o ar é o melhor dos elementos, como o ouro é o mais precioso dos tesouros, como a luz do sol sobrepuja todo e qualquer esplendor e calor, assim não há vitória mais nobre do que a de Olímpia", escrevia Plutarco, torcedor impenitente. Como todas as outras cidades gregas, também Olímpia tinha origens fabulosas, que a prendiam às lendas aquéias. O primeiro que a escolhera como terra de competição fora Saturno que, quando jovem, assim o dizia a mitologia, ali batera vários recordes. Quando velho, foi lá desafiado pelo filho de Zeus, que desejava sua abdicação, e naturalmente o venceu. Depois veio Apoio, que fez de Olímpia o ringue de seus encontros de pugilato. E foi lá, finalmente, que Pélope, com a ajuda de Mírtilo e com prejuízo das regras do *fair play,* venceu a corrida dos carros e conquistou a mão de Hipodâmia e o trono de Enomao.

O lugar adaptava-se bem a servir de sede dos grandes encontros esportivos nacionais. As rochas secas de Acaia defendem-no dos ventos do norte e os paredões da Messênia, ao sul, protegem-no do siroco. Só o atinge, suave e temperada pela maresia, a brisa do mar que se avista diante da planície. A data da festa era anunciada por mensageiros sagrados que se espalhavam pela Grécia semeando, por toda parte, um ar de festa. Milhares e milhares de torcedores, de todos os cantos, punham-se em marcha ao longo das sete estradas que para lá conduziam. A principal delas era a Via Olímpica, estrada arborizada que, desde Argos até o rio Alfeu, corria por entre templos, estátuas, túmulos e canteiros de flores. Lá se encontravam, lado a lado, deputados esquerdistas de Atenas e generais espartanos; e até mesmo filósofos em grupos pacíficos. Além das multidões, para lá acorria a nata social helênica. Por alguns dias, esqueciam-se as atividades e as rixas. As cidades enviavam embaixadas com personalidades empertigadas, cujas atenções se dirigiam umas para as outras, observando quem tinha a divisa, mais elegante, o cinto mais luxuoso, os penachos mais coloridos. Havia também as mulheres que, como nas corridas de cavalos, mais do que para verem vinham para serem vistas. O regulamento excluía-as dos espetáculos e das competições. Só houve um caso de transgressão — o de Ferenica de Rodes que, filha de um grande campeão de luta e mãe de outro campeão, passava por descendente de Hércules. A ânsia materna levou-a a se disfarçar em treinador. Entrou no estádio junto com um grupo de atletas, para assistir ao *match* do filho. Mas o entusiasmo a traiu. Precipitando-se desgrenhada para o ringue, em que o filho derrubara o 'adversário, o disfarce caiu e foi reconhecida. A lei era clara: a mulher colhida em falta devia ser condenada à morte. Mas dizem que Hércules em pessoa, o campeão do mundo, veio do céu testemunhar em seu favor e reconheceu-a como sua própria descendência. A acusada foi absolvida. Para impedir que o caso se repetisse, prescreveu-se que, desde então, atletas e treinadores se apresentassem nus.

No grande estádio, que abrigava quarenta mil espectadores sentados, o programa iniciava-se ao amanhecer, com um cortejo que saía do túnel. Precediam-no os dez helanódicos, delegados que representavam os vários Estados. Eram eles os organizadores da festa. Envoltos em vestes de púrpura, davam volta à pista e depois tomavam lugar na tribuna central em meio ao corpo diplomático em toda a gala, deputados e forasteiros de alta linhagem. Hércules em pessoa fornecera as medidas da pista: duzentos e onze metros de comprimento por trinta e dois de largura. A primeira competição era a mais simples, porém a mais popular e ambicionada: a corrida dos duzentos metros. Apitos ensurdecedores elevavam-se do público. Um atleta de Argos, quando certa ocasião venceu a corrida, não parou na meta, mas continuou correndo até sua cidade para a informar do sucesso — quase cem quilômetros e duas montanhas atravessadas num só dia. Vinha depois a corrida dupla, isto é, de quatrocentos metros, e por fim o *dólico:* catorze quilômetros, coisa de matar. Passava-se depois ao atletismo pesado. Os lutadores, por sugestão das estátuas, foram celebrados pela posteridade como exemplares de graça e destreza. Na realidade, não deve ter sido assim. A História conservou o nome do campeão, Mílon. Subindo ao ringue, com ar fanfarrão, a primeira coisa que fazia, para impressionar o adversário e o público, era atar uma corda ao pescoço, apertando-a até sufocar. Mas não sufocava. A corda rebentava sob a pressão das veias intumescidas pelo esforço. Os espectadores deliravam. Tratava-se de homenzarrões forçudos, e só. Outro, Cróton, indo quebrar uma árvore, prendeu a mão numa racha, ficando imobilizado. Vieram os lobos e estraçalharam-no. Um terceiro, Polídamas, querendo absurdamente escorar uma rocha que caía, foi esmagado.

Seguia-se o pugilato, que não se resolvia em carícias. Um epigramista anônimo assim falou a Estratófanes, que voltava de um embate: "Estratófanes, quando Ulisses regressou para casa, depois de vinte anos de ausência, foi reconhecido por seu cão Argos. Mas tu, depois de quatro horas de socos, experimentas voltar para casa e verás que acolhida te fará teu cachorro. Nem te reconhecerá." Homero fala até de "ossos triturados", o que talvez, em seus tempos selváticos, fosse verdade. Mesmo o *Lutador de Dresda,* do século V, apresenta uma "bandagem" capaz de assustar Joe Louis: couro reforçado com pregos e lâminas de chumbo.

As primeiras Olimpíadas terminavam aí. Mais tarde, com os anos e o sucesso, acrescentaram as corridas de cavalos, no hipódromo. Pausânias, testemunha oculta, diz que a pista media setecentos e setenta metros e era muito perigosa por causa de Terassipo, o demônio dos cavalos. Ora, Terassipo! Era o percurso que a tornava traiçoeira, como a de Palio, em Siena. Quase sempre havia mortos. Uma vez, de quarenta que partiram, só um chegou à meta. Mas aos cavalos vencedores erigiam-se estátuas como aos de Címon e de Feidolas.

Depois do hipismo, voltava-se ao estádio para o *pentathlon,* o mais complicado e "distinto" dos jogos. Para ser admitido às competições, era necessário ser cidadão, pertencer à alta sociedade e "ter boa consciência diante dos homens e dos deuses". O grande público acorria só para "atiçar" os senhoris protagonistas. A prova era combinada: salto, lançamento de disco, lançamento de dardo, corrida e luta. "Todo o corpo, todas as forças empenhadas; elegância e robustez" — dizia Aristóteles, acirrado torcedor do *pentathlon.* O esporte, apesar de constituir o pretexto, não era tudo nas festas olímpicas. Em torno do estádio improvisava-se uma espécie de Luna Park, com adivinhos, sibilas a bom preço, comedores de fogo, engolidores de espadas, vendas de doces com amêndoas. E para os hóspedes de gosto mais refinado havia teatros, cantinhos muito reservados com heteras de primeira classe e quebra-luzes côr de rosa, salas de conferências e espetáculos de vanguarda. Caindo o período das festas entre maio e junho, as noites eram curtas e quentes, de modo que as senhoras podiam apresentar seus *decolletés* sem medo de resfriados. De mistura com elas, podiam ver-se Temístocles e Anaxagoras, Sócrates e Górgias, assistindo, talvez, à inauguração de alguma exposição pessoal de pintores ou escultores.

Chamavam Olímpia de "cidade santa" em vista dos festejos aí celebrados. Mas nem tudo o que lá se fazia, por ocasião das festas, era santo. Os próprios deuses combinavam bons serviços com seus oráculos. Com a desculpa da trégua, os políticos intrigavam e desenvolviam sua propaganda. Menandro resumiu as celebrações em cinco palavras: "Multidão, barulho, circo, prazeres, ladrões." Davam-lhe todos tanta importância que o ano da inauguração dos jogos — 776 antes de Cristo — foi considerado a primeira data certa e o marco inicial da história grega. Alexandre, o Grande, considera Olímpia capital da Grécia. Seu pai Filipe, apesar de seu caráter, humildemente pagou grande multa por terem alguns de seus soldados perturbado os romeiros que para lá se dirigiam. Por lei, tais peregrinos eram sagrados. Culpa das tréguas de Olímpia foi haver o pobre Epaminoudas ficado sozinho com seus trezentos nas Termópilas e, com eles, perdendo a vida. "Que espécie de gente são estes gregos que, em lugar de estarem aqui defendendo a terra, estão em Olímpia defendendo a honra?" — exclamou, com admiração, um soldado persa a seu general. Na realidade, ainda que não houvesse prêmios oficiais e todos os atletas fossem considerados "amadores", os vencedores enriqueciam-se com presentes que, às ocultas, recebiam de suas cidades. Eram imediatamente nomeados generais. Escultores e poetas, como Simonides e Píndaro, eram pagos para exaltá-los em versos, no mármore, no bronze e, às vezes, até em ouro. Em suma, já naquela época havia os "divinizados".

Olímpia alcançou o apogeu no sexto século antes de Cristo. Os escritores começaram a contar a história de seu país, tomando as Olimpíadas como base da contagem dos anos. Cada uma delas tomava o nome do vencedor na competição de corrida simples. Em 582 inauguraram-se outros jogos pan-helênicos — os de Delfos, em honra de Apoio, e os ístmicos, em Corinto, em honra de Posídon. Em 576 criaram-se também os de Niméia, em honra de Zeus. E Olímpia teve de dividir o monopólio dos esportes. Passou-se a formar um "período" quadrienal. Assim como hoje os ciclistas têm por maior aspiração vencer, no mesmo ano, a Volta da Itália e o Tour de France, da mesma forma os atletas de então aspiravam ao título de campeões nas quatro disputas do período.

Apesar de se ir deteriorando na geral decadência e de se corromper por "boladas" e "marmeladas", Olímpia conservou-se a capital do esporte por mais de mil anos, desde 776 antes de Cristo a 426 depois de Cristo, quando Teodósio II mandou soldados destruírem até o edifício do estádio, transformado em casa de jogo. Em Olímpia já nada existe de esportivo. Mas o gesto foi considerado sacrílego.

Esquecíamos de dizer uma coisa: entre as competições que se disputavam na Grécia, não existia a "maratona". O soldado Fedípoda, que fez uma corrida de vinte milhas e nela perdeu a vida para levar a Atenas a vitória de Maratona, foi o único campeão mundial que não recebeu prêmios. Não foi exaltado pela imprensa, não foi imortalizado pela estatuária e não ligou seu nome a nenhuma Olimpíada, nem a nenhuma especialidade atlética.

Capítulo 30

O Teatro

O teatro na Grécia nasceu meio sacro e meio pornográfico. E é natural, dada sua origem, que Aristóteles atribui às procissões organizadas em honra de Dionísio, deus particularmente desavergonhado. Em lugar de velas e orações, pedia aos fiéis símbolos fálicos e versos celebrando o sexo. Os primeiros atores do teatro grego foram os praticantes desse culto. Apresentavam-se fantasiados de sátiros, com um rabo de cabra preso ao traseiro e certos enfeites de couro vermelho, que o pudor nos proíbe descrever. De fato, o que para nós é obsceno, aos olhos dos gregos apresentava-se apenas como marca de religioso respeito pelas forças mágicas da fecundação e da procriação, que garantiam a continuidade da vida. Por aquela ocasião proclamava-se uma espécie de trégua para a decência, concedendo a todos — velhos ou jovens, homens ou mulheres — o direito de lhe violar os preceitos. É esta a razão por que a comédia grega ficou sempre impregnada de torpezas.

Tinham caráter ritualístico e, mais do que um direito, representavam um dever para o autor. Não foi em Atenas, mas em Siracusa, que se desenvolveu, em princípios do século sexto, a primeira representação propriamente dita. Apresentou-a um certo Susarião, que teve a ideia de transformar em diálogos os monólogos dos sátiros, dando origem ao que hoje chamaríamos de *sketches,* rudes e de alusões grosseiras. A inovação agradou e foi adotada também na mãe pátria, onde se formaram "companhias ambulantes" e "filo-dramáticas" permanentes. A recitação tinha pouca importância em tais espetáculos. Eram, sobretudo, mímicos e musicais; seu enredo, quase sempre de assunto religioso e mitológico, era feito com os pés, isto é, era desenvolvido, alusivamente, com balés.

O caráter litúrgico do teatro, que na realidade era uma espécie de "oratório", patenteava-se na colocação, no palco de honra, de uma estátua de Dionísio, à qual se sacrificava uma cabra, antes de começar. O local do espetáculo era o próprio templo, ou gozava das mesmas prerrogativas de templo durante a representação. Por isso, qualquer delito que aí ocorresse era considerado sacrilégio e punido, imediatamente, com a morte. É quase certo que, pelo menos no início, o enredo tinha como protagonista o próprio deus cujos atos se pretendia exaltar. Depois se permitiu tomar de empréstimo à mitologia outros heróis, de preferência os mais infelizes. Havia uns toques de magia em tudo isso. Representando as ocorrências mais lutuosas, os gregos tencionavam pedir a Dionísio que os livrasse delas. Talvez a tragédia grega tenha nascido como sublime e poética esconjuração.

Durante todo o século VI, o espetáculo permaneceu em forma coral, confiado, não a vozes de atores, mas às pernas e mímicas de dançarinos. Um deles, Téspis, de Icária, cidadezinha da província de Mégara, talvez por se julgar melhor do que os outros, inventou o "personagem", separando-se do coro e pondo-se em contraposição a ele, dando assim início ao elemento fundamental do drama — "o conflito". A inovação causou escândalo e foi deplorada, particularmente por Sólon, que a fez condenar por imoral, acusação que, desde então, nunca mais deixou de soar contra qualquer inovador. Tal proceder, como se vê, tem origem bem antiga. Téspis fugiu de Atenas, onde firmara as tendas. Voltou com Pisístrato, ditador, é verdade, porém menos reacionário e birrento do que seu democrático primo e predecessor. Este, em lugar de condenação, deu-lhe um prêmio literário. Tudo isso acontecia apenas cinquenta anos antes da estreia de Ésquilo. O fato prova com que rapidez os gregos também no teatro passaram da Idade Média para o Renascimento, e com que rapidez queimaram seu gênio. Se acreditarmos em Suida, um incidente acelerou o processo. No ano de 500 antes de Cristo, enquanto se representava uma obra de Pratina, em local rudimentar, desabou uma galeria de madeira, causando alguns feridos e criando pânico entre os espectadores. O povo, começando a gostar do divertimento, julgou que era tempo de o abrigar de maneira mais digna e segura. Assim nasceu o primeiro teatro num ângulo da Acrópole. Foi naturalmente dedicado a Dionísio. Não é o que hoje se mostra aos turistas, reconstrução do quarto século com acréscimos dos séculos II e III depois de Cristo. Mas aquele também era de pedra e foi tomado por modelo em todas as outras cidades gregas, inclusive Siracusa e Taormina. Os arquitetos construtores deviam ter o sentido do panorâmico. Ergueriam a arquibancada em semicírculo, com capacidade para mil e quinhentos espectadores, diante do Hímeto e do mar. O céu, que em Atenas é maravilhosamente claro e próximo, servia de teto. Os lugares não tinham encosto, a não ser os reservados aos sacerdotes de Dionísio, bem diante do palco, chamado "orquestra" por servir aos bailarinos em suas danças corais. Atrás vinha o cenário propriamente dito, de madeira, desmontável, paria se poder adaptar com facilidade.

Os gregos não eram muito exigentes em questão de direção e arranjo. Entre eles , um Visconti ou um Strehler nunca se fariam ditadores. Contentavam-se com um interior de templo ou de palácio sumariamente delineado. Tiveram que esperar até Agatarco de Samos para ter bastidores com perspectiva, dando a ilusão de distância. Aplicaram, contudo, ainda que de maneira rudimentar, a técnica da "dissolução", fazendo avançar de trás para diante, quando o enredo assim o exigia, uma plataforma de madeira sobre rodas, mostrando num alusivo *tableau vivant* o que se supunha passado fora de cena. Todos os episódios de violência, por exemplo, sendo proibidos por lei, eram resumidos assim. Mais tarde, Euripides inventou, ou talvez apenas aperfeiçoou, a "máquina", um guindaste com que, quando o enredo parecia ter chegado a um pouto morto, o deus ou herói protagonista descia do céu e resolvia a trama por meio de um milagre.

Em Atenas a "estação dramática" limita-se ao carnaval de Dionísio e não pertence à iniciativa privada. Já alguns meses antes da "inauguração da temporada" 03 autores apresentavam seus originais. O governo escolhia os que lhe pareciam melhores. Era preciso escolher o *corego,* que é, ao mesmo tempo, o financiador, o empresário e o diretor do espetáculo. Cada uma das dez tribos em que a cidadania se dividia designava o que lhe parecia mais apto por sua qualidade e bom gosto. Todos os autores quereríam Nicies, o financista democrático cristão de ideias esquisitas, mas de bolsa larga. Exige uma porção de rezas no drama, mas está pronto a pagá-las com danças pomposas e ricos vestuários. O *corego* chama-se assim porque o coro não desapareceu depois de Téspis. Teve que aceitar a concorrência do personagem, mas continua sendo o elemento mais importante do espetáculo. Compõe-se de quinze pessoas, entre cantores e dançarinos, todos homens. São guiados e instruídos pelo *corego*. O próprio autor redige a música para eles. O único instrumento é flauta, que serve somente para sublinhar as palavras pronunciadas, imitando-lhes o tom. Timóteo, de Mileto, quis dar à música uma parte maior, confiando-a a uma lira de onze cordas. Não teve êxito e, por pouco, não lhe custava a pele. O público ateniense queria saber como era o "fato". Isso favoreceu a afirmação de grandes atores muitas vezes grandes malandros que, longe de serem socialmente desclassificados como em Roma, gozavam de vários privilégios, como isenção do serviço militar e livre trânsito através das linhas durante as guerras. Tais atores chamavam-se *hipócritas*, palavra que significava "replicantes", porque respondiam eles ao coro. Não tinha o significado de nossa língua. Estavam organizados numa corporação pan-helênica chamada "Artistas Dionisíacos". Enchiam as crônicas com seus escândalos. Segundo Luciano, seus disfarces eram monstruosos e a voz estentórea. Isto se compreende se pensarmos nas condições de acústica e de visibilidade daqueles enormes teatros ao ar livre, que não consentiam em mímica e tons esvaídos. Era necessário recorrer a máscaras caricaturais e a aumentos físicos obtidos com saltos altíssimos e crânios superpostos. Só quando Aristófanes, com *As Nuvens*, encenou Sócrates, o intérprete não precisou caricaturar nada. Sócrates já era por si, fisionomicamente, uma caricatura. Mas o verdadeiro espetáculo era o público, muito semelhante ao *Kabuki* japonês. O ingresso é pago, mas quem não possuía os dois *óbolos* para a entrada, recebia-a gratuitamente do governo. Vem em famílias inteiras, dinastias, grupos. Na entrada, os sexos separam-se e as cortesãs têm um recinto à parte. O espetáculo dura um dia inteiro, do nascer do sol ao anoitecer. No palco desenrolam-se cinco obras. Geralmente são três tragédias, uma comédia satírica e um monólogo. É preciso ir bem preparado para esta espécie de olimpíada, levando víveres, bebidas, travesseiros, dados e palavras cruzadas. É uma plateia móvel, queixosa e briguenta. Aí se come, se bebe, se muda de lugar para visitar outros e se manifesta livremente tudo o que se pensa. Soam aplausos, estouram gritos, voam figos, laranjas e até pedras. Ésquines quase foi lapidado. Esquilo a custo escapou ao linchamento dia multidão que suspeitava ter ele revelado, em seu trabalho, um mistério aleusiano. Um compositor gabou-se de ter construído a casa com os tijolos atirados nele. E quando Frínico apresentou *A Queda de Mileto,* os atenienses ficaram tão agitados que o governo lhe aplicou multa de cem dracmas por "crueldade mental". Os intérpretes de personagens simpáticos eram aclamados e exaltados com o grito de: "Este é dos nossos!"

Mas onde aparece o caráter dos atenienses é nas modalidades de concurso. Os direitos de autor são desconhecidos. O prêmio pelas três tragédias é uma cabra, e pela comédia, um cesto de figos. O prêmio é designado por uma comissão de dez juízes, escolhidos entre os espectadores. Depois de cada representação, cada um deles escreve seu voto numa tabuinha, que é colocada numa urna. Depois o *arconte* tira cinco, ao acaso, e lê a resposta. Assim nunca se sabe quais, dentre os dez juízes, foram os que lhe assinalaram o prêmio. Como confiavam um no outro os atenienses! Quase como os italianos de hoje!

Platão escreveu mais tarde que, assim, se subtraíam os juízes às "marmeladas" dos autores, mas não à sugestão de sucesso e à intimidação do público. E deplorou a corruptora "teatrocracia", premiadora de afilhados, que recompensara com uma cabra a *Orestíades* e com um cesto de figos As *Nuvens.* Isso lhe parecia um escândalo.

Capítulo 31

Os "Três Grandes" da Tragédia!

"Aqui jaz Ésquilo, cuja bravura testemunham os bosques de Maratona e os persas de longos cabelos, que bem o conheceram."

Este é o epitáfio que Ésquilo ditou para a sua própria tumba, pouco antes de morrer. Evidentemente, não atribuía grande importância a seus méritos de dramaturgo. Preferiu salientar os de soldado, nos campos de batalha, como se só estes pudessem dar-lhe direito à gratidão e admiração da posteridade. Efetivamente, mais do que incomparável artista, Ésquilo foi cidadão exemplar. O primeiro prêmio não o ganhou em cena, mas no campo de batalha, onde com seus irmãos cumpriu atos de tão alto heroísmo que o governo mandou um pintor celebrá-los em quadro. Estreara no teatro, nove anos antes, em 499 antes de Cristo, aos vinte e seis anos de idade. Impusera-se logo à atenção do público e da crítica. Mas quando a guerra contra Dario bateu às portas, trocou a pena pela espada e só voltou depois de alcançada a vitória e terminada a mobilização. Ninguém melhor do que ele, participante ativo, podia sentir e interpretar o júbilo orgulhoso daquele após-guerra. Para festejar o triunfo sobre os persas, o governo financiou espetáculos dionisíacos nunca visto? e tudo leva a crer que Ésquilo também participasse de sua organização. Em 484 ganhou o primeiro prêmio. Quatro anos depois, os persas voltaram com Xerxes para a desforra. Ésquilo, com quarenta e cinco anos e poeta laureado, poderia subtrair-se ao chamamento. Mas tornou a abandonar a pena e empunhar a espada. Combateu com entusiasmo de um moço de vinte anos em Artemísio, Salamina e Platéia. Em 479 retomou a atividade de dramaturgo e, ano por ano, conquistou o primeiro prêmio até 468, quando teve de cedê-lo a um jovem de vinte e seis anos, chamado Sófocles. Readquiriu-o no ano seguinte. Tornou a ser vencido até 458, quando obteve o triunfo com a *Orestéia*. Compreendeu, entretanto, que fora. suplantado por Sófocles e, talvez por isso mesmo, emigrou para Siracusa, onde já estivera e onde Hierão lhe tributou grandes honras. Aí morreu aos setenta e dois anos. O povo culpava por isso uma águia que, voando pelo céu com uma tartaruga entre as garras, deixou esta cair sobre a cabeça calva do poeta, tomando-a por pedra. Atenas quis ouvir as tragédias que compusera na Sicilia e, depois de morto, tornou a lhe dar o primeiro prêmio.

 A Ésquilo se deve, antes de tudo, uma grande reforma técnica. Acrescentou mais um ator ao que Téspis já introduzira.

Graças a isso o canto dionisíaco se transformou definitivamente de oratório em drama. Mais importante ainda foi o tema que escolheu e ficou sendo de praxe em todo o teatro posterior — a luta do homem contra o destino, do indivíduo contra a sociedade, do pensamento livre contra a tradição. Nas suas setenta (ou noventa) tragédias Ésquilo atribui, regularmente, a vitória ao destino, à sociedade e à tradição. E não se tratava de hipocrisia porque sua própria vida era um exemplo de espontânea submissão a tais valores. Mas nus sete obras que chegaram até nós, sobretudo no *Prometeu,* ajWrece a simpatia do autor pelo condenado rebelde.

Esta simpatia deve ter sido compartilhada pelo público que, parece, acolheu mal *Orestéia.* Considerou muito esquisitas suas conclusões e vaiou os juízes que o premiaram. Mas Ésquilo agia de boa-fé quando punha na boca de seus protagonistas aqueles ditos moralizadores que, muitas vezes, tornam pesados seus diálogos e amarram a ação. Havia nele o temperamento do pregador *quaker,* do pregador de quaresma. Mais de dois mil anos depois, o filósofo alemão Schlegel, que em muitas coisas lhe era semelhante, disse que Prometeu não era "uma" tragédia, mas "a" tragédia.

É pouco conhecido o pai de quem o sucedeu nos aplausos dos atenienses. Duas coisas, pelo menos, o distinguiram na vida: a profissão e o nome do filho. Era armador em Colono, um subúrbio de Atenas. As guerras persas, que empobreceram quase todos os seus concidadãos, enriqueceram-no e permitiram-lhe deixar boa herança ao filho chamado Sófocles, cujo nome significa "sábio e honrado".

Ao belo nome e ao belo patrimônio Sófocles acrescia também o resto: era bonito, de saúde exuberante, atleta perfeito, músico excelente. Antes de ser dramaturgo, conquistou popularidade como campeão esportivo e tocador de harpa. Depois da vitória de Salamina, foi designado para dirigir um *ballet* de mocinhos nus, escolhidos entre os mais belos de Atenas, para celebrar o triunfo. De resto, além do teatro, fez também brilhante carreira política. Péricles nomeou-o ministro do Tesouro. Em 440, conferiu-lhe os galões de general-comandante de uma brigada na campanha contra Samos. Devemos, entretanto, supor que não deu provas de grande estrategista. O próprio *autokrator* disse, mais tarde, que o preferia como dramaturgo.

    Sófocles amou a vida à maneira dos gregos, isto é, agarrando todas as oportunidades de prazer que esta lhe oferecia. Vindo ao mundo na época feliz de Atenas, dela se aproveitou largamente, como lhe consentiam seus meios financeiros, a boa saúde e o vigoroso apetite. Amava o dinheiro. Administrou com sabedoria o que o pai lhe deixara e ganhou muito mais. Era devoto dos deuses. Endereçava-lhes preces e oferecia sacrifícios com escrupulosa pontualidade. Em compensação, exigiu deles o direito de trair a mulher e de frequentar os mais ambíguos viciados de Atenas. Só depois de velho é que se "normalizou". Tornou a cortejar as mulheres e enamorou-se de uma cortesã, Teorides, que lhe deu um filho bastardo. O filho legítimo, Jofonte, temendo que o pai o deserdasse em proveito do bastardo, citou o pai ao tribunal para interditá-lo por loucura. O velho limitou-se a ler para os juízes uma cena da tragédia que, no momento, estava compondo — *Édipo em Colono.* Os juízes não só o absolveram, como até o acompanharam a casa em sinal de admiração. Quando morreu, em 406, tinha quase noventa anos. Terminara a *belle époque* de Atenas. Os espartanos assediavam a cidade. Entre o povo, correu o boato de que Lidandro, rei dos assediantes, tivera um sonho em que Dionísio, deus do teatro, lhe aparecera e ordenara permitisse aos amigos de Sófocles levar seu cadáver até Deceléia para o sepultarem no túmulo da família. Tudo fantasia, é claro. Mas é demonstração evidente da popularidade deste personagem extraordinário.

INDRO MONTANELLI

Compusera cento e treze tragédias e não se limitara a pô-las em cena. Nelas tomava parte como ator. Assim o fez até que sua voz enrouqueceu. Elevou os personagens para três e diminuiu cada vez mais a importância do côro. Era um desenvolvimento técnico natural, mas Sófocles contribuiu com sua propensão para a psicologia. Diversamente de Ésquilo, que era todo pela "tese", ele era pelos "caracteres". O Homem o interessava mais do que a ideia. Nisto está seu caráter moderno.

Os sete trabalhos que dele nos restam, provam que este homem tão afortunado, espirituoso, alegre, gozador da vida, era um negro pessimista na poesia. Julgava, como Sólon, que a maior felicidade do homem era não nascer, ou morrer no berço. Mas exprimia tais pensamentos em estilo tão vigoroso, sereno e controlado, que faz duvidar de sua sinceridade. Era um "clássico" no mais amplo sentido da palavra. Seus enredos são perfeitos como técnica teatral. Seus personagens, em lugar de pregar, como em Ésquilo, tendem a demonstrar. "Eu os pinto como deveriam ser", dizia. "Euripides pinta-os como são."

É voz corrente que Euripides, o jovem rival do grande Sófocles, nasceu em Salamina, no mesmo dia em que aí se desenrolou a famosa batalha. Seus pais tinham ido para lá como refugiados de Fila. Eram gente da classe média remediada, embora Aristófanes tenha insinuado que a mãe vendia flores na rua. O rapaz cresceu com amor à filosofia. Estudou sob a direção de Pródico e Anaxágoras. Ligou-se com tão estreita amizade a Sócrates que, mais tarde, o acusaram de lhe ter pedido que escrevesse os dramas para ele. Isso, certamente, é falso.

Como se tornou escritor de teatro, não sabemos. Mas dos dezoito trabalhos existentes, dos setenta e cinco que lhe são atribuídos, parece evidente que Euripides pouco se importava com o teatro em si. Considerava-o unicamente um meio de expor suas teses filosóficas. Aristóteles tem razão quando diz que, do ponto de vista de técnica teatral, ele representa um passo para trás em relação a Ésquilo e Sófocles. Não desenvolvia a ação. Mandava um mensageiro resumi-la, em cena, sob forma de prólogo. Confiava ao coro longas dissertações pedagógicas. Quando o enredo se emaranhava, fazia um deus descer do teto e resolvê-lo com um milagre. Expedientes de compositor sem recursos que o teriam levado a vaias colossais se Euripides não os tivesse compensado com um agudíssimo sentido psicológico que tornava reais seus personagens, talvez mesmo contra suas intenções. Electra, Medéia, Ifigênia, por ele criados, são os caracteres mais vivos da tragédia grega. Acrescente-se a isso a força polêmica de sua argumentação sobre os grandes problemas que agitavam a consciência dos seus contemporâneos. Há, em Euripides, um Show de proporções gigantescas, que se debatia por nova ordem social e moral. Cada um de seus dramas era um toque de tambor contra a tradição. Levava a cruzada com habilidade, cônscio dos riscos que a acompanhavam. A Atenas de então não era a Inglaterra de hoje. Assim, por exemplo, para destruir certas tendências religiosas, finge exaltá-las, mias o faz mostrando o lado absurdo. A cada passo, interrompe um raciocínio perigoso na boca de um personagem e faz o coro elevar, a Dionísio, um hino destinado a tranquilizar a censura e acalmar os eventuais protestos dos ouvintes exagerados. Mas a tòda hora lhe escapavam frases como esta: "O deus, admitindo que haja deus, porque dele só tenho conhecimento por ouvir dizer..." Tais frases suscitavam tumulto na plateia. Uma vez, no *Hipólito,* pôs esta frase na boca do herói: "Sim, minha língua jurou, mas meu espírito permaneceu livre!" Os atenienses estavam habituadíssimos com perjúrio, mas não gostavam de ouvi-lo. Quiseram linchá-lo. O próprio autor teve de se apresentar, pessoalmente, para os acalmar, dizendo que tivessem paciência: Hipólito seria castigado por aquelas palavras sacrílegas. No Louvre há um busto representando Euripides, barbudo, grave e melancólico. Corresponde à descrição deixada pelos amigos. Eles o descrevem como taciturno, meio misantropo, grande devorador de livros, dos quais era um dos raros colecionadores. Sua polêmica modernista lhe atrairia a hostilidade dos moderados. Os conservadores odiavam-no. Aristófanes o fez alvo direto de três de suas comédias satíricas. Entretanto, quando Euripides e Aristófanes se encontravam, na *ágora* ou no café, portavam-se como os melhores amigos do mundo. É bem um índice da grande civilização de Atenas. Só cinco vezes os juízes ousaram conferir-lhe o primeiro prêmio. Os espectadores indignavam-se ou fingiam indignar-se. Mas nas suas "estreias" não se encontrava lugar, nem mesmo pagando em ouro.

Em 410 processaram-no por impiedade e imoralidade. Entre as testemunhas de acusação veio também sua mulher, alegando não lhe perdoar o pacifismo no momento em que Atenas se empenhara em luta de vida e morte contra Esparta. Entre os documentos de acusação apresentaram-se as palavras do seu Hipólito. O acusado foi absolvido. Mas a acolhida que o público deu logo após ao seu novo drama As *Mulheres Troianas* fê-lo compreender que já era um estranho em sua pátria. A convite do rei Arquelau, dirigiu-se a Pela, capital de Macedonia. E aí, assim contam os gregos, morreu estraçalhado por cães vingadores dos deuses ofendidos.

Sócrates dissera que, por um drama de Euripides, iria a pé até ao Pireu. Para um cansado de sua espécie isso era enorme sacrifício. E Plutarco conta que, quando os siracusanos aprisionaram o corpo expedicionário ateniense, puseram em liberdade os soldados que recitassem de cor alguma cena de Eurípides. Goethe julga-o superior ao próprio Shakespeare. Não há dúvida de que foi o primeiro dramaturgo "de pensamento" que o mundo possuiu. E foi o primeiro a encenar, em termos de tragédia, o grande conflito daquela e de todas as épocas: o conflito entre o dogma e o livre exame.

Capítulo 32

Aristófanes e a Sátira Política

Lendo as tragédias gregas, compreendemos perfeitamente que o público, depois de assistir a três, uma depois da outra, no mesmo dia, sentisse vontade de presenciar uma comédia antes de ir dormir. As tragédias não lhe dão tréguas e mantêm-no, do princípio ao fim, na ânsia e no *suspense*. Rigorosa divisão de trabalhos impedia aos dramaturgos recorrer aos ingredientes cômicos dos comediógrafos. Estes, sem a democracia, talvez nunca houvessem nascido, pois a comédia grega, desde o início, foi comédia de costumes que exige liberdade de crítica.

Epicarmo, Cratino, Êupolis, foram os pioneiros. Serviram-se da comédia como hoje nos servimos do jornalismo, para atacar, ironizar e parodiar partidos, homens e ideias. E seu alvo foram, exatamente, a democracia e o grande chefe Péricles, que a introduzira.

Esta contradição é de fácil explicação. Os comediógrafos de Atenas não eram realmente antidemocratas. Eram apenas escritores à procura de sucesso. E este, já naquela época, só se conseguia com o inconformismo, isto é, criticando a ordem estabelecida. Sendo a ordem estabelecida a democracia, era natural que as comédias tivessem um tom contrário, aristocrático e conservador. Era o único modo de fazer oposição, o que, por sua vez, é modo como qualquer outro de exercer um direito altamente democrático.

Só Aristófanes dá razões para ser considerado como verdadeiro reacionário, crente no que dizia. Era de família nobre, possuidora de terras. Sua vida confirma a suposição. Manteve-se retirado, com certa altivez, do *café society* e dos círculos intelectuais de Atenas. Mostrou simpatia, provavelmente sincera, por Esparta, mesmo quando as duas cidades entraram em guerra. Nascido sob outro regime, talvez se tornasse um poeta da natureza, como nô-lo demonstram os poucos fragmentos chegados até nós: versos de alta inspiração e de estilo perfeito. Havia nele o estofo do aristocrata do interior, culto e elegante. Nasceu em 450 antes de Cristo. Jovem ainda, encontrou-se com uma democracia que já não era a do refinado Péricles, mas a do desbragado Cléon, o curtidor. Tal democracia lhe espicaçou os entusiasmos polêmicos e levou-o a enfrentar o teatro, que, na falta de jornais, era a única arena em que se podiam travar batalhas de ideias, moralidade e costumes. Como a tragédia não servisse, porque o passado lhe ditava os temas, restava a comédia que lhe permitia enfrentar o presente. A comédia era quase contemporânea à data de nascimento de Aristófanes. Só em 470 é que o governo concedera a Epicarmo, vindo da Sicilia, permissão de representar seus esboços satírico-filosóficos. A tradição dionisíaca das procissões fálicas permitia à comédia, como a todo o teatro, as locuções grosseiras. Mas os sucessores de Epicarmo abusaram tanto que, em 440, foi necessária uma lei que as coibisse. Nada se fez contra a sátira política. Cratino pôde atacar Péricles nos termos mais grosseiros e vulgares. Ferecrate exaltou a tradição aristocrática contra o progresso democrático.

O mais proeminente, naquele momento, era Êupolis, com quem Aristófanes, de início, estabeleceu sólida amizade e proveitosa colaboração. Depois brigaram. Continuaram a professar as mesmas ideias de oposição ao regime, mas de vez em quando interrompiam a polêmica para se atacarem e zombarem um do outro em seus trabalhos. Apesar desses precursores, a quem, uma ou outra vez, Aristófanes se dignou endereçar alguns elogios, a comédia continuava a ser um apêndice da tragédia, mantida por motivos de bilheteria. Tratava-se de informações confusas, sem ligação, sem caracteres. Sustentavam-se à força de piadas e caretas.

Aristófanes atacou tanto Cléon, o dono de tudo, que nenhum ator teve coragem de assumir o papel. O próprio autor apresentou-se em cena, com as roupas do *strategos* que, na platéia, assistiu impassível, à zombaria. No final, aplaudiu. Mas depois denunciou Aristófanes e mandou multá-lo. Isto faz suspeitar de que o caipira Cléon, afinal, era menos caipira do que se dizia. O comediógrafo pagou a multa e escreveu outra comédia, em que voltava à cena o mesmo personagem. Desta vez, tratou-o pior do que antes. A multidão enorme exultou. E entre os aplausos, ainda, desta vez, havia os de Cléon. A democracia de Atenas estava em mãos de homens que sabiam lidar. E ninguém o demonstrou melhor do que Aristófanes, sempre disposto a ridicularizá-la.

Outro alvo deste curioso personagem era o racionalismo leigo das novas escolas filosóficas. Responsabilizava-as pelo declínio da religião. E, naturalmente, para pagar o pato Aristófanes trouxe à cena os sofistas, Anaxágoras, e seu próprio amigo Sócrates que, cruelmente parodiado, continuou amigo. Esta era a beleza de Atenas e o sintoma de sua alta civilização — todos se frequentavam, discutiam, processavam-se, zombavam um do outro em público. Mas, em particular, continuavam amigos. Em As *Nuvens,* mexe-se com todos, particularmente com o pobre Sócrates, que sai melancólico, caricaturado no papel de "vendedor de pensamentos".

O terceiro alvo de Aristófanes foi Euripides. Compreende-se. Odiava-o tanto que, mesmo depois de morto, Euripides continuou em papéis ridículos e mesquinhos (As *Rãs).* Nele tencionara ferir especialmente o progressismo e o feminismo em que repousavam as concepções utópicas de uma sociedade igualitária. Detestava tais concepções e ridicularizou-as em *Os Pássaros,* talvez a mais perfeita de suas obras, mesmo porque é a única a não fechar as portas à poesia que, nela, aqui e ali desenvolve.

Aristófanes é um centro de contradições. Arroga-se em defensor da virtude, mas defende-a em termos dignos do mais impenitente dos pecadores. Descreve os vícios com tanta competência e complacência que nos leva a suspeitar de seu modo de pesquisa. Sua pornografia não perde em nada para a de Cratino.

Defende a religião, mas isso não o impede de encenar uma paródia dos mistérios eleusianos. Seria como parodiar a missa, hoje em dia. Caricaturou o próprio Dionísio, deus do teatro. Insinuou até que Zeus é apenas o dono de uma casa de tolerância, no Olimpo. Para seus fins moralísticos, não hesita em recorrer às armas mais imorais, como a calúnia e a difamação.

Este homem, sem dúvida inteligentíssimo, torna-se um "tapado" ante as pessoas que odeia e as ideias que combate. Em suas diatribes contra Péricles e o povo cai, frequentemente, ao nível dos mais desqualificados libelistas, tipo Ermipo. O rancor ofusca-lhe o gosto e o senso de medida. Raramente sorri. Quase sempre escarnece. Em lugar do *sense of humour* tem o sarcasmo, sarcasmo vulgar. Seus enredos são simples pretextos. Lendo-o, tem-se a impressão de que começava a escrever sem saber onde iria parar. Parece que vai à procura da trama da ação, tateando como o míope que, ao acordar pela manhã, tateia na mesa de cabeceira, procurando os óculos. Seus personagens são esquemáticos e caricaturados como todos os que escrevem teses, cuidando mais dos temas do que das pessoas.

Mas, com todas as reservas feitas, deve-se dizer que nunca se entenderá nada a respeito de Atenas sem ler Aristófanes. Ê o maior elogio que se possa fazer a um escritor. De suas páginas saem os costumes e a crônica da cidade, as ideias que aí circulavam, as modas que aí se revezavam. Nele encontramos, conservadas, as conversas dos cafés e das praças. Aristófanes é, ao mesmo tempo, o Dickens e o Longanesi de Atenas: um misto de grandeza, de canalhice e de miséria, de *engagement* e de tagarelice, de idealismo e de chantagem.

Com ele, a comédia deixou de ser a prima pobre e o vulgar apêndice da tragédia piara assumir a dignidade de arte independente. De fato, o governo consentiu em que um dia dos festejos de Dionísio fosse, exclusivamente, dedicado à comédia. Mas os abusos e as liberdades que os autores se permitiram foram tais que provocaram a instituição de uma censura que, como sempre, foi catastrófica. A comédia de sátira política morreu antes de Aristófanes, que a inventara. Em seus últimos anos lamentou, provavelmente, tê-la usado em prejuízo do regime político que a permitira e que agora também morria.

A liberdade é um dos bens que se apreciam depois de perdidos Aristófanes, falecido em 385, acabou escrevendo comediazinhas sentimentais. A gente se diverte muito pouco em lê-las, porque se percebe que ele pouco se divertiu ao escrevê-las.

Capítulo 33

Os Poetas e os Historiadores

À primeira vista pode parecer estranho que a idade de Péricles, ao lado do estupendo desenvolvimento do teatro, da filosofia, da escultura e da arquitetura, não possa apresentar o mesmo viço de poesia. Para isso existem razões. A democracia, destruindo monarquias e principados, destruíra o mecenismo, o condimento da poesia que sempre nasce em cortes e castelos, como a de Homero. A democracia é civil e, em lugar do senhor guerreiro e romântico, coloca o burguês mercador e racional, mais interessado na inteligência do que na invenção de fantasias. Predomina o conflito das ideias. Tira o poeta da contemplação solitária e obriga-o a tomar partido, a tornar-se advogado de uma ou de outra das teses. A poesia não está ausente da Atenas de Péricles. Quase todos escrevem versos. Mas o fazem a serviço de ideias, para a filosofia ou para o teatro. Naturalmente o teatro, a filosofia e as ideias ganham com isso. A poesia perde.

Seu maior representante é Píndaro, nascido em fins do sexto século antes de Cristo (parece que em 522), século completamente saturado de poesia. Era de Tebas, cidade que gozava da fama que Cuneo goza hoje e que, como Cuneo, não a merecia. Píndaro tinha um tio músico que lhe custeou os estudos de composição, em Atenas. Foi aluno de Laso e Agátocles. O rapaz aproveitou muito aqueles estudos para tirar das palavras todas as possíveis harmonias. Seus concidadãos diziam que uma vez Píndaro adormecera num campo e as abelhas, roçando-lhe os lábios, neles haviam deixado umas gotas de mel. Ou, quem sabe, foi o próprio Píndaro quem inventou a história: a modéstia não era seu forte. Cinco vezes concorreu ao primeiro prêmio de poesias, com sua mestra e concidadã Corina. Cinco vezes foi vencido. Parece que ela possuía, aos olhos dos juízes componentes do tribunal, argumentos dos quais o pobre Píndaro estava desprovido e que nada tinham a ver com poesia. A derrota fê-lo perder todo escrúpulo de galantaria. Disse que se sentia uma "águia em confronto com aquela porca". Os poetas, quando se trata de prêmios, usam a prosa, e que prosa!

Mas teve logo sua vingança. De toda parte vinham-lhe incumbência de governos estrangeiros, de tiranos como Hierão de Siracusa e até de reis como Alexandre da Macedonia (bisavô de Alexandre, o Grande). Quando voltou para casa, aos quarenta e cinco anos, vinha carregado de celebridade e riqueza. Suara, pois custou-lhe imensamente escrever suas famosas odes, que nos parecem tão fáceis e fluentes quando as lemos. Compunha-as junto com ia música de que, infelizmente, não nos ficou traço. Destinava-as ao canto e ele mesmo ensaiava o coro. Píndaro era um "ensaiador", ainda que de alto nível.

Grande mestre de métrica, cheio de metáforas, fantasiador e substancialmente frio, sob entusiasmos aparentes. Viveu até aos oitenta anos, evitando sempre misturar a própria sorte com os grandes acontecimentos de que costumava ser o panegirista. Quando estourou a guerra com os (persas, foi pela neutralidade de Tebas. Seria também a sua neutralidade. Depois dos fatos consumados, arrependeu-se e compôs sonora homenagem a Atenas, a "renovada cidade, protegida pelos deuses, rica, coroada de violetas, guia e baluarte de toda a Hélade." Tebas, por essa contradição, impos-lhe multa de dez mil dracmas, coisa parecida com um milhão e meio de cruzeiros. Mas Atenas, por gratidão, pagou-a por ele. Morreu em 442 quando, tendo mandado um mensageiro no Egito perguntar ao deus Ámon o que de melhor havia na vida, ouviu a resposta: "A morte." Atenas dedicou-lhe monumento. Um século e meio depois, Alexandre, o Grande, quis punir Tebas por uma revolta. Mandou que os soldados a queimassem toda, menos a casa de Píndaro. Realmente, ainda hoje ela existe.

Não há muito a dizer sobre a poesia de Píndaro e a de seus contemporâneos menores. Toda a literatura da época de Péricles é *engagée,* isto é, funcional. Mesmo na prosa, os únicos a se salientarem foram os "retóricos", mestres de oratória. O maior deles foi, sem dúvida, Górgias. Os historiadores foram, antes de tudo, ensaístas políticos.

A rapidez dos progressos gregos, neste campo, é evidenciada pelo fato de, entre Heródoto e Tucídides, haver apenas cinquenta anos. E parecem pelo menos quinhentos. Heródoto narra a História como um conto de fadas. Não a distingue da lenda e dos mitos. Sabia de muitas coisas porque, filho de rica família de Halicarnasso, viajara muito. Em lugar de filtrar criticamente as informações, misturou-as todas, numa confusão que, de "História Universal", só possuía a imodesta pretensão. Os acontecimentos são confundidos com milagres e profecias.

Hércules é descrito como um personagem real, igual a Pisístrato. Tudo isso dá a Heródoto o encanto da pureza e da inocência. Podemos lê-lo com prazer. Mas é preciso ter cuidado no acreditar.

Tucídides começou a manejar a pena cinquenta anos depois que Heródoto a deixara, e já parece de época completamente diversa. Percebe-se que, entre os dois, passaram *és* sofistas e se formou aquela espécie de Iluminismo que *tão* estranhamente aproxima o século VI ateniense do século XVIII francês.

Tucídides nasceu em 460 antes de Cristo. Seus pais eram proprietários de minas e uma senhora da sociedade da Trácia. Este fato lhe permitiu adquirir excelente instrução na dispendiosa escola dos mais renomados sofistas. Deles assimilou um ceticismo profundo. Sua paixão era a política. Seus primeiros escritos são um diário dos acontecimentos que testemunhava. Salvou-se, por milagre, da epidemia que o contagiara, em 430. Seis anos depois o encontramos como almirante, numa expedição naval em socorro de Anfípolis, assediada pelos espartanos. O insucesso custou-lhe o exílio e valeu-nos o prazer de uma *História da Guerra do Peloponeso,* que provavelmente não teria escrito se tivesse ficado na pátria, fazendo política.

Começa a narração no ponto em que Heródoto parara. Mas que diferença, até mesmo no estilo! O de Tucídides é claro como o céu da Ática, sem rodeios nem divagações. Fatos e pessoas são vistos separadamente e apresentados em suas justas proporções, sem preconceitos moralísticos. Ninguém poderá dizer se os retratos de Péricles, Níeias, Alcibíades são verdadeiros. Mas parece que são e isto basta para torná-la uma grande história. Tucídides não cai nunca em inexatidões que o leitor "pegue". Sua mão de escritor é tão hábil que passa despercebida. Não emite juízos. O bem e o mal ressaltam da própria narração dos fatos. Suas simpatias e antipatias não aparecem — fato raro num fugitivo. Tem uma só fraqueza: a de colocar, na boca de seus heróis, alocuções elegantes como as que se usam na escrita, não na conversa. Mas ele mesmo confessa ser um artifício a que recorre para (lar mais vida à narração e torná-la mais concisa e dramática. De fato, todos os personagens têm o mesmo estilo: o do autor. Às vezes, porém, exagera — como quando atribui a Péricles uma *Oração fúnebre* sobre a decaída grandeza de Atenas. Plutarco diz que Péricles não deixou nada por escrito e nem se lhe conservaram passagens orais. Acreditamos. Ainda mais que a oratória de Péricles nunca foi em busca de paradoxos de ditos memoráveis, de frases chavões que valesse a pena recordar.

Tucídides é hábil reconstrutor de enredos. Mas além da política não vê mais nada, nem fatores econômicos, nem correntes de pensamento, nem transformações de costumes. Em suas páginas não se encontra uma estatística, nem um nome do filósofo. Não aparecem, em primeiro plano, nem deus, nem mulher alguma, nem mesmo Aspásia que, entretanto, teve muita importância na vida e na carreira de Péricles.

Há nele uma mescla de Tácito e Guicciardini, mais do segundo do que do primeiro. Como Guicciardini, desabafou na história as desiludidas ambições políticas, e o fez com a mesma desencantada frieza e o mesmo pessimismo sobre a fundamental maldade e estupidez dos homens. Não reconhece nenhuma Providência e nega até a ideia de progresso. Em sua opinião, a humanidade está destinada a não aprender nada da História e a repetir sempre, em todas as gerações, os mesmos erros, as mesmas injustiças e bestialidades. Confessamos que nos sentimos um tanto embaraçados para o contradizer.

Além de nos dar uma representação dos homens e dos fatos de seu tempo, Tucídides fornece-nos um documento da maturidade a que chegara Atenas em questão de pensamento e expressão. Sua prosa é modelo de concisão, eficácia, límpido equilíbrio. É uma língua maravilhosamente falada, como são todas as línguas que alcançaram a perfeição. Nada de áulico, nem de acadêmico. É um estilo sublime porque não dá a impressão de ser um "estilo".

Mas Tucídides, discípulo dos sofistas, mostra mais uma coisa: que o ceticismo já vencera. Os gregos, tendo arrancado os deuses do Olimpo, aí tinham colocado a Razão. Não crê mais em nada — nem mesmo na utilidade do que escreve.

Capítulo 34

De Asclépio a Hipócrates

Ó Asclépio, ó desejado, ó invocado deus! Como poderei ir ao teu templo se tu mesmo não me conduzes a ele, ó invocado deus que superas, em esplendor, o esplendor da terra primaveril E esta é a oração de Diofanto. Salva-me, ó misericordioso deus! Salva-me desta gota, pois só tu o podes, ó bondoso deus, tu só na terra e no céu. ó piedoso deus, ó deus de todos os milagres, graças a ti estou curado, ó deus santo, ó deus bendito, graças a ti, graças a ti Diofanto não andará mais como um caranguejo, mas terá bons pés como tu o quiseste.

Esta é uma das muitas inscrições que ainda hoje se podem ler nas diversas colunas do templo de Epidauro, onde todos os doentes da Grécia iam pedir a cura a Asclépio, o deus da medicina. Este misto de santuário, hospital, casa de saúde e bazar, devia apresentar, durante todo o ano, um curioso espetáculo. Multidão de aleijados, cegos e epilépticos tomava-o de assalto, dando trabalho, para manter disciplina, aos *zácoros, chaveiros, piróforos,* que, meio sacerdotes e meio enfermeiros, representavam Asclépio e superintendiam aos milagres.

Os peregrinos reuniam-se sob os pórticos jônicos, de setenta e quatro metros de comprimento, que circundavam o templo. Sua bagagem devia ser bastante volumosa, pois cada um providenciava sua alimentação e leito. A clínica, para não os deixar ao ar livre, só lhes fornecia os muros do dormitório que se chamava *abaton.* Os doentes passavam a noite, uns dormindo, outros rezando. Depois eram levados à fonte para tomar banho. E a precaução não devia ser supérflua. Se os gregos já se lavavam pouco quando sãos, imaginem quando doentes! Só depois de afastarem, o melhor que podiam, o cheiro e a sujeira, é que eram 'admitidos ao templo propriamente dito para a oração e a oferta. Asclépio era um médico honesto: deixava que o cliente decidisse sobre o pagamento e só o exigia em caso de cura. Contentava-se com um frango para saldar um fêmur quebrado. Tara os pobres, trabalhava até grátis como o prova outra inscrição, onde se conta o caso de um coloninho que, não podendo oferecer mais do que um punhado de ossinhos, assim mesmo foi curado. Não sabemos com precisão em que consistissem as curas. Certamente grande parte era devida às águas. Naquelas regiões são frequentes as águas termais. Outro ingrediente muito usado eram as ervas. Contava-se sobretudo com a sugestão, criada à força de exorcismos, e de cerimônias espetaculares. Talvez em alguns casos se recorresse também à hipnose, e até à anestesia obtida não se sabe como.

Pelas descrições se conclui que Asclépio, acima de clínico, era cirurgião. Essas descrições só falam em ventres abertos com facas, tumores extraídos, clavículas refeitas, pernas tortas endireitadas fazendo um carro passar por cima delas. O caso mais famoso de todos foi o de uma mulher desejosa de se livrar de tênia. Naquele momento Asclépio estava ocupado. Dirigiu-se então ao filho que, como o pai, tinha verdadeira paixão pela cirurgia. Este cortou o pescoço da mulher e, com a mão, procurou o verme no estômago. Encontrou-o e o tirou fora. Mas não sabia recolocar a cabeça no busto da infeliz. Viu-se forçado a entregar os dois pedaços ao pai. Depois de boa reprimenda ao filho, reuniu as duas partes. Também este fato vem registrado numa esteia.

Os sacerdotes que, em nome de Asclépio, cumpriam tais atos, deviam ser refinados tratantes. Mas não é improvável que tivessem alguma prática de medicina. De qualquer forma, conservavam algo de caseiro e familiar no culto de Asclépio. Naquela grande Lurdes de Epidauro, o deus se contentara com uma simples capela onde se erguia sua estátua com seus dois animais preferidos: o cão e a cobra. O resto era destinado ao abrigo dos peregrinos, ao seu descanso, com parte para a palestra e para a piscina.

Foi este deus misericordioso, um tanto charlatão mas bonachão, ou melhor, foram seus sacerdotes que monopolizaram a medicina grega até o quinto século. Só nos tempos de Péricles é que surgiu a medicina leiga, que se punha ou pretendia pôr-se em bases racionais, fora da religião e dos milagres. Mas também esta novidade veio de fora de Atenas. Veio da Ásia Menor e da Sicilia, berço das primeiras escolas seculares.

O verdadeiro fundador foi Hipócrates, ainda que pareça ter existido outro, antes deles, em Cróton. Seu nome seria Alcméon, formado na escola de Pitágoras. Atribuiu-se lhe a descoberta das trompas de Eustáquio e do nervo óptico. Mas dele não sabemos quase nada e Hipócrates é uma figura histórica. Era de Cós aonde, todos os anos, acorriam milhares de doentes para mergulhar nas águas termais. Que excelente material de estudo para o jovem Hipócrates, filho de um "curador" e discípulo de outro, Eródico de Selimbria! Começou compilando uma casuística que lhe preparou o caminho para estabelecer diagnóstico à base da experiência. Seus livros foram depois reunidos no *Corpus Hippocraticum*. Nele, a parte de Hipócrates é mínima. O resto foi acrescentado por seus discípulos e sucessores. Traz de tudo, de mistura: anatomia, fisiologia, induções, deduções, conselhos, pesquisas e bom número de absurdos. Foi, entretanto, o texto fundamental da medicina por mais de mil e quinhentos anos.

Hipócrates deve ter passado algum aperto com a Igreja. Começa por afirmar o valor terapêutico da oração. Mas logo passa a destruir a origem celeste das doenças. Procura reduzi-las às suas causas naturais. Não deve ter sido grande profissional, pois não compreendeu o valor das pulsações. Julgava a febre só com o toque da mão e não auscultava o paciente. Mas do ponto de vista científico e didático foi certamente o primeiro que separou a medicina da religião. Preferiu apoiá-la na filosofia, aliás não menos perigosa. Era amigo de Demócrito, que lhe lançara um desafio de longevidade. Venceu o filósofo, passando dos cem anos. O médico só alcançou os oitenta e três.

O corpo, diz Hipócrates, é composto de quatro elementos: sangue, fleuma, bílis amarela e bílis preta. As doenças vêm da falta ou do excesso de um desses elementos. A cura consiste em reequilibrar, e por isso deve basear-se mais na dieta do que nos remédios. É melhor prevenir o mal do que remediar. Não se pode dizer que a anatomia e a fisiologia tenham feito grandes progressos com Hipócrates. Só a religião fornecia material de estudo, com as entranhas dos animais sacrificados para estudar os augúrios. A cirurgia continuava monopólio de práticos que a exerciam caseiramente, e sobretudo dos que a exerciam no exército durante as guerras. Mas a ele se devem a fundação e a organização da medicina como ciência autônoma. Antes de Hipócrates ia-se a Epidauro pedir milagre. Leigos, só havia alguns feiticeiros peripatéticos que iam de cidade em cidade. O Estado não lhes exigia títulos de estudo para o exercício da profissão. Entre eles havia também mulheres, porque só estas podiam curar outras mulheres. Alguns, como Democedes, conquistaram fama e ganhavam bom dinheiro. Mas a profissão era misturada com charlatanice e, portanto, desqualificada.

Hipócrates conferiu-lhe dignidade de sacerdócio com um juramento que obrigava os adeptos a só a exercerem segundo a ciência e a consciência, atendo-se a rígido decoro externo, lavando-se muitas vezes e guardando postura moderada, que inspirasse confiança ao paciente. Com ele, os médicos pela primeira vez se organizaram em corporação e se tornaram estáveis. Fundaram *iatreia,* isto é, gabinetes de consulta, e reuniram-se em congressos onde cada um trazia a contribuição de sua experiência e suas descobertas.

O Mestre exercia pouco a medicina. De resto, estava sempre de viagem para consultas excepcionais. Chamavam-no até o Rei Perdice, de Macedonia, e Artaxerxes, da Grécia. Chamou-o Atenas em 430 antes de Cristo quando aí irrompeu uma epidemia de tifo. Não sabemos os remédios que prescreveu nem os resultados obtidos. Mas Hipócrates tinha um modo de receitar e de prognosticar, à força de palavrório científico, que incutia respeito mesmo quando não curava o mal. Era célebre por aforismos, como "A arte é longa mas o tempo é fugaz", que deixavam os pacientes com seus reumatismos e suas dores de cabeça, mas os tornavam mais submissos. Sua boa saúde era o melhor *reclame* de suas terapias. Aos oitenta anos ainda girava pelas cidades e pelos Estados, hóspede das casas senhoriais mas sempre preso a horário e dieta rigorosos. Comer pouco, andar muito, dormir em cama dura, levantar-se com os pássaros e deitar-se com eles, era a sua regra de vida.

Foi uma espécie de Frugoni. Além de fundar uma ciência, deu exemplo a todos os que, desde então, iriam servi-la.

Capítulo 35

O Processo de Aspásia

Teoricamente, Péricles continuou sendo o *strategos autokrator* até 428 antes de Cristo, ano em que morreu. Na realidade, já estava "aposentado" havia três anos, desde 432, quando moveram um processo contra Aspásia, cujo alvo era, todavia, ele. Foi o "grande caso" político e social da época, com protagonistas do mais alto nível, uma espécie de Capocotta, com aspectos não menos sórdidos e baixos.

A ofensiva foi lançada pelos conservadores que já haviam tentado ferir Péricles, difamando e incriminando seus mais íntimos amigos e colaboradores. Fídias foi acusado de apropriação indébita de uma quantia de ouro a ele consignada para decorar sua gigantesca estátua de Atena. Foi realmente condenado.

HISTÓRIA DOS GREGOS

Anaxágoras, acusado de herege, fugiu para evitar um processo de cujo resultado não estava muito seguro, e que o próprio Péricles queria evitar. Finalmente, animados por esses resultados, os conservadores processaram Aspásia, acusando-a de ímpia.

Foi como se abrissem um túmulo, tal a podridão encontrada em forma de cartas e de panfletos anônimos. Os mais desqualificados libelistas do tempo, chefiados por Ermipo, competiam em lançar as mais infamantes calúnias sobre a "primeira dama de Atenas". Apresentavam-na como vulgar arrebanhadora de mulheres, que fizera de Péricles o que Dejanira fizera de Hércules, não envolvendo-o numa camisa em chamas, mas debilitando-o e prostituindo-o com orgias, cocaína e "magia negra". Por causa dela, diziam, a casa do *autokrator* se tornara prostíbulo. Para aí atraía senhoras de boa sociedade, com as filhas menores, para entregá-las a seu enfraquecido amante e assim o recuperar. Nada disso se provou no tribunal, formado de mil e quinhentos jurados. Quem falou em defesa de Aspásia foi o próprio Péricles, com a voz frequentemente embargada pelos soluços. Talvez o que mais lhe inspirasse tão grande desespero não fossem os perigos que corria a criatura amada acima de tudo no mundo, mas o espetáculo da ingratidão, da baixa inveja, dos rancores sórdidos, dos complexos de inferioridade que a sociedade ateniense demonstrava em relação a um homem a quem devia muito, para não dizer tudo. Quem sabe se a verdadeira razão pela qual daí por diante se apartou da democracia não foi por lhe ter aquela experiência roubado a fé? A democracia se lhe apresentou como incubadora dos mais baixos instintos humanos.

Tanto moral como politicamente este processo é instrutivo. Ele nos mostra os limites daquilo que, falsamente, se chama de "ditadura de Péricles" e nos esclarece o assunto. Imaginem, em pleno fascismo, um processo contra Claretta Petaeci, ou contra Eva Braun em pleno nazismo! É claro que o *strategos au-*

tokrator não era *Ducc* nem *Fuhrer*, e seu regime não se parece com nenhum dos modernos totalitarismos policiais.

Para entendê-lo é preciso reparar bem nos três fatos fundamentais que o condicionam: o pequeno número de cidadãos, que não ultrapassavam os trinta mil votantes e cuja metade, formada pelos do interior, era excluída pela dificuldade da viagem; esses cidadãos sabiam constituir minoria privilegiada numa cidade de mais de duzentos mil habitantes; a profunda participação de todos em assuntos políticos e de Estado, em vista do diminuto sentimento que tinham dos vínculos familiares. Enquanto um brasileiro de hoje é, antes de tudo, pai, esposo, filho etc., isto é, um homem convencido de só ter deveres para com a família, em nome da qual pode até ser desertor na guerra e ladrão na paz, o ateniense, antes de mais nada, era um cidadão para quem os deveres sociais eram os mais prementes. Cumpria-os especialmente em dois lugares: o *clube,* ou confraternidade, e o Parlamento ou *Ecclesia.*

Os *clubes* em Atenas eram quase tantos como são hoje em países anglo-saxões. Cada ateniense pertencia a três ou quatro, pelo menos — o dos oficiais aposentados, por exemplo; o daqueles que haviam escolhido determinado deus ou deusa por patrono; o profissional; o dos amadores de determinado vinho ou leitãozinho. Era um modo de se conhecerem e de se encontrarem uns aos outros. Faziam-se amizades, difundiam-se certos gostos e ideias, tomavam-se em comum decisões importantes, que depois repercutiam no Parlamento.

No Parlamento se reuniam quatro vezes por mês todos os cidadãos, e não seus deputados. Os atenienses não elegiam ninguém para os representar. Dado seu número relativamente pequeno, compareciam pessoalmente. Não se agrupavam por partidos, mas, se fosse o caso, por *clubes* em que já se estabelecera a posição a ser tomada face aos projetos de lei em

discussão. Naturalmente, havia uma divisão, por alto, entre os oligarcas, com seu séquito de proletários, e os democráticos. Mas não existiam uma "direita" e uma "esquerda", como na topografia política moderna.

O Parlamento não tinha casa. Reunia-se ao ar livre, no teatro de Dionísio, na *ágora,* ou mesmo no Pireu. A sessão abria-se ao amanhecer com uma cerimônia religiosa que consistia em sacrificar a Zeus um bezerro ou um porco. Se chovia, Zeus estava de mau humor e a sessão era adiada. Depois, o presidente, eleito de ano em ano, lia os projetos de lei. Teoricamente todos podiam falar pró ou contra, por ordem de idade. De fato, havia infinitas restrições que limitavam sabiamente o direito: era preciso ser legalmente casado, isento de censuras, proprietário de algum bem imóvel e estar em dia com os impostos. Estamos certos de que no máximo dez por cento estavam em tais condições. Além disso, era preciso ter o dom da oratória, pois se tratava de uma reunião de pessoas de bom tom, que gostavam de debicar quem estivesse na tribuna. O orador devia dar atenção à ampulheta de água que marcava o tempo. É pena que os parlamentares de hoje tenham esquecido tal instituição. Era preciso dizer bem enunciado, claro e depressa tudo o que se queria. E não era só. Quem adiantasse uma proposição ficava responsável por ela. Isto significava que, se dentro de um ano seus resultados fossem negativos, a decisão era anulada e o autor podia ser multado. É muita pena que isso tenha caído em desuso. Votava-se levantando a mão, salvo casos particulares em que o voto era secreto. O resultado era definitivo. A proposta aprovada automaticamente se tornava lei. Mas antes de chegar a esse resultado final, geralmente se pedia o parecer das *Iules* ou *Conselho,* espécie de Corte constitucional. Formavam-no quinhentos cidadãos sorteados segundo o registro civil, sem cuidar de particular competência ou qualificação. Estes permaneciam no cargo durante um ano e não podiam tornar a ser sorteados enquanto não tivessem passado todos os outros cidadãos. Eram modestamente pagos pelo serviço público: cinco óbolos por dia. Reuniam-se em edifício próprio para esse fim, o *buleutério,* num ângulo da *ágora.* Eram divididos em dez *pritanias,* ou comitês de cinquenta membros cada um, de acordo com as atribuições várias e bem vastas: constitucionalidade das propostas de lei, moralidade dos funcionários civis e religiosos, orçamento e administração pública. Passavam em sessão todos os dias desde o amanhecer ao pôr do sol. Cada *pritania* presidia toda a *bule* por trinta e seis dias, sorteando, diariamente, um de seus membros para presidente. Assim todo cidadão, mais cedo ou mais tarde, se tornava presidente. Atenas era, portanto, uma cidade de ex-presidentes, o que nos ajuda a compreender o grande apego do povo à sua cidade e ao seu regime.

O Areópago, cidadela dos aristocráticos conservadores, outrora onipotentes, foi lentamente devorado pela democracia depois de Pisístrato. Existe ainda, nos tempos de Péricles, mas reduzido a uma espécie de Corte de Cassação, que só se pronunciava sobre delitos que implicassem pena de morte. O poder legislativo já é monopólio firme da *Ecclesia* e da *Bule.*

O poder executivo é exercido por nove *arcontes* que, desde Sólon, constituem o ministério. Teoricamente também eles são sorteados imparcialmente, da lista dos cidadãos. De fato, o "acaso" é guiado por uma série de manipulações. O sorteado deve, antes de tudo, provar sua ascendência ateniense por parte de pai e mãe, o cumprimento de todos os deveres de soldado e contribuinte, o respeito que tem aos deuses, a exemplaridade de uma vida que admitia todas as averiguações e sobre a qual bem poucos deviam estar dispostos a aceitar inquéritos. Depois, perante a *Bule,* passa por uma espécie de exame psicotécnico chamado *docimasia,* destinado a apurar o nível intelectual do candidato. É fácil compreender quantas "marmeladas" aí ocorriam. O arconte fica no cargo durante um ano. Nesse tempo, pelo menos nove vezes, deve pedir voto de confiança à *Ecclesia*. Terminado seu prazo, tôda a sua administração é submetida ao exame da *Bule*. O veredito varia, desde a condenação à morte até a reeleição. Se não ocorrer nem uma nem outra, o ex-arconte fica "aposentado" no Areópago onde permanece, por assim dizer, senador vitalício, mas sem poderes.

O arconte formalmente mais importante é o *basileu*, o que ao pé da letra significaria rei, mas corresponde ao que hoje chamaríamos de "papa", pois suas atribuições são unicamente religiosas. No papel, encarna o mais alto posto do Estado. Mas na realidade os maiores poderes, nesta ardilosa divisão que visa à exclusão de todos, estão nas mãos do arconte militar, o *strategos autolcrator*, comandante-chefe das forças armadas. Atenas não é um Estado militarista com exército permanente. O serviço militar não se faz em quartéis, mas em *nomadelfiai* sem uniforme. O recruta, mais do que a obedecer, aprende a se governar a si mesmo e conserva cuidadosamente o sentimento dos direitos e da independência de cidadão. Com tudo isso não há perigo de o *autokrator* se aproveitar do exército para um *pronunciamiento* à sul-americana. Foi, portanto, este o cargo que Péricles logo ambicionou, fazendo-se reeleger, ano após ano, desde 467. Mas o ter de alcançar, cada vez, maioria na *Ecclesia* e passar pelo inquérito da *Bule*, prova que seus poderes eram mais os de rei constitucional do que os de ditador. Por habilidade pessoal, conseguiu exercê-los de maneira ostensiva, atribuindo-se, pouco a pouco, também os poderes de Ministro do Exterior e do Tesouro. Como grande potência naval, Atenas precisava de grande diplomacia. E os atenienses, julgando Péricles competente, deixaram-na em suas mãos. Mas cada decisão sua devia ser submetida à *Ecclesia*. Tiveram maiores suspeitas na parte da administração financeira. Julgavam que Péricles tivesse mãos furadas. Sirvam de exemplo as complicações criadas no caso do Partenão, como já dissemos.

Mas números são números. A receita do Estado, quando Péricles foi eleito pela primeira vez, registrava uma receita global de uns duzentos e cinquenta milhões de cruzeiros por ano. Quando se retirou, apesar dos gastos em trabalhos públicos, a arrecadação tinha subido a quase nove bilhões.

Em suma, o segredo de Péricles, o que lhe valeu a reeleição para *autokrator* durante quase quarenta anos, foi unicamente o sucesso baseado em suas excelentes qualidades de homem de Estado e administrador. Abusou tão pouco que, ao fim de sua carreira imaculada, teve que se submeter ao processo de Aspásia, cujo verdadeiro incriminado era ele mesmo. Chorou publicamente, implorando piedade diante de mil e quinhentos jurados.

Se este processo desonra alguém, esse alguém não é Péricles e nem mesmo Aspásia. Esse alguém é Atenas.

Quarta Parte

Fim de uma Era

INDRO MONTANELLI

Capítulo 36

A Guerra do Peloponeso

Segundo as más línguas da época, Pericles desgraçou Atenas, criando inimizades com Mégara, porque alguns megarenses certa vez ofenderam Aspásia, roubando-lhe algumas meninas de sua casa de tolerância. Já naquela época o povo se divertia contando a história com nariz de Cleópatra.

Na realidade, o caso de Mégara, que foi o início da catástrofe não só de Atenas mas de toda a Grécia, tem origens bem mais complexas e distantes. Não dependeu, absolutamente, da vontade de um homem, nem de um governo ou regime. Péricles não fez política externa diversa da que qualquer outro teria feito, em seu lugar. Para Atenas não havia alternativa: ou ser um império ou não ser nada. Fechada na parte do continente, com poucos quilômetros quadrados de terra árida e pedregosa, morreria de fome no dia em que não pudesse mais importar trigo e outras matérias-primas. Para importá-las, precisava continuar dona do mar. E para continuar dona do mar, sua frota devia manter em submissão os pequenos Estados anfíbios fundados pelos gregos nas costas da península, na Ásia Menor e nas ilhas, grandes e pequenas, que semeiam o Egeu, o Jônio e o Mediterrâneo.

O império de Atenas se chamava Confederação, como o dos ingleses se chama Commonwealth. Mas o que, na realidade, se escondia sob esse nome hipocritamente democrático e igualitário era o controle comercial e político de Atenas sobre as cidades que faziam parte da Confederação. Méton, quando atingida pela seca e pela carestia, a muito custo obteve de Atenas a permissão de importar algum trigo com seus navios. Atenas pretendia ser a distribuidora das matérias-primas, antes de tudo para garantir a seus armadores o monopólio dos fretes e, segundo, para ter em mãos os meios de submeter, pela fome, os pequenos Estados quando neles surgissem aspirações de autonomia. Apesar de todo o liberalismo, Péricles nunca afrouxou esse controle. Como bom diplomata, defendia o direito da supremacia marítima de Atenas, em nome da paz. Dizia que sua frota assegurava a ordem. Em certo sentido, era verdade. Mas se tratava de uma ordem estritamente ateniense. Como seus predecessores, negava-se, por exemplo, a fornecer explicações sobre o uso que se fizera das contribuições das várias cidades no financiamento da campanha contra a Pérsia. Na realidade, usara-as 11a reconstrução de Atenas e fazendo dela a grande metrópole que, em seu tempo, se tornou. Em 432, recolheu dos Estados confederados a bela soma de quinhentos talentos, uns quarenta e cinco milhões de cruzeiros. Era para "a causa comum", é claro, e para a frota que garantia a paz. Mas essa frota era só de Atenas e a paz convinha a Atenas, para. manutenção de seu primado. Os cidadãos da Confederação não tinham os mesmos direitos. Quando surgiam lutas judiciárias em que estivesse envolvido algum ateniense, só os magistrados de Atenas tinham competência. Era O regime que hoje se chama de "capitulação" e que sempre caracterizou O colonialismo.

Enfim, a democracia de Péricles tinha seus limites. Dentro da cidade era monopólio de pequena minoria de cidadãos, excluindo a maioria — metecos e escravos. E nas relações com os Estados confederados, a democracia não existia, nem de longe. Em 459 Atenas usara a frota para tentar expedição ao Egito e expulsar os persas aí instalados. Mesmo vencidos, ainda constituíam perigo e o Egito, além de possuir bases navais de primeira ordem, era o celeiro daquele tempo. A Confederação não tinha interesse em anexá-lo, pois o trigo seria tomado por Atenas. Mas, assim mesmo, teve que financiar o empreendimento, que fracassou.

A aversão contra o patrão prepotente vinha de longe. Explodiu em Egina, depois em Eubéia e por fim em Samos. E a frota, que devia servir "à causa comum", também à dos três Estados que suavam sangue para a manter, serviu para os esmagar numa violenta repressão.

As repressões nunca são sinal de força. São indícios de fraqueza. Foi assim que Esparta interpretou as de Atenas. Fechada em suas montanhas, Esparta não se tornara grande cidade cosmopolita. Não tinha universidades, nem salões elegantes, nem literatura. Em compensação, possuía muitos quartéis onde continuara instruindo os soldados com a disciplina e a mentalidade dos *cmnicazes,* como nos tempos de Licurgo. A posição geográfica no interior do Peloponeso, a composição racial de seus cidadãos, todos de origem dórica, e, portanto, guerreira, não misturados com os indígenas relegados à condição de servos e fora de qualquer participação, faziam dela a fortaleza do conservadorismo aristocrático e terrestre. Seus homens políticos não tinham o brilhantismo dos de Atenas, mas possuíam o cálculo paciente dos agricultores e o sentido realístico das situações. Quando os emissários dos Estados vassalos e dos que temiam tornar-se vassalos de Atenas lhe solicitaram comandasse uma guerra de libertação contra a poderosa rival, Esparta declinou oficialmente mas, às ocultas, começou a tecer os fios de uma coalizão.

Péricles percebeu-o. Provavelmente perguntou a si mesmo se não era o caso de reaver as simpatias perdidas, colocando as relações da Confederação em bases mais justas e democráticas, ou concluiu, por si mesmo, que era impossível fazê-lo sem renunciar à supremacia naval, ou previu que perderia o "posto" se apresentasse tal proposta à Assembleia. O fato é que preferiu afrontar os riscos de um rigor ainda maior. Seu plano era simples: em caso de guerra, trazer toda a população da Ática e todo o exército para dentro dos muros de Atenas, limitando-se a defender a cidade e o porto. A supremacia do mar lhe permitiria uma resistência infinita. Procurou evitar o conflito, proclamando o que hoje chamaríamos de "conferência de cúpula" pan-helênica. Dela participariam representantes de todos os Estados gregos, tentando solução pacífica dos problemas. Esparta achou que aderir seria reconhecer a supremacia de Atenas. Recusou. Seria como se hoje a América convocasse uma conferência mundial e a Rússia a negasse, ou vice-versa. Seu exemplo levou muitos Estados a fazerem o mesmo. O fracasso foi mais um degrau para o conflito, cujas bases já estavam lançadas. Tratava-se de saber quem, entre Esparta e Atenas, tinha a força de unificar a Grécia. Atenas era um povo jônico e mediterrâneo, era a democracia, a burguesia, o comércio, a indústria, a arte e a cultura. Esparta era uma aristocracia dórica, setentrional, terrestre, conservadora, totalitária e grosseira.

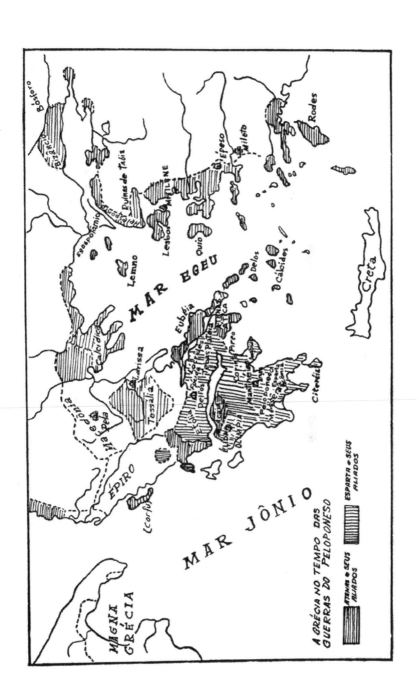

Tucídides acrescenta a estes motivos de guerra, mais outro: o aborrecimento causado pela paz, já muito longa, especialmente às gerações novas, inexperientes e turbulentas. Teoria que não é de desprezar.

O primeiro pretexto foi dado por Corcira (Corfu) em 435 antes de Cristo, insurgindo-se contra Corinto, de que era colônia. Corcira pediu para entrar na confederação ateniense. Em palavras mais simples, pediu a ajuda da frota. Esta veio imediatamente e se encontrou com a frota de Corinto, vinda para manter o *status quo*. O resultado foi incerto. Não resolveu nada. Três anos depois, Potidéia fez o contrário. Colônia de Atenas, revoltou-se e pediu ajuda de Corinto. Péricles mandou contra ela um exército que a assediou durante dois anos, mas não conseguiu expugná-la. Os dois insucessos foram um golpe terrível para o prestígio de Atenas. Quando se quer mandar, primeiro é preciso mostrar que se tem força para o fazer. Mégara, rebelde, encorajou-se. Alinhou-se ao lado de Corinto que, por sua vez, chamou Esparta. Atenas impôs o bloqueio de Mégara. Queria vencê-la pela fome. Esparta protestou. Atenas retrucou que se prontificava a retirar as sanções se Esparta aceitasse um tratado comercial com a Confederação. Seria entrar para o Commonwealth. Era uma proposta provocante. E Esparta reagiu com uma contraproposta no mesmo tom. Estava disposta a aceitar se Atenas, por sua vez, reconhecesse completa independência aos Estados gregos. Seria a renúncia do primado imperialista. Péricles não hesitou em negar, sabendo muito bem que aquele "não" significava a guerra.

A divisão das forças era clara: de um lado, Atenas, com seus duvidosos confederados do Jônio, do Egeu e da Ásia Menor unidos pela frota; do outro, Esparta com todo o Peloponeso (menos Argos, que era neutra), Corinto, Beócia, Mégara, unidos pelo exército. Péricles executou logo seu plano. Chamou as tropas para dentro dos muros de Atenas. Abandonando a Ática ao inimigo, que a saqueou, mandou seus navios levarem a confusão para as costas do Peloponeso. O mar era seu. Portanto, o abastecimento era seguro. Tratava-se de esperar que o fronte inimigo se desintegrasse.

Talvez isso viesse a ocorrer. Mas o ajuntamento de Atenas provocou uma epidemia de tifo que dizimou soldados e população. Como sempre acontece em tais casos, os atenienses, em lugar de procurar o micróbio, procuraram o responsável. Naturalmente, havia de ser Péricles. Já enfraquecido no processo de Aspásia, a guerra lhe multiplicara os inimigos à direita e à esquerda. Da esquerda, o mais encarniçado era Cléon, curtidor de peles, grosseiro, demagogo e corajoso, acusou Péricles de peculato. E como Péricles não pudesse, realmente, dar conta dos "fundos secretos" que usara para tentar corromper os estadistas espartanos, foi deposto e multado exatamente quando a epidemia lhe roubava a irmã e os dois filhos legítimos. B verdade que, arrependidos, logo depois os atenienses o repuseram no poder e, abrindo exceção à lei que ele mesmo impusera, deram cidadania ao filho que tivera de Aspásia. Mas o homem já estava moralmente acabado. Poucos meses depois também o físico chegava ao fim. Triste epílogo de uma carreira gloriosa. Quem o substituiu foi Cléon, sua antítese humana. Aristóteles diz que Cléon subia à tribuna em mangas de camisa e falava aos atenienses numa linguagem malcriada, grosseira e pitoresca. Mas foi bom general. Derrotou os espartanos em Esfacteria, repeliu-lhes as propostas de paz, subjugou com inaudita violência as revoltas dos confederados e, por fim, morreu lutando como um leão contra o herói espartano Brásidas.

A guerra, que já campeava furiosa havia dez anos, semeara a ruína por toda a Grécia. E não se chegava a nenhuma solução. Ameaçada por uma revolta de escravos, Esparta propôs a paz. Atenas aderiu, seguindo, afinal, o parecer dos aristocratas conservadores. Um deles, Níeias, assinou em 421 o tratado que levou o seu nome. O tratado previa uma. paz de cinquenta anos e a colaboração entre os dois Estados caso houvesse revolta de escravos em algum deles.

Para manter as injustiças sociais, os grandes adversários encontraram a concórdia.

Capítulo 37

 Alcibíades

Talvez aquela paz, mesmo que não durasse cinquenta anos como queriam as partes contraentes, tivesse durado um pouco mais de seis, se não viesse com o nome de Nícias. Este era descendente de uma dinastia de alta linhagem. E, como todos os colegas do partido conservador, desaprovara, vivamente, a guerra contra Esparta, cidade em que todos os reacionários da Grécia viam um modelo a ser imitado. Era um dos poucos aristocratas ricos. Parece até que seu patrimônio, junto com o de Cália, era o mais forte de Atenas. Avaliavam-no em uns cento e cinquenta milhões de cruzeiros. Aplicara-os quase inteiramente em escravos que emprestava, em turmas, aos exploradores de minas. Este comércio nos parece odioso, mas na época era considerado moralíssimo e não impedia que Nícias passasse por homem piedoso, devotíssimo dos deuses, pelos quais diariamente fazia alguma coisa. Ora dedicava uma estátua a Atena, ora dava parte de seu patrimônio a Dionísio financiando, como *corego,* os mais suntuosos espetáculos em sua honra. Para qualquer mínima ação consultava a respectivo nome e agradecia a resposta com caros *ex votos.* Nunca saíra de casa com o pé esquerdo. Colocava inscrições mágicas nos muros de sua casa para a proteger contra incêndios. Nunca iniciara nada nos dias nefastos (terça e sexta-feira). Para cortar os cabelos, esperava a lua cheia. Quando o voo das aves indicava azar, pronunciava a fórmula de esconjuração e repetia-a vinte e sete vezes. Organizava e pagava de seu bolso as procissões para a colheita. Se ouvia o coaxar de um sapo, abandonava o senado. Tapava os ouvidos a todas as palavras de som funesto. Dedicava cerimônia especial a todos os mortos da família. Como era antiga, deveriam ser muitos. A cada bocado que engolia, invocava um deles pelo nome. Tantos bocados, quantos os mortos! E quantas fossem as mortas, tantos eram os goles. Chegava a comer tendo diante de si uma tabuleta com os nomes de todos os seus antepassados, para não se esquecer nenhum. E toda a vez que honrasse o nome de um, riscava-o com giz, arrotava em sinal de respeito e mandava vir mais. Depois disso tudo, emprestava outra turma de escravos e ganhava mais um punhado de milhões. Para combater este homem cheio de dinheiro e a quem a guerra desastrosa, a que sempre se opusera, acabara dando razão, seu adversário Alcibíades, também aristocrata, só tinha um meio: pôr as ideias de Péricles à frente do belicoso partido democrático e procurar desacreditar a obra extensiva, o que hoje chamaríamos de "o espírito de Mônaco", do partido conservador.

    Dinheiro, Alcibíades não tinha. Nem mesmo se poderia gloriar da proteção dos deuses, aos quais não mostrava respeito algum. Em compensação, possuía entusiasmo, beleza, espírito, coragem e insolência. Filho de uma prima de Péricles, crescera em casa dele. Este, vendo a exuberância e a genialidade do rapaz, tentara disciplinar-lhe os dotes e dirigi-los para o bem. Em vão. Egocêntrico e extrovertido, desde que tivesse êxito e fizesse carreira, Alcibíades não olhava os meios. Mais por ambição do que por patriotismo é que se batera como herói contra os espartanos, primeiro em Potidéia e depois em Délio. Há quem diga que as proezas a ele atribuídas foram executadas por Sócrates, que o amava com um amor cuja natureza é melhor não indagarmos.

Alcibíades fazia parte do grupo de jovens intelectuais que o Mestre exercitava na arte do raciocínio. Mas de vez em quando se afastava para seguir prostitutas e moços de má fama. Sócrates, nessas ocasiões, desesperava-se e procurava-o como a um escravo fugitivo. Alcibíades voltava, chorava de arrependimento, talvez fingindo, nos braços do velho sábio que lhe perdoava. Não tardava a fazer outra das suas. Um dia encontrou Hipônaco, um dos mais ricos e poderosos chefes conservadores e deu-lhe uns tapas, por aposta. No dia seguinte, foi à casa do ofendido, despiu-se e atirou-se a seus pés para que o surrasse em castigo. O pobre homem, em lugar de umas boas vergastadas, lhe deu a filha Hipárete em casamento. Era o melhor partido de Atenas, com vinte talentos de dote. Gastou-os Alcibíades logo num palácio e numa cavalariça. Seus cavalos venceram o primeiro, o segundo e o quarto prêmios no *derby* de Olímpia.

Atenas estava louca por ele. Adotou, como na Inglaterra, o vêzo de gaguejar, porque ele gaguejava um pouco. Introduziu a moda de certo sapato porque foi ele quem a lançou. Sempre necessitado de dinheiro para seu louco luxo, recebia-o até das heteras mais famosas. E para mostrar que nenhuma mulher lhe resistia, mandou gravar em seu escudo um Eros com um raio na mão. Entre outras coisas quis uma flotilha de trirremes para si. De uma delas fez sua *garçonnière flottante,* com um grupo de músicos. Um dia Hipárete fugiu de casa e citou-o em tribunal para divórcio. Ele compareceu e, diante dos juízes, raptou-a. A pobre mulher aceitou a condição de esposa traída. Suportou em silêncio as humilhações que lhe impunha. Pouco depois, morreu de pesar.

Ora, este extraordinário e turbulento personagem, violador de leis e mulheres, sedutor de corações femininos e de massas eleitorais, era partidário da guerra, porque esta representava um caminho para sua ambição. Detestava a paz até porque ela trazia o nome de Nícias. Nem quando eleito arconte, a Constituição lhe permitia denunciar o tratado. Mas ele, respeitando-o aparentemente, fomentou às ocultas uma coligação contra Esparta. Sem dela participar, Atenas armou a coligação. Foi duramente batida em Mantinéia, no ano de 418. Pouco depois, mandou uma frota contra Melo, que se revoltara. Condenou à morte todos os homens adultos e deportou como escravas as mulheres e as crianças, entregando os bens deles a quinhentos colonos atenienses. O partido democrático e as classes industriais e comerciais, que o sustentavam e financiavam, ergueram a cabeça e fizeram-no um dos dez generais comandantes das forças armadas. Plutarco diz que Tímon, velho misantropo que odiava os homens e se alegrava com suas calamidades, ao ouvir tal notícia esfregou as mãos de contentamento.

Com toda a sua tortuosa diplomacia, Alcibíades começou a convencer os atenienses de que o único meio de reaver o antigo prestígio e reconstruir o império era conquistar a Sicília. Havia um bom pretexto. A cidade jônica de Leontino mandara Górgias como embaixador em Atenas, a fim de solicitar auxílio contra a dórica Siracusa, que a queria anexar. Nícias pediu que a Assembleia recusasse a proposta. Alcibíades aceitou-a. Certo de que seria nomeado chefe da expedição, fez aprovar a proposta. Mas o acaso intrometeu-se no assunto. Uma noite, enquanto faziam os preparativos, as estátuas do deus Hermes foram impiamente mutiladas. Ordenou-se inquérito para apurar as responsabilidades do sacrilégio. As suspeitas caíram sobre Alcibíades, que talvez nada tivesse que ver e fosse vítima da tramoia dos conservadores para evitar a guerra. Pediu um processo. Mas enquanto o processo se instaurava, o comando da expedição passou às mãos de Nícias, que não o queria. Nícias já fora general na campanha de Corinto. Vencera a sua batalha, mas lembrando-se, ao voltar para Atenas, de que deixara dois soldados insepultos, retornara e, humildemente, pedira aos vencidos que lhe permitissem enterrar os dois cadáveres. Os atenienses zombavam de tanta esquisitice. Mas, depois da afronta a Hermes, queriam estar seguros de que seu comandante fosse estimado pelos deuses, e por isso o escolheram.

Nícias, como sempre, antes de aceitar, consultou os oráculos. Mandou até dois mensageiros ao Egito para consultar Amon, que lhe respondeu que sim. Suspirando, e com pouca persuasão, o general carola deu o sinal de partida. No último instante se lembrou de que estavam nas nefastas Plintérias, uma espécie de sexta-feira, 13. Mas já era tarde demais para revogar a ordem. A notícia de que os corvos estavam dando bicadas na estátua de Palas — outro sinal de azar — acabou por deixá-lo tão nervoso que, naquele dia, pela primeira vez, saiu de casa com o pé esquerdo. Para atrair novamente as boas graças do céu, mandou que em todas aquelas semanas de navegação seus soldados rezassem e jejuassem. Desembarcaram na costa da Sicília de moral abatido e debilitados. Viram logo que Siracusa era difícil de conquistar. E o céu se irou contra os assediantes, descarregando chuvas torrenciais. Nícias passava o tempo rezando aos deuses, que lhe responderam mandando uma epidemia. Por fim, desanimado, resolveu abandonar o empreendimento e reembarcar o exército. Mas exatamente naquela ocasião veio um eclipse da lua. Os augures interpretaram o fato como ordem celeste para adiar a partida "três vezes nove dias", isto é, vinte sete dias, ao todo.

Compreendendo, por fim, com quem estavam lutando, os siracusanos fizeram uma surtida noturna. Assaltaram a frota ateniense e lhe atearam fogo. O general carola lutou como soldado valente. Foi capturado vivo pelos siracusanos e imediatamente condenado à morte com todos os outros prisioneiros. Salvaram-se apenas — como já dissemos — os que sabiam recitar de cor algum trecho de Eurípides.

Como os bons alemães, os dóricos de Siracusa tinham igual paixão por sangue e por arte e usavam com igual facilidade a força e o "sentimento".

Capítulo 38

A Grande Traição

Perdendo toda a frota, nas costas da Sicília, Atenas perdera quase todo o exército, que significava a metade dos cidadãos homens. E, como um mal nunca vem só, havia mais outro. Alcibíades desertara, para escapar ao processo, e se pusera a serviço de Esparta, onde se refugiara. Alcibíades era uma dessas pessoas que são um perigo para os amigos e um desastre para os adversários.

Tucídides lhe atribui estas palavras quando, fugitivo, se apresentou aos oligarcas de Esparta: "Ninguém sabe melhor do que eu, que nela vivi e dela sou vítima, o que é a democracia ateniense. Não me façam perder palavras sobre um absurdo tão evidente." As palavras certamente agradaram àqueles reacionários, mas não romperam a desconfiança. É verdade que Alcibíades também era da aristocracia, mas chefiara o partido democrático e guerreiro. Para captar a confiança dos homens de Esparta, passou a imitar os costumes estóicos e puritanos. Ele, que até então fora o árbitro de todas as elegâncias e luxos, jogou fora os sapatos. Andava descalço, com rude túnica aos ombros. Nutria-se de cebolas. Até no inverno banhava-se nas águas geladas do Eurotas. O rancor por Atenas era tanto que nenhum sacrifício lhe parecia demasiado para a vingança. Assim conseguiu convencer os espartanos a ocuparem Deceléia, onde os atenienses se abasteciam de prata.

Infelizmente, mesmo sujo e malvestido, continuava moço bonito. B seus modos atraíam irresistivelmente as mulheres, cm especial as espartanas, que não estavam habituadas àquilo. A rainha enamorou-se dele. Quando o rei Agidas voltou do campo, onde fizera as grandes manobras, encontrou um molequinho do qual sabia não ser o autor. Alcibíades declarou, para desculpar-se, que não soubera vencer a tentação de contribuir com seu sangue para a continuidade da dinastia num tronco tão glorioso como o de Esparta. Em todo caso, achou prudente embarcar, como oficial de marinha, numa frota de partida para a Ásia. Ao desembarcar, os amigos lhe aconselharam mudar de ares. A frota era, realmente, seguida por um mensageiro encarregado de eliminar o adúltero. Mal conseguiu evitar a punhalada? Em Sardes encontrou Tissafernes, almirante persa. Só para variar, ofereceu-lhe os serviços contra Esparta. Deixemo-lo, por um momento, no embrulho de seu tríplice jogo e voltemos para Atenas, à beira da catástrofe. A cidade já estava totalmente isolada, até os mais fiéis satélites iam passando para o inimigo. A Eubéia não mandava mais trigo, e não havia frota para obrigá-la. Os espartanos, ocupando Deceléia, tinham-se apoderado das minas de prata e dos escravos que aí trabalhavam, incorporando-os em seu exército. E, por cima de tudo, agora tinham firmado tratados com a Pérsia, para aniquilar o insolente adversário comum, prometendo-lhe o arquipélago jônico. Era a grande traição. Gregos pediam o auxílio de bárbaros para destruir outros gregos.

Internamente, era o caos. O partido conservador acusava o democrático de ter iniciado guerra tão desastrosa. Organizou uma revolta. Tomou o poder e confiou-o a um Conselho dos Quatrocentos. Assassinando alguns chefes da oposição, deixou-a tão intimidada que a Assembleia, apesar de continuar democrática na maioria, votou os "plenos poderes", abdicando dos seus próprios. Após a revolução, veio o golpe de Estado. Alguns entre os próprios conservadores, guiados por Terâmenes, mandaram para casa os Quatrocentos. Substituíram-nos por um Conselho dos Cinco Mil e procuraram formar uma "sagrada união" com os democráticos e organizar um governo de salvação nacional. Poderia ter sido a solução, se não tivesse sobrevindo uma espécie de "revolta de Kronstadt" por parte dos marinheiros dos restos da frota. Declararam eles que naquele porto não entraria mais nenhum carregamento de trigo, se não fosse imediatamente restaurado o governo democrático. Era a fome. Terâmenes enviou mensageiros a Esparta. Atenas estava pronta para lhe abrir as portas ao exército, se viesse para lhe trazer mantimentos e sustentar o regime. Mas os espartanos, como sempre, pediram tempo para refletir. A população esfomeada revoltou-se. Os oligarcas fugiram. Os democratas voltaram ao poder para organizar uma resistência desesperada. Nada nos dá ideia mais exata do desespero a que estavam reduzidos do que a decisão de tornar a chamar Alcibíades para o comando de suas minguadas forças. Não se contentando de haver traído Atenas por Esparta e depois Esparta pela Pérsia, Alcibíades intrigara também com Terâmenes. Em 410 voltou à pátria como se a tivesse servido com fidelidade até aquele momento. Chefiou a frota e, durante três anos, infligiu nutrida série de derrotas aos espartanos. Atenas respirou, comeu e se acalmou, mas se esqueceu de mandar o pagamento aos marinheiros. Com a desenvoltura que o caracterizava, Alcibíades resolveu agir por si. Deixou o comando da esquadra a seu substituto Antíoco, com ordem de não se mover das águas do Nócio em hipótese alguma. Ele, com poucos barcos, partiu para Cária. Ia saqueá-la e reabastecer-se de dinheiro. Mas Antíoco desejava fazer carreira. Achou que era a ocasião propícia e quis mostrar sua capacidade. Arremeteu contra a frota espartana comandada por Lisandro e perdeu a frota e a vida. Alcibíades nada tinha com o caso. Mas, como almirante-chefe, foi julgado responsável por aquele enésimo e definitivo desastre. Fugiu para a Bitínia.

Em Atenas, tomaram-se decisões extremas. Todas as estátuas de ouro e prata, qualquer que fosse a divindade a que estivessem dedicadas, foram fundidas para financiar a construção de nova frota, entregue a dez almirantes, um dos quais filhos de Péricles e Aspásia. Encontraram a esquadra espartana nas ilhas Arginusas (406 antes de Cristo) e a derrotaram. Depois perderam vinte e cinco navios numa tempestade. Os oito comandantes sobreviventes foram processados. Sócrates teve que ser um dos juízes. Pronunciou-se pela absolvição, mas foi derrotado. Os oito almirantes foram executados. Pouco depois, os autores da condenação foram condenados à morte. Mas o mal já estava feito. Foi preciso substituir os almirantes por outros menos valiosos. Tentaram a desforra contra Lisandro em Egospotâmios, perto de Lámpsaco, onde, naquele momento, Alcibíades andava refugiado. Do alto de uma colina viu os navios atenienses. Compreendeu imediatamente que estavam mal alinhados e correu a advertir seus compatriotas. Estes acolheram-no mal e mandaram-no embora, tachando-o de traidor exatamente quando não traía. No dia seguinte, o traidor assistiu, impotente, à catástrofe da última frota ateniense que, no combate, perdeu duzentos, navios, conseguindo salvar apenas oito. Lisandro, que soube da atitude de Alcibíades, mandou um assassino para matá-lo. Alcibíades pediu asilo ao general persa Farnabaso. Mas já se tornara um Quisling que não encontrava mais protetores dispostos a crer nele. Farnabaso deu-lhe um castelo, uma mulher e um corpo de guardas que, na realidade, eram assassinos. Poucas noites depois, mataram-no. Assim, aos quarenta e seis anos de idade, terminaram a vida e a carreira do mais extraordinário, do mais brilhante e do mais vil traidor que a História recorda.

Atenas não lhe sobreviveu muito tempo. Lisandro bloqueou-a com sua frota e em três meses a fez morrer de fome. Para poupar os sobreviventes, impôs as seguintes condições: derrubar os muros, repor no poder os conservadores fugitivos e auxiliar Esparta em qualquer eventual guerra futura. Era o ano de 404 antes de Cristo. Os oligarcas voltaram, "na ponta das baionetas inimigas", como diríamos hoje, trazidos por Terâmenes e Crítias que instituíram um Conselho dos Trinta para governar a cidade. Foi uma opressão doida. Além dos mortos, houve cinco mil democratas mandados para o exílio. Revogaram-se todas as liberdades. Proibiram Sócrates de ensinar. Ele se negou a obedecer e foi preso, apesar de Crítias ser seu amigo e ex-aluno.

Mas as reações duram pouco. No ano seguinte, os refugiados já tinham formado um exército comandado por Trasíbulo e marcharam para a reconquista de Atenas. Crítias chamou a população às armas. Não foi atendido. Apenas um punhado de homens já comprometidos com seu regime se uniu a ele numa resistência sem esperanças. Foi derrotado e morto em rápida batalha. Trasíbulo, entrando novamente com os seus em Atenas, estabeleceu um governo democrático que logo se distinguiu por seu escrúpulo legal e pela brandura das depurações. Houve condenações ao exílio, mas não houve condenações à morte. Só foram atingidos os maiores responsáveis. Todos os outros tiveram anistia.

Esparta, que se empenhara em sustentar o regime oligarca, contentou-se em exigir do governo democrático os cem talentos que pedira em reparação de guerra. Obteve-os logo e não insistiu em outras pretensões.

Capítulo 39

A Condenação de Sócrates

À regra de sábia tolerância para com os adversários, a democracia restaurada só abriu uma exceção. Exceção às custas de um homem que, sem dúvida, era o maior dos atenienses vivos e não era adversário: Sócrates. A condenação de Sócrates continua sendo um dos maiores mistérios da antiguidade. O Mestre septuagenário negara obediência aos Trinta e denunciara o mau governo de Crítias. Isentava-se, portanto, de qualquer acusação de "colaboracionismo", como diríamos, e não era suscetível de "expurgos". De fato, seus adversários não o incriminaram no plano político, mas no plano moral e religioso. A acusação levantada contra ele, em 399, era de "impiedade pública em relação aos deuses e corrupção da juventude". O corpo de jurados compunha-se de mil e quinhentos cidadãos. No que hoje chamaríamos de bancada da imprensa estavam, entre outros, Platão e Xenofonte, cujas narrativas são os únicos testemunhos aceitáveis do processo.

Foi o "caso Dreyfus" da época. Como sempre acontece em tais casos, os motivos passionais logo se sobrepuseram a qualquer critério de justiça. Exatamente por isso é que tal processo nos diz mais do que qualquer livro sobre a psicologia dos atenienses.

Dos três cidadãos que levantaram a acusação, Anito, Meleto e Lícon, o primeiro tinha motivos pessoais de rancor contra Sócrates. Quando tivera de ir para o exílio, o filho não quis acompanhá-lo, para ficar em Atenas com o Mestre, de quem era adepto afeiçoado. Dera-se à vida boêmia e acabara bebendo um pouco demais.

Anito era pessoa distinta, democrata autêntico que sofrerá o exílio por suas ideias. Depois combatera valorosamente sob Trasíbulo, poupando a vida e os bens dos oligarcas que lhe caíram nas mãos. Mas, como pai, era lógico que alimentasse algum ressentimento. O que surpreende é que esse ressentimento fosse compartilhado por grande parte dos concidadãos, como os fatos demonstraram. Os motivos imediatos da impopularidade de Sócrates eram evidentes, mas de pouca importância, criticavam-no por ter tido como discípulos Alcibíades e Crítias, odiadíssimos no momento. Mas tanto um como outro muito depressa se tinham desligado do Mestre, exatamente por serem refratários a seus ensinamentos. E entre os alunos de Sócrates sempre houvera toda espécie de pessoas. Seus ambíguos costumes sexuais nunca tinham feito escândalo na Atenas daquele tempo.

Eram outras e mais profundas as razões pelas quais, sem darem por isso, o detestavam. Mostrara-as claramente a comédia de Aristófanes, que não constituiu nenhum texto de acusação, como nota Platão, mas indica os motivos pelos quais era malvisto. Sócrates era, por natureza, aristocrático, não no sentido comum e vulgar de pertencer a uma classe e de participar de seus preconceitos, mas no sentido intelectual, que é o único importante. Era pobre, vestia como um mendigo e ninguém podia apontar-lhe a mínima deslealdade contra o Estado democrático. Pelo contrário, tora excelente soldado em Anfípolis, Délio, Potidéia. Mostrara-se juiz escrupuloso no processo dos almirantes de Arginusa. Rebelara-se contra Crítias, ainda que seu amigo. Praticara o respeito às leis da cidade, antes de o recomendar no *Críton.*

Como filósofo, porém, exigira que estas leis estivessem de acordo com a justiça e levara seus seguidores a conseguir, racionalmente, que isto acontecesse. Para ele, o cidadão exemplar era o que obedecia às ordens da autoridade, mas, antes de a receber e depois de a cumprir, examinava se a ordem era boa e se a autoridade a formulara bem. Não se gloriava de saber, mas reivindicava o direito de indagar. Por isso fundara todo o seu método em perguntas. *Ti esti?* perguntava. "Que é isto?" Procurava os conceitos gerais e tentava alcançá-los por meio de induções. "Duas coisas devemos reconhecer nele — diz Aristóteles — os raciocínios indutivos e as definições" seu objetivo era claro: preparar uma classe política iluminada que governasse de acordo com a justiça, depois de ter aprendido exatamente o que é a justiça. Tinha na mente uma *Noocracia,* o que significava "governo de sábios", uma espécie de ditadura da competência que excluísse, naturalmente, a ignorância e a superstição.

A plebe não sabia nada disso, porque não estava capacitada a seguir a dialética socrátiea. Mas tinha intuição e, instintivamente, odiava Sócrates e seu modo de pensar, que a excluía. Aristófanes, com sua rude maneira inculta de ver as coisas, fora apenas o intérprete deste protesto plebeu que pretendia opor a Sócrates o bom-senso vulgar, com a inveja que todos os homens medíocres nutrem contra os de intelecto superior. Não se deve pensar que Atenas fosse composta só de filósofos iluminados. Como na Florença de mil e quinhentos e na Paris de mil e setecentos, o povo culto era apenas restrita minoria em meio à massa de baixo nível.

Ora, desta massa é que vinha a maioria dos jurados e a do público que sobre eles espalhava suas próprias paixões. Contudo, dificilmente se teria chegado à condenação se Sócrates não tivesse contribuído com sua parte. Não que recusasse defender-se; defendeu-se, e com eloquência, ainda que não precisasse de muito para rebater as acusações. Disse que sempre respeitara, formalmente, os deuses. Era verdade. Ninguém pôde objetar que não acreditava neles porque, naquele tempo, não se pensava no problema. Quanto à corrupção dos jovens, lançou um desafio a que lhe provassem se não era verdade que sempre os exortara à temperança, à piedade e à parcimônia. Mas logo depois se meteu na mais orgulhosa e inoportuna apologia de si mesmo, dizendo que os deuses lhe haviam confiado a missão de revelar a verdade.

Todos empalideceram. Não só porque tais palavras pareciam um desafio ao tribunal, mas também porque soavam como algo absolutamente novo na boca de um homem que sempre se mostrara modesto e cheio de autocrítica. Os jurados tentaram fazê-lo parar no perigoso caminho. Não lhes deu ouvido e continuou avante, chegando por fim a pedir não só a absolvição da acusação, como também sua proclamação como benfeitor público.

De acordo com o proceder ateniense, os veredictos eram dois. No primeiro se afirmava ou se negava a culpabilidade. No segundo se estabelecia a pena. O acusador fazia uma proposta, o acusado outra. O tribunal escolhia uma das duas, sem se poder decidir por uma terceira. Por isso, quando o acusador pedia a condenação à morte, o acusado pedia, por exemplo, dois anos de prisão para dar oportunidade aos juízes; não ia pedir uma medalha de honra. No caso de Sócrates, Mileto propôs a morte. Sócrates respondeu pedindo ser hospedado no Pritaneu, grande palácio daquela época. Assim, com uma altivez que além de tudo lhe deve ter custado grande esforço, pois não estava em seus hábitos, indispôs público, juízes e jurados. Setecentos e oito votaram a favor e setecentos e vinte contra a pena de morte. Sócrates ainda podia propor uma alternativa. Primeiro negou-se, mas depois cedeu às instâncias de Platão e de outros amigos. Declarou-se disposto a pagar uma multa de trinta minas, que os amigos dariam em seu lugar. Os jurados tornaram a se reunir. Havia boas esperanças de evitar a catástrofe. Era grande a ansiedade de todos, menos de Sócrates. Na contagem dos votos verificou-se que os condenatórios tinham aumentado mais oitenta.

Sócrates foi posto no cárcere, onde os amigos podiam visitá-lo. A Críton, que lhe dizia "Morres sem o merecer", Sócrates respondeu: "Mas, se não o fizesse, eu o mereceria." E a Fédon. o favorito do momento, disse: "Tenho pena dos teus cachos de cabelo. Amanhã terás que cortá-los em sinal de luto." Não se comoveu nem mesmo quando veio Xantipa chorando, com o caçula nos braços. Mas pediu a um dos amigos que a acompanhasse para casa. Chegado o momento, tomou o veneno com mão firme. Deitou-se na enxêrga, cobriu-se com um lençol e, debaixo dele, esperou a morte que começou pelos pés, subindo lentamente pelo corpo. Ao seu redor, os discípulos choravam. Enquanto possuía um resto de fôlego, ele os consolou: "Por que se desesperam? Não sabiam que, desde o dia em que nasci, a natureza me condenou à morte? É melhor morrer a tempo, com o corpo sadio, para evitar a decadência..."

Talvez esteja nestas palavras a explicação do mistério. Sócrates sentira que o sacrifício da vida assegurava o triunfo de sua missão. Corajoso como era, não lhe pareceu grande sacrifício. Tendo já setenta anos, não renunciava grande coisa. Em compensação, garantia valiosa hipoteca para o futuro. Todos se haviam enganado a seu respeito, pensando em sua falta de vaidade. Sob a aparente modéstia, ardiam orgulho e ambição imensos. Havia, sobretudo, inabalável fé na certeza do que ensinara. Aquela espontânea aceitação da morte teve o valor de uma profecia.

Os frutos não tardaram a amadurecer. Mal o cadáver descera ao túmulo, Atenas se revoltava contra os que haviam provocado sua condenação. Ninguém mais quis dar um tição para os três acusadores acenderem o fogo. Meleto foi lapidado, Anito exilado. Destino que propomos à meditação de todos quantos se apoiam nos mais baixos instintos do povo para fazer injustiças contra os melhores.

Capítulo 40

Epaminondas

Nesta Grécia diminuída, desordenada, ensanguentada, havia três cidades mais ou menos nas mesmas condições. Se entrassem em entendimento e colaboração, talvez ainda estivessem em tempo de salvar a pátria e a si mesmas. Eram Atenas, Tebas e Esparta. Esparta já se convencera de que merecia o primado, mas as outras duas não queriam reconhecê-lo.

Não estavam completamente erradas, pois os espartanos, onde o exerceram, provaram que não o mereciam. Os satélites de Atenas ainda não tinham acabado de desabafar seu entusiasmo pela libertação da vassalagem e já consideravam os "libertadores" bem piores do que os antigos donos. O "libertador" instalou em cada um dos Estados um governador próprio, à frente de uma guarda espartana, cuja principal missão era cobrar pesado tributo em favor de Esparta. Nenhum autogoverno se formava sem sua permissão. E a permissão só era concedida aos reacionários.

Atenas nunca chegara a tal ponto. Talvez ninguém tivesse lamentado a maior liberdade anterior, se fosse possível respeitar a ordem instaurada por Esparta. Que efeitos deletérios podem causar, às vezes, uma disciplina exagerada! Os governadores, vindos para administrar as colônias (pois eram colônias e não outra coisa), tinham sido educados na pátria, pelo severo código de Licurgo, "no desprezo da comodidade e do agradável". Frio, fome, renúncias, marchas forçadas e penitências tinham sido os fundamentos de sua pedagogia. Enquanto permaneciam na pátria, sob o controle de seus semelhantes, numa sociedade que não permitia desvios, conservavam-se fiéis. Mal, porém, eram investidos de um poder absoluto, fora de sua cidade e em contato com povos que não desprezavam a comodidade e o agradável, descontrolavam-se imediatamente. O mesmo aconteceu na Itália, entre 1940 e 1945, primeiro a muitos alemães e depois aos americanos e ingleses. Chegaram com carranca moralista e autoritária, típica da raça, mas logo se aclimataram. Nada mais corruptível do que os incorruptos. Pouco treinados pela tentação, quando cedem não conhecem limites. Esta foi a sorte dos espartanos no estrangeiro: ladrões, prevaricadores e dissolutos. E quem saiu prejudicado com isso não foi só o prestígio de Esparta. Sofreu a própria saúde da sociedade que, repentinamente, foi atacada pela febre do ouro e das comodidades, febre até então reprimida. As riquezas, diz Aristóteles, concentraram-se unicamente na classe patronal, que as guerras haviam reduzido a um número muito diminuto. Mas continuava prepotente e prevaricadora sobre a massa dos periecos e dos ilotas, relegados à mais negra miséria. Foi sobre tão perigosa situação interna que se acrescentou nova guerra externa.

A Pérsia atravessava uma quadra difícil. Em 401 Ciro se rebelou contra seu irmão mais velho, Artaxerxes II. Trazia em seu exército um corpo de doze mil mercenários espartanos, sob o comando do ateniense Xenofonte, ex-aluno de Sócrates. Ciro foi derrotado e morto em Cunassa. Os gregos, para não terem a mesma sorte, iniciaram a famosa *anábase* que depois, na pena de seu comandante, se tornou uma belíssima história. Continuamente perseguidos por patrulhas inimigas e insidiados por uma população hostil, voltaram atravessando uma das mais inóspitas regiões do mundo. Foram desde as margens do Tigre e do Eufrates até às costas do Mar Negro, semeado de cidades gregas. Aí, os oito mil e seiscentos sobreviventes foram fraternalmente acolhidos.

O episódio encheu de orgulho toda a Grécia e convenceu Agesilau, rei de Esparta, de que a Pérsia era um grande império, mas de barro (e não andou errado). "Quem vos faz acreditar — perguntou a quem lhe aconselhava prudência — que o grande Artaxerxes é mais forte do que eu?" E sem nenhuma provocação partiu para a guerra com um pequeno exército. Ora, notemos bem: o pequeno exército compunha-se de espartanos que já não eram os de antigamente. Mesmo assim, avançou como em terra sua, desfazendo, um por um, os exércitos que Artaxerxes lhe opunha. Este fato nos fará compreender muitos outros. Por fim, o grande rei percebeu que não poderia contar com suas tropas, que não valiam nada. Enviou mensageiros secretos, com saquinhos de ouro, a Atenas e Tebas para que se sublevassem na retaguarda de Agesilau.

As duas cidades só esperavam a ocasião. Formaram um exército e mandaram-no para Coronéia. Enquanto isso, a frota ateniense se unia à dos persas. Em Coronéia, Agesilau, voltando furiosamente sobre seus passos, varreu o inimigo em sangrenta batalha campal. Mas em Cnido, o almirante ateniense

Cônon destruiu a frota espartana (394 antes de Cristo). Desde aquele momento, Esparta desapareceu, definitivamente, como potência marítima.

Poderia ser a ressurreição da ateniense. Mas Agesilau imitou Artaxerxes, mandando mensageiros secretos para lhe oferecer todas as cidades gregas da Ásia em troca da neutralidade. E o persa, que estava para perder o reinado, viu-o ainda mais acrescido. Em 387 impôs a paz de Sardes, também chamada a "paz do rei". Era a destruição de todos os frutos de Maratona. Chipre e toda a Ásia grega passaram a ser persas. Antes ficou com Lemno, Imbro e Ciro. Esparta continuou sendo a maior potência terrestre, mas perante toda a Grécia aparecia como o estigma de traição por ter feito — vejam bem — contra Atenas e Tebas o que estas lhe haviam feito.

Esparta, como sempre, não soube tratar com os estrangeiros. Era incapaz de diplomacia. Em lugar de esquecer e perdoar a traição, não perdeu oportunidade de recordá-la perante todos. Comportou-se como a guarda de Artaxerxes, impondo governos oligárquicos na própria Beócia, feudo de Tebas.

Nisso, o jovem patriota Pelópidas tramou uma conjuração junto com seis companheiros. Estes, um belo dia, assassinaram os ministros favoráveis a Esparta, reorganizaram a Confederação da Beócia e aclamaram Pelópidas beotarca, isto é, presidente. Pelópidas proclamou a guerra santa contra Esparta. Decretou mobilização geral e confiou o comando do exército a um dos mais extraordinários e complexos personagens da antiguidade: Epaminondas.

Epaminondas era um invertido, como Pelópidas. O vínculo que os unia era o amor, não a amizade. Mas homossexualidade, na Grécia daquele tempo, não era sinônimo de efeminação e deboche. Dizia-se que ninguém era mais sisudo e quieto do que o menino Epaminondas, filho de família aristocrática e severa. Era o clássico "reprimido", cheio de complexos. Desde menino impusera-se vida ascética, controlada por férrea vontade e perturbada por crises religiosas. Se tivesse nascido quatro séculos mais tarde, Epaminondas provavelmente seria um mártir cristão. Não gostava de guerra, pelo contrário, fazia-lhe "objeções de consciência". Quando lhe ofereceram o comando, respondeu: "Pensem bem. Se fizerem de mim o seu general, eu farei de vocês os meus soldados e, como tais, terão uma vida muito dura." Mas Tebas estava em delírio patriótico. Todos se sujeitaram, de boa vontade, à tremenda disciplina instaurada por Epaminondas.

Com a meticulosidade que lhe era própria, o general, ainda bem jovem, estudou acuradamente a estratégia e a tática espartanas, que consistiam sempre no ataque de frente, para romper, no centro, as linhas inimigas. Dispunha de apenas seis mil homens contra dez mil espartanos, que o rei Cleombroto trazia da Beócia, em marcha forçada. Epaminondas alinhou seu pequeno exército na planície de Leuctros. Ao contrário do inimigo, desguarneceu o centro e reforçou as alas, especialmente a direita, onde o elemento de choque era formado por um Grupo Sagrado de trezentos jovens, homossexuais como ele, em duplas. Um por um, juraram ficar até à morte ao lado daquele que era seu "companheiro" não só nos campos de batalha.

Tão singular distribuição, com seu acirramento, teve importância decisiva na batalha. Os espartanos, acostumados a atacar no centro, não estavam preparados para rebater um ataque de flanco. Suas alas desorganizaram-se. Toda a Grécia ficou pasmada ao ouvir que o exército, até então invicto, fora derrotado por um inimigo que não gozava de crédito algum e cujos efetivos eram pouco mais da metade dos espartanos.

O sucesso embriagou quem havia pouco tinha "objeções de consciência". Epaminondas convenceu-se de que, com Pelópidas, poderia dar a Tebas o primado a que Esparta e Atenas deviam renunciar. Entrou no Peloponeso, libertou Messene, fundou Megalopolis, para que os arcádios, nunca submetidos a Esparta, fizessem dela sua fortificação. Atirou-se até à Licaônie, bem no coração do inimigo. Tal fato jamais ocorrera e bem demonstrava a que ponto haviam descido os famosos guerreiros de Esparta.

Mais uma vez ódios e ciúmes impediram a unificação da Grécia. Atenas saudara com alegria a vitória tebana em Leuctros, vendo nela o fim da preponderância espartana. Agora via com maus olhos o crescimento de Tebas. Chegou a coligar-se com o velho inimigo mortal, unindo o seu exército ao dele, para barrar os passos de Epaminondas. Deu-se a batalha em Mantinéia, em 362 antes de Cristo. Epaminondas venceu mais uma vez. Mas, na luta, foi morto por Grilo, filho de Xenofonte. Com ele, morreram também os sonhos da hegemonia de Tebas.

Nenhuma das três grandes cidades gregas tinha força para impor sua primazia, mas todas tinham forças para impedir a primazia alheia. Como a Europa depois da segunda guerra mundial, a Grécia, depois de Leuctros e Mantinéia, tornou-se mais dividida, mais egoísta, mais desmiolada e mais fraca do que antes.

Capítulo 41

A Decadência da "Polis"

Após a morte de Epaminondas e o ocaso da efêmera supremacia de Tebas, Atenas sonhou poder retomar a antiga posição de mando. Reconstruíra os antigos muros. Bem ou mal, continuara sendo a única potência marítima da Grécia. Os antigos satélites, depois de experimentarem na própria pele o estofo dos chamados "libertadores", tinham muito menos prevenções contra o primeiro dono. As longas guerras em que se viram envolvidos ensinaram-lhes que não podiam defender-se sozinhos.

O maior triunfo que Atenas soubera conservar nas mãos era a dracma, mantida quase inalterada em meio a tantas vicissitudes. Os governos atenienses, tanto os da esquerda como os da direita, haviam lançado tudo, sem poupar nada, na fornalha da guerra. Frotas inteiras tinham ido a pique. A população reduzira-se à metade. A Ática toda, isto é, todos os recursos agrícolas estavam arruinados e destroçados pelas invasões e pelos saques. Mas se obstinaram sempre na defesa da dracma, negando-se a desvalorizá-la com a inflação. Ela ainda valia um alqueire de trigo. Sua porcentagem de prata ficara invariável. O de Atenas era ainda o único sistema bancário racionalmente organizado. Todo o comércio internacional do Mediterrâneo baseava-se em sua moeda.

Logo que puderam respirar, os atenienses não pensaram em refazer as propriedades abandonadas pelos colonos que fugiram dos invasores e se refugiaram na cidade. Aliás, os próprios colonos já não queriam voltar. A vida urbana é sempre irresistível. Os campos foram, portanto, divididos entre poucas famílias ricas, quase todas industriais e comerciantes. Entregaram os latifúndios a seus escravos, comprados em grande quantidade pelo governo, mediante proposta de Xenofonte. Parece ter comprado dez mil. Emprestou-os aos proprietários de terras e administradores de minas de prata e assim equilibrou o deficit do balanço.

Desta forma a reabertura dos mercados continentais e mediterrâneos encontrou Atenas bem preparada para atender os pedidos de manufaturas, reprimidos pela guerra. E como a indústria não estava preparada para enfrentar as novas necessidades, quem se desenvolveu foram especialmente o comércio e os bancos. Estes abriram grandes créditos a pessoas de iniciativa para que encetassem qualquer atividade em qualquer parte e distribuíssem as mercadorias existentes. Desta forma, muitos particulares se tornaram donos de verdadeiras frotas. Muitos banqueiros, como Pásion, se fizeram armadores. Sua organização tornou-se tão eficiente que um recibo, assinado por eles, era considerado prova irrefutável nos tribunais.

Além do bem-estar econômico, Atenas parecia ter reconquistado a sensatez, isto é, a vontade firme de não recair nos erros que, depois de Péricles, lhe haviam custado o Império. Criando nova Confederação, empenhara-se solenemente em não anexar nem conquistar nada fora da Ática. Talvez o propósito fosse feito de boa-fé. Mas as tentações foram mais fortes do que os bons propósitos. Sob vários pretextos, a ilha de Samos e as cidades macedônias de Pidna, Potidéia e Méton tiveram que ser "colônias" de Atenas, submetidas pouco a pouco. Os aliados protestaram. Alguns retiraram-se daquela espécie de N.A.T.O. É curioso ver como nem mesmo a experiência serve de nada. Por querer submeter os satélites à força, Atenas perdera o primeiro império. Agora recorria aos mesmos métodos para escorar o segundo. Quando Quio, Cós, Rodes e Bizâncio se separaram, declarando uma rebelião "social", Atenas mandou contra elas uma esquadra comandada por Timóteo e Ifícrates. Os dois, por não se empenharem em batalha durante uma tempestade, foram depostos e processados. A segunda Confederação chegou ao ano de 355, em meio a revoltas e repressões. Até os mais ferrenhos "stalinistas" de Atenas viram claramente que ela trazia mais males do que vantagens. Dissolver a Confederação foi a única decisão que os confederados tomaram de comum e espontâneo acordo. Depois disso Atenas se encontrou ainda mais só, num mundo ainda mais fracionado e centrífugo.

Como sempre acontece em tais crises, quando uma comunidade perde o sentido de sua missão e o controle de seu destino, desencadeiam-se os egoísmos individuais e de grupo. O vocabulário de Atenas enriqueceu-se com três palavras: *pleonexia,* que significa mania do supérfluo; *chrematistike* — febre de ouro; e *neoplutoi,* que corresponde aos nossos "tubarões". Platão dizia que havia duas Atenas, a dos pobres e a dos ricos, em luta uma contra a outra. E Isócrates acrescentava: "Os ricos tornaram-se tão antissociais que prefeririam lançar seus bens ao mar e reparti-los com os pobres. Estes, por sua vez, têm mais ódio à riqueza alheia do que compaixão pela miséria pessoal." Aristóteles afirma a existência de um clube aristocrático, cujos membros se comprometiam, sob juramento, a agir contra a coletividade. A medida do colapso econômico e moral é dada pela forma fiscal que repartiu os contribuintes em cem *simmorias.* Cada uma delas era chefiada por dois capitalistas, tidos como os mais ricos. Estes dois deviam contribuir por todo o grupo, mas podiam cobrar livremente, dos outros. Era a legalização da desordem e dos abusos. As sonegações e a corrupção eram regra corrente. Como se um instinto indefinido os avisasse da iminente catástrofe, todos procuravam gozar a vida e nada mais. Segundo Teopompo, já não havia mais uma família estável e o desregramento não se limitava às classes altas. Ao reconquistar o poder, logo após o intervalo conservador, a pequena burguesia e o proletariado não deram à cidade nem governos nem exemplos melhores. A população, contando-se a do interior, não passava de vinte mil cidadãos. "E para encontrar um de boa espécie", dizia Isócrates, "é preciso procurá-lo no cemitério."

    O que provocara, tão de repente, a catástrofe do povo que, até a geração precedente, fora o de maior vitalidade do mundo? Os historiadores costumam responder que foram as discórdias internas da Grécia com as consequentes guerras entre Atenas, Tebas e Esparta e todo o séquito de satélites. Sob o ponto de vista puramente mecânico, é verdade. Mas não se pode deixar de ponderar que tais guerras internas, desde que a Grécia foi Grécia, existiram sempre e sempre sob ameaça do mesmo perigo externo — a Pérsia. Contudo, sempre se digladiando, a

Grécia se salvava e não deixava de crescer. A própria Atenas caíra nas mãos do inimigo, ao tempo de Xerxes. Entretanto, depois de poucos meses, sua frota perseguia a persa até às costas da Ásia Menor. Agora, a menos de um século de distância, a Pérsia ocupava apenas algumas ilhas e não dava sinal algum de ser mais forte do que então. Mas a Grécia não reagia. Sentia-se perdida. Esperava a salvação de um rei macedônio, considerado estrangeiro. Devia haver em seu mecanismo alguma coisa que não funcionava mais e não permitia consertos.

Este algo é complexo, mas resume-se na palavra que, na mesma época, se formou e começou a circular: *Cosmópolis*. Todo o sistema político, econômico e espiritual da Grécia era baseado na *polis*, a cidade-estado, que pressupunha uma população limitada, participando diretamente da administração pública. A *polis* não conhecia o regime de democracia chamado "sistema representativo", pelo qual a massa dos cidadãos delega a uma pequena minoria o encargo de promulgar leis e controlar sua execução por parte do governo. Na *polis* todos, cada um por sua vez, eram soberanos e súditos. Todos os cidadãos eram, por assim dizer, deputados de si mesmos. Todos iam ao parlamento defender pessoalmente seus interesses. A cada um, mais cedo ou mais tarde, conforme o sorteio, competia presidir a uma *pritania*, que correspondia, mais ou menos, a uma seção de nosso Conselho de Estado, para ver as falhas da administração pública.

Tudo isso fazia dos gregos um povo de "diletantes", no sentido mais nobre da palavra, no sentido de que ninguém se podia limitar à própria atividade. Fala claro a acusação de Demóstenes àquele que "se descuidava da cidade". Na *polis*, o agnosticismo político, como diríamos hoje, era considerado, se não um crime, ao menos uma imoralidade. A conseqüência era uma total ausência de "técnicos" ou "peritos". A *polis* impedia sua formação. Obrigava todos a se ocuparem de tudo. Isso não permitia a ninguém se especializar em nada. O historiador alemão Treitschke escreveu, certa vez, que a diferença entre alemães e italianos é esta: os primeiros "são doutores, engenheiros etc., os segundos "fazem" doutores, engenheiros etc. Ora, neste sentido, os gregos iam muito além dos italianos. Levavam o diletantismo até às mais extremas consequências. Na *polis,* pelo menos até Xenofonte, não existiam especialistas em guerra. Os recrutas não eram instruídos em quartéis, mas em *nomadelfias,* onde se lhes ensinava mais administração pública do que combate ao inimigo. O próprio estado-maior não era de "carreira". Os generais e almirantes eram "improvisados". Recebiam o cargo de acordo com a posição política exercida no momento. A *autarchia* da *polis* não era apenas um fato econômico. Era espiritual e humano, compelindo o próprio indivíduo a uma espécie de autossuficiência. Cada qual era seu próprio comandante, seu próprio súdito, legislador, soldado, médico, sacerdote e filósofo. Essa integridade humana é o encanto e o valor da civilização grega, como será do Renascimento italiano. Homero chamava de *areté* esta característica de seus compatriotas e considerava-a sua maior virtude. Mas o homem ocidental, de quem os gregos foram os primeiros e talvez os maiores expoentes, traz consigo um impulso que não lhe permite estacionar em conquista alguma. É o impulso do progresso que o anima a querer saber e fazer sempre mais e melhor. Um exemplo explicará tudo. Na primeira batalha naval contra os persas, a de Lade, as lentas e preguiçosas trirremes atenienses seguiram a tática mais simplista — atirar-se sobre as naus inimigas e prendê-las com o esporão. Era lógico. A equipagem consistia em pessoas que antes talvez nunca tivessem ido ao mar. Os oficiais eram homens que até então haviam sido advogados ou farmacêuticos. Entendiam de administração pública porque dela participavam, mas não eram especialistas em guerra ou navegação.

Na batalha de Artemisia as coisas já estavam mudadas. Nesta, os navios atenienses fingiram atirar-se sobre os inimigos para os arpoar. No último momento, desviavam para só os roçar, arrancando todos os remos das mãos dos remadores adversários que ficavam à sua mercê. A nova manobra exigia grande habilidade e perfeita experiência por parte dos oficiais e da tripulação. Era evidente que, sob o estímulo do perigo, Atenas já formara "profissionais" que dedicavam a vida exclusivamente ao mar e já se diferenciavam bastante do cidadão da *polis,* diletante em todos os assuntos, sem especialização alguma.

Coisa semelhante acontecera com o exército após a guerra do Peloponeso, que dele exigira uma prova muito dura. Quando tomou o comando contra os espartanos, Ifícrates não era general de carreira, porém magistrado que só se ocupara com política. Mas queria fazer as coisas bem-feitas e estudou a tática da infantaria. Notou que o equipamento da infantaria ateniense era muito pesado para a guerra de montanha. Transformou sua divisão em "tropas ligeiras", com as quais infligiu duro golpe a um inimigo bem mais armado.

Xenofonte é o fruto maduro desta evolução. O ex-aluno de Sócrates, sob a orientação do Mestre, ia se tornando um *aretê,* isto é, preparava-se para ser um daqueles homens completos, dos quais Atenas estava cheia, capazes de discorrer sobre tudo — história, filosofia, medicina, economia — mas sem uma profissão bem definida. Pouco a pouco transformou-se, porém, num típico soldado profissional, à frente de "mercenários", também soldados profissionais. Isto influiu sobre toda a mentalidade e todo o modo de vida dos gregos, como demonstram os fatos ocorridos com o próprio Xenofonte. Encontramo-lo, em sua velhice, retirado no campo, em Chilunte, perto de Olímpia. Parece que os atenienses o haviam exilado por colaboracionismo com os Trinta do governo reacionário. Até aqui, nada de estranho. Mas é um tanto estranho que o general tivesse escolhido o lugar do desterro numa província espartana, em casa do mais implacável inimigo de sua pátria. E além de manter relações cordiais de amizade com Agesilau, rei de Esparta, retribuía a hospitalidade, dando-lhe conselhos de lógica, estratégia e organização militar. Não suspeitava de que isso significasse coisa parecida com traição. O fato é que Xenofonte, como muitos outros concidadãos, já não sentia mais a *polis* e os compromissos de lealdade com ela relacionados. Hoje os cientistas atômicos consideram-se exonerados de certas imposições de servidão patriótica e ligados só a um compromisso profissional que lhes permite trocar de nacionalidade e chefe. Da mesma forma, Xenofonte já não raciocina como cidadão, mas como profissional, ligado unicamente à profissão. É um profissional. Serve a quem melhor lhe permite o desenvolvimento da profissão. Nada mais. Poder-se-ia dizer: também Alcibíades fez o mesmo, pondo-se a serviço de Esparta e depois da Pérsia. É verdade. Mas foi condenado como traidor. E traidor ele mesmo se sentia. Considerava-se traidor e como tal morreu. Xenofonte nem pensou em traição. Ninguém o acusou. Na sociedade ateniense já ficara estabelecido que um homem de ofício ia aonde o ofício o chamasse. Sua obrigação era a competência. O dever do cidadão fora suplantado pelo do "técnico".

Ora, estes "técnicos" já não queriam saber de uma *polis* de limites estreitos e de possibilidades reduzidas. Foram eles que formaram a palavra *cosmópolis,* criando a exigência de um mundo não mais limitado por muros e cortado por autarquias nacionais. Assim como hoje muitos destroem em si o mito da pátria para o substituir pelo de Europa, muitos gregos da época começaram a pensar em termos de Grécia e não mais de Atenas, Tebas ou Esparta, como até aí.

Seria coisa excelente se a Grécia se tivesse constituído. Mas não se constituiu. Ficaram apenas os efeitos negativos da decadência da *polis*, especialmente o desinteresse do cidadão pelo Estado e o desregramento dos egoísmos. No teatro, o fato foi evidente. A comédia política de Aristófanes, testemunho do interesse de todos pela atividade pública, foi substituída por outra de sabor indefinido, com mesquinhos problemas de vida doméstica e cenas "neo-realistas" (como são antigos os vícios do mundo!), trapaças no mercado, explorações, mulheres infiéis. A comédia já não estava em ressonância com o público dos civilizadíssimos "diletantes", que eram ministros na paz e generais ou almirantes na guerra, oradores na praça, industriais na oficina, poetas e filósofos nos salões, como no tempo de Péricles. A comédia endereçava-se a "profissionais" de menor ou maior valor. Cada um deles executava seu ofício. Fora disso, não sabia mais nada e se desprezava as grandes questões de interesse coletivo.

Por outra parte, era a própria organização social que impunha tal atitude. Platão e Aristóteles tiveram seus bons motivos para dizer que uma *polis* só é bem governada quando os cidadãos são tão poucos que todos se conhecem entre si. Isto já não sucedia nas *polcis* gregas. Além do número de habitantes, o progresso técnico impunha uma divisão bem mais complexa, bem mais especializada do trabalho. Um advogado, para conhecer todas as leis promulgadas pelos diferentes governos, devia pensar nelas o dia inteiro, em detrimento de todos os outros interesses. Os médicos, desde Hipócrates, deviam estudar mais anatomia do que filosofia. O progresso, enfim, eliminava o nobre diletantismo, a mais sedutora característica dos gregos de Péricles. E o diletantismo levava consigo a *polis* para a sepultura.

Eis o que não funcionava mais na Grécia, saída das guerras do Peloponeso. Não eram as carnificinas sofridas nos campos de batalha, as invasões, os saques, as frotas naufragadas, a economia destruída, que a punham à mercê de qualquer invasor.

Era o desmoronamento do pilar sobre o qual construíra sua civilização. A cidade-estado já não se ajustava às novas necessidades da sociedade.

Capítulo 42

Dionísio de Siracusa

A incapacidade de superar os limites e os esquemas da cidade-estado, isto é, de formar uma verdadeira e própria nação, deve ter sido, por assim dizer, consubstanciai à raça helênica. Foi esta mesma causa que constituiu a base do desmoronamento de Siracusa, a mais importante colônia grega. Em certa época, parecia mesmo destinada a tomar, no mundo, o lugar da mãe-pátria.

Como dissemos, já antes do nascimento de Roma os gregos haviam desembarcado nas costas italianas, fundando várias cidades: Brindes, Taranto, Síbaris, Cróton, Regio, Nápoles, Cápua. Destes trampolins, talvez pudessem ter helenizado toda a península, em nome de sua cultura superior. Mas com a cultura levaram a mania de se dividirem e brigar. Cróton destruiu Síbaris. Taranto destruiu Cróton. Em suma, nunca se conseguiu estabelecer colaboração entre estas *poleis,* nem mesmo quando ameaçadas pelos romanos, inimigo comum que acabou embrulhando-as a todas.

As colônias mais importantes eram as da Sicilia, onde os gregos iniciaram o desembarque, no século VIII, atraídos pelas imensas riquezas da ilha. Hoje custa crer, mas na antiguidade a Sicilia era tão grande paraíso de florestas, trigo e frutas, que se chamava a "terra de Deméter", deusa da fartura. Era habitada por pequenos grupos de sicanos, vindos da Espanha, e de sículos vindos da Itália. Depois, na costa ocidental, se estabeleceram os fenícios, fundadores de Palermo. Mas eram colônias pequenas e discordes. Não opuseram resistência alguma aos recém-vindos gregos que, com muita vitalidade, se espalharam não só ao longo da costa oriental como também pela meridional, onde fundaram Agrigento.

Em breve floresceu uma porção de cidades, bem à maneira grega. Entre estas cidades salientaram-se Leontino, Messina, Catânia, Gela e sobretudo Siracusa. Esta foi fundada pelos coríntios, que obrigaram os sículos a se retirarem para o interior, onde se dedicaram à criação de animais. Construíram um porto. Em torno dele surgiu uma metrópole que, no início do século quinto, alcançava meio milhão de habitantes. O grande realizador dessa empresa foi o tirano Gélon, levado ao poder depois de uma revolução democrática que abatera o antigo regime aristocrático e conservador. Como estão vendo, a história é monótona. Em Gélon, a inteligência era inversamente proporcional aos escrúpulos e o sucesso diretamente proporcional aos crimes com que o conseguiu. Forçoso é reconhecer ser bem provável que todas as colônias gregas seriam subjugadas por Cartago, que mandara poderosa frota sob o comando de um dos muitos Amílcares, se Gélon, por meio da violência e traição, não tivesse unificado o comando. No mesmo ano — e alguns dizem no mesmo dia — em que Temístocles alinhava os navios contra os de Xerxes em Salamina, Gélon dispunha os soldados contra os de Amílcar, em Hímero, derrotando-o em memorável supremacia cartaginesa na Sicilia ocidental e deixou a parte oriental sob zona de influência grega.

Durante todo o quarto século antes de Cristo, Siracusa continuou a se desenvolver, ainda que em meio a turbulências de política interna, num contínuo alternar de breves clarões democráticos e longos períodos totalitários. Dionísio foi o tirano mais desapiedado e mais iluminado. De sua entrincheirada fortaleza de Ortígia dominou a cidade com métodos stalinianos e critérios vagamente socialistas. Na distribuição de terras, por exemplo, não fazia distinção entre cidadãos e escravos. Distribuía-as imparcialmente a uns e outros. E quando os cofres do Estado — que naturalmente se confundiam com sua pessoa — estavam vazios, anunciava que Deméter lhe aparecera em sonhos, pedindo a. todas as mulheres de Siracusa depositassem suas joias no templo. Elas, naturalmente, se apressavam em levá-las. Mesmo que tivessem a tentação de desobedecer à ordem divina, havia a polícia de Dionísio para dissuadi-las. Depois pedia "emprestadas" as joias de Deméter.

Era um homem curioso, enamorado da técnica e da poesia. Para expulsar os cartagineses da ilha, mandou requisitar todos os mecânicos das cidades gregas. Os que se recusassem, mandava raptá-los. A invenção da catapulta deixou-o exultante. Julgou que, com tal arma nas mãos, ninguém mais poderia resistir-lhe. Por isso, mandou um embaixador a Cartago, exigindo o abandono da Sicilia. Seguiram-se quase trinta anos de guerras e massacres completamente inúteis, pois as coisas afinal permaneceram como estavam antes: os gregos, donos da

Sicilia oriental, e os cartagineses, donos do ocidental. Dionísio atirou-se então a programa mais modesto: unificar, sob seu comando, todos os gregos da ilha e da península. Conseguiu-o, mas à força de violência. Como Atenas para com seus satélites, também Siracusa se mostrou incapaz de fusão com os súditos. As relações com eles eram baseadas exclusivamente na força. Quando tratou com Dionísio se declarou pronto a respeitar-lhe a liberdade contra o pagamento de grande soma. Tendo conseguido o dinheiro, vendeu todos os regianos como escravos.

Este déspota possuía, contudo, aspectos humanamente simpáticos. Quando o filósofo pitagórico Fíncias, por ele condenado à morte, lhe pediu um dia de licença para ir a casa fora da cidade, tratar de vários assuntos, Dionísio consentiu. A condição era que deixasse como refém seu amigo Dámon. Vendo que este se apresentava confiante e que Fíncias voltou em tempo, não o mandou matar. Pediu, humildemente, que o admitissem à amizade que tanto o comovera. Outra ocasião, condenou o poeta Filóxeno, que lhe criticara os versos aos trabalhos forçados de mina. Depois se arrependeu. Chamou-o de volta e ofereceu um grande banquete em sua honra. No final, leu alguns versos e pediu a opinião de Filóxeno. Filóxeno levantou-se e, acenando para os jurados, disse: "Levem-me de volta para a mina." Foi a paixão da poesia, cultivada com assiduidade, que indiretamente custou a vida a Dionísio. Em 367, uma tragédia sua obteve o primeiro prêmio em Atenas. O tirano, que com sua onipotência já arrancara tantas satisfações, ficou felicíssimo com o modesto triunfo literário. Festejou-o com um banquete pantagruélico, ao fim do qual um ataque apoplético o fulminou.

Sucedeu-lhe o filho de vinte e cinco anos, Dionísio II. Igual ao pai na falta de escrúpulos, era bem mais pobre de talento. Teve, porém, dois excelentes conselheiros no tio Dione e no historiador Filístio. O primeiro convenceu-o a chamar Platão, de quem era grande admirador. Tinha certeza de que o jovem soberano se disporia, prazerosamente, a lhe realizar os ideais políticos. Dionísio

Ficou impressionado com o filósofo, que o fez estudar matemática e geografia como introdução ao verdadeiro saber. O moço andava cheio de boas intenções e Platão teve a ilusão de fazer dele seu instrumento. Mas o rapaz bebia às escondidas e, à noite, mandava vir ao palácio a mais desregrada juventude de Siracusa.

Filístio esperou que Dionísio se cansasse de teoremas e de ângulos isosceles. Depois lhe sussurrou ao ouvido que Platão não passava de um emissário de Atenas. Não podendo conquistar Siracusa com o exército de Nícias, procurava ganhá-la com as figuras de Euclides e a cumplicidade de Díon. Dionísio gostou de acreditar e expulsou o tio. Platão protestou. Mas não obteve a revogação do decreto. Deixou a cidade para reunir-se ao pobre exilado, em Atenas. Poucos anos depois, o tio voltou à pátria, à frente de outros oitocentos foragidos. Destronou Dionísio, que fugiu. Os siracusanos exultaram. E, para impedir que um tirano fosse substituído por outro, tiraram o comando de Díon que, sem amarguras, se retirou para Leontino. Dionísio voltou à carga. Bateu as forças populares de Siracusa que, no desespero, chamou novamente Díon. Este voltou. Venceu de novo e anunciou uma ditadura temporária até pôr o Estado em ordem. Como prêmio, recebeu uma punhalada em nome da "liberdade". Dionísio tornou a ser dono da cidade. Os siracusanos apelaram à mãe-pátria, Corinto, para que os viesse libertar. Em Corinto, naquela época, vivia o aristocrático Timoleão. Matara o irmão para impedir que se tornasse ditador. Amaldiçoado por todos e pela própria mãe, Timoleão armou um grupo de homens à frente dos quais desembarcou na Sicília. Com um prodígio de estratégia, derrotou o exército de Dionísio. Dizem que não perdeu nem um homem. Isto nos faz suspeitar de que o prodígio de estratégia consistiu em ter o inimigo fugido ou passado para o seu lado. O próprio tirano foi capturado.

Em lugar de matá-lo, Timoleão deu-lhe o que tinha no bolso. Fê-lo viajar até Corinto, onde Dionísio passou o resto de seus dias. Depois Timoleão se retirou para a vida particular. Só reaparecia entre os siracusanos quando o chamavam para lhe pedir conselhos.

Ao morrer, pobre e sem cargos, em 337, Siracusa comemorou-o como o maior e o mais nobre de seus cidadãos. Graças a ele encontrara, pelo menos por uns tempos, a almejada liberdade. Mas em compensação perdia rapidamente a força que lhe consentira resistir vitoriosa à pressão cartaginesa.

Capítulo 43

Filipe e Demóstenes

Provavelmente a maior parte dos gregos ignorava até a existência da Macedonia, sua província mais setentrional, quando Filipe, em 358 antes de Cristo, subiu ao trono, segundo a modalidade habitual na região e na corte: uma série de assassínios em família. As cidades-estados do sul tinham pouquíssimas relações com os longínquos parentes do norte, que falavam língua igual ou bem parecida, mas não tinham dado nenhum poeta, nenhum filósofo, nenhum legislador. Nem os macedônios, por sua parte, haviam jamais sentido necessidade de se imiscuir nos assuntos e litígios de Atenas, Tebas e Esparta.

Eram esparsas tribos de pastores. Viviam em regime patriarcal, reunidos em torno de seu próprio senhor. Sua evolução política não seguira, de forma alguma, a da Grécia. Permanecera medieval. Havia um rei, mas seu poder era limitado pelo de oitocentos vassalos, cada um dos quais se sentia dono absoluto e não admitia interferência em sua circunscrição. Só raramente e de má vontade iam a Pela, a capital, que continuara sendo um aglomerado de cabanas em torno da única praça, o mercado. O rei, quando queria tomar alguma decisão importante, devia consultá-los e nem sempre lhes conseguia a aprovação.

Mas o novo soberano não era, como seus predecessores, "feito em casa". Quando menino, mandaram-no estudar em Tebas, onde se reunira aos parentes e amigos de Epaminondas. Não progredira muito nas lições de filosofia e oratória, mas seguira com atenção as explicações de estratégia, que o grande comandante dava ao exército. Apesar das grandes lacunas de sua cultura, quando voltou a Pela foi considerado sábio por aqueles pastores de ovelhas. De fato, sabia o que eles, crescidos nas montanhas e sem pontos de referência, ignoravam — que a Macedonia era uma região semibárbara que precisava romper o isolamento em relação ao resto da Grécia. E a melhor maneira de o fazer era conquistá-la. Isso só se podia conseguir depois de unificar o comando da Macedonia, destruindo ou emaranhando as forças feudais e centrífugas dos pequenos senhores locais.

Conseguiu-o, parte pela força e parte pela astúcia, que possuía à larga. Era um homem corpulento, briguento, prepotente, guerreiro audaz, caçador incansável, sempre pronto a se enamorar, indiferentemente, por urna bela mulher ou por um bonito rapaz. Havia um fundo de esperteza em todos os seus gestos, mesmo os mais espontâneos. Era naturalmente simpático. Sabia-o, e aproveitava-se disso. O próprio Demóstenes, seu irredutível adversário, exclamou depois de o conhecer: "Que homem! Pelo poder e pelo sucesso, perdeu um olho, tem um ombro partido, um pé e um braço paralisados. E ainda não há quem o possa pôr de joelhos!"

Só depois que subiu ao trono é que "os companheiros do rei", como eram chamados os oitocentos senhores macedônios, começaram a vir a Pela para lhe afirmar a igualdade em relação ao rei. Filipe atraía-os com festas, dados, mulheres e torneios. Muitas vezes jogava e duelava com eles até altas horas da noite. Mas sua finalidade não era diverti-los e divertir-se. Entre uma caçada e uma bebedeira ardia a trama do comando unido da nova organização militar, copiado de Epaminondas. Contagiava aqueles indóceis barões com seus sonhos de glória e conquista. A quem lhe resistisse, vencia corrompendo e, às vezes, matando. Eram "acidentes" na caça ou em torneios. Depois se comovia sobre o cadáver e lhe tributava exéquias reais. Este homem de maneiras rudes e abertas sabia mentir como o mais descarado hipócrita. Sua diplomacia via longe e não conhecia escrúpulos. Em poucos meses levantou o mais formidável instrumento de guerra da antiguidade, antes da legião romana. Era a falange, rígida muralha de dezesseis fileiras de infantaria protegida, nos flancos, por destemidos esquadrões de cavalaria. A falange era só de dez mil homens. Mas, ao contrário dos outros gregos, eram soldados rudes e afeitos, pela própria vida de pastores, à disciplina e ao sacrifício.

Podendo perfeitamente escolher o tempo, Filipe esperou que Atenas se enterrasse na "guerra social" que pôs termo ao segundo império, para, com um golpe à mão armada, se apoderar de Anfípolis, Pidna, Potidéia, distritos de mineração e chave do comércio ateniense com a Ásia. Foi assim que respondeu aos protestos de Atenas: "Com uma arte e literatura como as que tendes, por que dar importância a tais ninharias?" Pouco depois, outras duas "ninharias" caíram em suas mãos: Méton e Olinto, o que significava todo o ouro da Trácia e o controle do alto Egeu.

Suas intenções eram evidentes. Teriam sido, se houvesse nos gregos coragem para as reconhecer. Mais uma vez, em lugar de se unirem contra a ameaça comum, preferiram combater-se, uns aos outros. Por questões de dinheiro, atenienses e espartanos tinham-se unido contra a liga da Beócia e da Tessália. Esta, batida, recorreu a Filipe e foi prontamente atendida. Em Delfos, Filipe foi aclamado protetor do templo patrono da liga e, graciosamente, aceitou a presidência honorária das Olimpíadas seguintes, o que já quase significava candidatura à soberania da Grécia inteira.

Finalmente, Atenas acordou. Mas foi preciso a oratória de Demóstenes para despertá-la do letargo. Para quem ama a liberdade, é doloroso reconhecer que a Grécia tenha encontrado em tal homem seu último defensor. Mas os tempos não apresentavam coisa melhor. Demóstenes era filho de um armeiro bem arrumado. Ao morrer, deixara-lhe o pai uns doze a treze milhões de cruzeiros, entregues aos cuidados de três administradores. Administraram-nos tão bem que quando Demóstenes, aos vinte anos, quis resgatá-los, não encontrou sequer uma migalha. E desta lição tirou um exemplo e uma moral. O que estava destinado a ser o maior ou, pelo menos, o mais famoso orador, não nasceu orador. Era gago. Para se curar, dizem que se acostumou a falar com pedrinhas na boca e declamar correndo morro acima. Nunca se tornou improvisador. Muitas vezes se fechava numa caverna, barbeando só a metade do rosto, para vencer a tentação de sair. Ficava preparando por escrito suas peças oratórias. Gastava nelas até meses. Ensaiava e tornava a ensaiar diante do espelho, estudando todos os efeitos, até os mímicos. Para os conseguir, não poupava contorções, gritos, caretas. O ouvinte comum divertia-se como no teatro. Estamos com Plutarco, que definiu tal método como "baixo, humilhante e indigno de um homem". Para este julgamento, chamamos a atenção de muitos pequenos Demóstenes, contemporâneos nossos. Iniciara-se Demóstenes escrevendo "pareceres" para outros, muitas vezes a favor de ambos os litigantes da mesma causa. Mas depois se tornou advogado do banqueiro Fórmion. Não precisando mais de dinheiro, dedicou-se unicamente a processos célebres, em defesa de clientes de alta classe, entre os quais a Liberdade.

Amava-a realmente ou viu nela simples pretexto para criar fama e fazer carreira política? Nunca respondeu ao adversário Hipérides, que o acusou de defender a liberdade de Atenas contra Filipe para vendê-la aos persas, que lhe pagavam bem. Se não é verdade, parece, pois a moralidade do homem apresentava várias lacunas. "Nada quer com Demóstenes", dizia seu secretário, "se de noite encontra uma mulher, um belo rapaz, no dia seguinte o cliente o esperará em vão no tribunal." Mas era tão ator que seus apelos à resistência tinham apaixonado tom de verdade. Contra ele estavam os que chamaríamos de "deixa disso", a turma da paz chefiada por Fócion e Esquino. Fócion era homem distinto, de costumes estóicos. Bateu o recorde de Péricles, elegendo-se *strategos* quarenta e cinco vezes seguidas. Quando na Assembleia lhe interrompiam algum discurso com aplausos, perguntava surpreendido: "Disse alguma bobagem?" Nem mesmo Demóstenes jamais pôde insinuar que ele desejasse compromisso com Filipe por algum interesse pessoal. Disse que o queria por estupidez e vileza. Entretanto, tudo nos leva a crer que Fócion percebia perfeitamente os planos de Filipe, mas compreendia também que a Grécia nunca se uniria para combatê-lo. E Atenas sozinha não daria conta. Talvez até esperasse que a unificação não ocorresse "contra", mas "sob" Filipe. Não podendo atacá-lo pessoalmente, Demóstenes atacava Esquino, o maior colaborador de Fócion e seu inimigo pessoal. O pretexto era fútil. Anos antes, certo Ctesifônio propusera, na Assembleia, dar uma coroa a Demóstenes pelos serviços prestados à cidade. Esquino o incriminara de "ultraje à constituição". Agora a causa que se chamou "Da coroa" estava sendo julgada no tribunal e Demóstenes era o advogado de Ctesifônio. O processo não foi menos sensacional do que o de Aspásia. Demóstenes desenvolveu nele o que de melhor e de pior havia em seu repertório: gritos, "trêmulos", choro, caretas, sarcasmo, melancolia. Apesar de não ter razão, venceu. Esquino, condenado a exorbitante multa, fugiu para Rodes. Dizem que Demóstenes, por todo o resto da vida, continuou a mandar-lhe dinheiro.

Aquela vitória judiciária foi também uma vitória política. Mostrou que o partido da guerra tomara a supremacia. Pela primeira vez na sua história, movida pela palavra patriótica de Demóstenes, Atenas empregou, na organização de um exército, os fundos reservados para as festas, considerados intocáveis. Em 338 seu exército se juntou ao de Tebas em Queronéia. Filipe derrotou-os com facilidade. Teria a Grécia encontrado finalmente um chefe e unificador na pessoa do rei da mais bárbara e rude de suas regiões?

Capítulo 44

 Alexandre

Filipe foi magnânimo na vitória. Repôs em liberdade os dois mil prisioneiros capturados, mandou para Atenas, como mensageiros de paz, seu filho Alexandre, de dezoito anos, que se cobrira de glória como general de cavalaria em Queronéia, e Autípatro, o mais notável de seus auxiliares. O *diktat* era extremamente generoso. Filipe exigia somente que lhe reconhecessem o comando de todas as forças militares gregas contra os persas, inimigo comum. Os atenienses, que esperavam coisa pior, aclamaram nele um novo Agamemnon. E na conferência de Corinto todos os Estados que mandaram representantes, menos Esparta, concordaram em se reunir numa confederação baseada na da Beócia. Obrigavam-se a lhe ceder seus contingentes militares e a renunciar a revoluções. Foram afinal impelidos pela necessidade de concórdia e unidade? Talvez alguns o percebessem. Mas a maioria só esperava que o novo chefe embarcasse o mais depressa possível para a aventura persa e não mais voltasse. Filipe já estava nos preparativos quando, entre ele e os persas, se interpuseram adversários inesperados: sua mulher Olímpia e o filho.

Olímpia era princesa da tribo guerreira dos Molossos de Épiro. Ao contrário das numerosas mulheres que tivera antes, esta não aceitava parceiras. Filipe, de início, fizera uma experiência de monogamia, sem resultados duradouros. Seus apetites eram vivos demais para se satisfazerem com uma só mulher, ainda que bela e ardente como Olímpia. Ela, depois de lhe haver dado Alexandre, procurara consolações nos mais desenfreados ritos dionisíacos. Uma noite Filipe encontrou-a dormindo, na cama, ao lado de uma serpente. Ela disse que, na serpente, se encarnava o deus Zeus-Amon, o verdadeiro pai de Alexandre. Filipe não protestou. O intrépido soldado, que não tinha medo de ninguém, apavorava-se diante da mulher. Mas em compensação procurou outra que lhe poupasse a desleal concorrência dos deuses. Quando esta outra ficou grávida, Átalo, um dos generais macedônios, propôs num banquete brinde ao futuro herdeiro "legítimo" (E insistiu nesta palavra.) Alexandre, furioso, jogou uma taça contra o indiscreto, gritando: "E eu o que sou? Um bastardo?" Filipe, com a espada em punho, lançou-se contra o filho, mas, bêbado como estava, tropeçou e caiu. "Vejam só, zombou Alexandre, não se aguenta em pé e quer alcançar o coração da Ásia."

Poucos meses depois outro general, Pausânias, pedia reparação de um insulto recebido de Átalo. Como Filipe não lhe desse atenção, o general vibrou-lhe uma punhalada, matando-o. Nunca se soube se foi instigado por Alexandre, por Olímpia ou por todos os dois. Não se encontrou o testamento. Alexandre foi aclamado sucessor pelo exército, que o idolatrava. Tinha apenas vinte anos.

Amara-o Filipe na infância com amor cheio de orgulho e dera-lhe os três melhores mestres do tempo: o príncipe molosso Leônidas para os músculos, Lisímaco para a literatura e Aristóteles para a filosofia. O aluno não os decepcionou. Era belo, atleta, cheio de entusiasmo e candura. Decorou a *Ilíada*. Trazia sempre consigo um exemplar como livro de cabeceira. Escolheu Aquiles como seu herói preferido e dizia que Olímpia era descendente dele. Certa vez escreveu a Aristóteles: "Meu ideal, mais do que aumentar meus poderes, é aperfeiçoar minha cultura." Dava também muita satisfação a Leonidas com sua mestria de cavaleiro, esgrimista e caçador. Convidaram-no a correr nas Olimpíadas. Respondeu com orgulho: "Eu o faria se os outros concorrentes fossem reis." Mas quando soube que ninguém conseguia domar o cavalo Bucéfalo, acorreu. Montou e não se deixou derrubar. "Meu filho, gritara Filipe extasiado, a Macedonia é muito pequena para ti." Outra ocasião encontrou um leão. Enfrentou-o, armado só de punhal. "Parecia que do resultado deste duelo — refere uma testemunha — dependia a decisão de quem seria o rei." Donde tirasse tanta energia, não se sabe. Era sóbrio e abstêmio. Costumava dizer que uma boa caminhada lhe abria o apetite para o almoço, e um almoço sóbrio lhe dava apetite para o jantar. É por isso, diz Plutarco, que tinha o hálito e a pele tão perfumados.

Talvez aquela incrível força vital derivasse, pelo menos em parte, dos instintos sexuais reprimidos. Sentimental e emotivo, chorava por motivo de uma canção. Tocou harpa até que o pai o ridicularizou por esta fraqueza, e depois disso só queria ouvir marchas militares. Mas em questões de amor, Alexandre era um puritano. Casou várias vezes, por meras razões de Estado. Teve períodos de homossexualidade. Suas poucas ações foram sempre escondidas, com complexo de culpa. Ficava furioso sempre que pessoas da corte lhe traziam para casa ou para a tenda rapazes ou prostitutas. Para os amigos e os soldados

reservava os imensos tesouros de sua ternura. Plutarco diz que por nonada era capaz de escrever enorme carta a um amigo distante.

Era cheio de superstições. Por isto, sua corte, que era a barraca, fervilhava de astrólogos e adivinhos. Baseado em suas respostas, organizava ou desfazia os planos de batalha. Foi, realmente, um grande general? Não consta que tenha introduzido modificações nos critérios de Filipe, o verdadeiro inventor da nova arte militar. Não sabia geografia. Jamais quis consultar um mapa topográfico. Fazia os reconhecimentos sozinho, na esperança de encontrar um inimigo ou uma fera com que medir forças. Mais do que um grande general, à maneira de Aníbal ou de César, era excelente comandante de divisão. Tornava irresistíveis as vitórias preparadas pelo estado-maior que Filipe lhe deixara de herança. Sua coragem não precisa da excitação da batalha. Doente, certa feita, mostrou ao médico que lhe dava purgante uma carta anônima, acusando-o de estar a serviço dos persas para o envenenar. E, sem esperar que a desmentisse, tomou o remédio. Um dia, quando menino, lamentara-se ante os companheiros: "Meu pai quer fazer tudo sozinho. Não nos deixará mais nada de importante para fazer." Era a sua ambição. Mas Filipe morreu sem ter realizado nada do que tencionava. Evidenciou-o a imediata separação de todos os mais importantes Estados gregos da Confederação de Corinto. Em Atenas, Demóstenes proclamou festas em ação de graças e propôs, na Assembleia, se decretasse prêmio ao assassino Pausânias. Até na Macedonia se formaram grupos para matar o novo rei.

Alexandre não perdeu para o pai em energia. Num abrir e fechar de olhos descobriu e executou os conjurados. Marchou sobre os Estados gregos, que não esperaram sua chegada para mandar representantes a Corinto, a fim de aclamá-lo general e refazer a Confederação. Alexandre voltou sobre seus passos. Transpôs a Romania, dominando-lhe a rebelião. Penetrou na

Sérvia, desfez o exército ilírico, que se preparava para atacá-lo e voltou para a Grécia onde, com o boato de sua morte, todos haviam desertado. A guarnição macedônica de Tebas fora massacrada. Em Atenas, Demóstenes reorganizara seu partido com dinheiro persa. Alternavam-se imparcialmente em Alexandre a crueldade e a generosidade. Tebas experimentou a primeira: em represália, foram arrasadas todas as casas, menos a de Píndaro. Atenas conheceu a segunda: Alexandre tinha um fraco por ela e anistiou a todos, mesmo os que hoje chamaríamos de "criminosos de guerra", a começar por Demóstenes. Nutria complexo de inferioridade para com esta cidade. Herança de seus estudos filosóficos e literários. Certa feita, apontando para seus concidadãos, perguntou a dois atenienses que o visitavam em Pela: "Vocês que vêm de lá, não têm a impressão de estar entre selvagens?" Mais tarde, guerreando na Asia, mandava os tesouros de arte que lhe caíam nas mãos para que ornassem a Acrópole de Atenas.

Naturalmente, pela terceira vez, e sempre com a mesma sinceridade, os Estados gregos reconstituíram a Confederação, na esperança de que Alexandre, afinal, partisse para o Oriente. Nesta intenção, deram-lhe de boa vontade os vinte mil homens pedidos para reforçar os seus dez mil de infantaria e cinco mil cavaleiros. Era, portanto, com trinta e cinco mil homens que se preparava para enfrentar Dario com um milhão. Não levou todos consigo. Deixou a têrça parte na Grécia, sob o comando de Antípatro. Compreendera até que ponto se podia confiar em sua fidelidade. Em 334 antes de Cristo, portanto dois anos após subir ao trono, partiu para aquela espécie de cruzada.

Será verdade que tencionava reunir a Ásia e a Europa num só reino e refundi-lo na civilização grega? Alexandre é um dos personagens que mais incentivou a fantasia dos biógrafos e romancistas, que acabaram atribuindo-lhe suas próprias ideias e intenções. Gostaria de alertar os leitores sobre tais opiniões. Alexandre não sabia o que era a Ásia por uma razão muito simples: naquele tempo, ninguém o sabia. Se a conhecesse, não acredito que tencionasse conquistá-la e subjugá-la com vinte mil homens. No momento, ainda não era tão louco que concebesse tal intento. Acho que se devem compreender seus verdadeiros motivos pela cerimônia com que coroou a primeira etapa. Enquanto seus homens embarcavam para Abido, no Helesponto, desembarcava no cabo Sigeu, onde a *Ilíada* dizia que Aquiles estava enterrado. Alexandre cobriu de flores o que se julgava ser a tumba do herói e correu nu em torno dela, gritando: "Feliz Aquiles, que foste amado por amigo tão fiel e celebrado por tão grande poeta!"

Aí está. O que atraiu Alexandre contra a Ásia não foi um plano estratégico nem político. Foi um sonho de glória, que perseguiu durante onze anos, sem descanso.

Capítulo 45

"Foi Verdadeira Glória?"

As vitórias de Alexandre foram brilhantes e provocaram a incondicional admiração dos contemporâneos e da posteridade. Não sabemos, entretanto, se devemos atribuí-las a sua valentia ou à absoluta inconsistência dos persas que, aliás, nunca tinham vencido uma batalha contra os gregos, nem mesmo quando eram trezentos contra um.

Seu primeiro contingente foi desfeito no rio Granico, onde Alexandre foi salvo da morte por seu ajudante Clito. Todas as cidades da Jônia foram libertadas. Damasco e Sídon entregaram-se. Tiro quis resistir e foi literalmente destruída. Jerusalém abriu as portas docilmente. Atravessando o deserto do Sinai, o conquistador penetrou no Egito. Sua primeira ação foi prestar homenagem, no oásis de Siva, ao templo do deus Am on que, segundo Olímpia, era seu pai. Os sacerdotes acreditaram imediatamente e o coroaram faraó. Para lhes recompensar tanta complacência, Alexandre ordenou a construção de uma nova cidade, Alexandria, no' delta. Ele mesmo traçou o plano, deixando a execução a cargo de seu arquiteto Dinócrates. E retomou a marcha sobre a Ásia.

O encontro com o grosso do exército de Dario ocorreu perto de Arbela. Ao ver a multidão de seiscentos mil persas, Alexandre teve um momento de hesitação. Seus soldados gritaram: "Avante, general! Nenhum inimigo pode resistir ao cheiro de bode que temos." Não sabemos se foi a catinga que espantou aquele exército composto e poliglota. Em todo caso, a derrota existiu, caótica e irremediável. Dario foi morto pela covardia de seus generais. Babilônia, a capital, entregou-se sem resistência. Alexandre aí encontrou um tesouro de cinquenta mil talentos, algo parecido com cinquenta bilhões de cruzeiros. Repartiu-os, equitativamente, entre os soldados, sua própria caixa e a de Platéia, para a recompensar da corajosa resistência aos persas em 480. Ordenou a imediata reconstrução dos templos sagrados dedicados aos deuses orientais, a quem ofereceu suntuosos sacrifícios. E orgulhosamente, em proclamação solene, anunciou ao povo grego sua definitiva libertação do jugo persa.

Os objetivos da guerra estavam alcançados. Faltavam os de Alexandre, que não eram bem definidos. Retomou a marcha sobre Persépolis. Furioso por encontrar prisioneiros gregos com os membros cortados, ordenou a destruição da maravilhosa cidade. E seguiu para Sogdiana, Ariana, Bactriana e Bueara, onde prendeu o assassino de Dario. Fê-lo amarrar em dois troncos de árvores, aproximados com cordas. Quando cortaram as cordas, os troncos voltaram à posição normal e estraçalharam o corpo.

Avançando sempre, através do Himalaia, para a Índia, ouviu falar do Ganges. Quis alcançá-lo. O Rei Poro tentou opor-se e foi derrotado. Mas os soldados começaram a dar sinais de impaciência. Onde os conduziria o rei, naquela corrida louca, milhares e milhares de quilômetros por terras desconhecidas, cuja extensão se ignorava? Alexandre não podia responder, porque também não sabia. Fez como seu herói Aquiles. Retirou-se desdenhosamente para a barraca e, durante três dias, recusou-se a sair. De má vontade, acabou cedendo. Voltou. Num combate, encontrou-se só, dentro de uma cidadela inimiga, porque as cordas da escalada se romperam aos pés dos que o seguiam. Combateu como um leão até cair banhado em sangue. Naquele exato momento chegaram os seus, que tinham escalado o muro à unha. Levaram-no para a barraca. À sua passagem, os soldados ajoelhavam-se para beijar-lhe os pés. Certo de lhes ter novamente conquistado a simpatia, o rei guiou-os para o Indo e desceu até o Oceano Índico. Aí mandou aprontar uma frota que, sob o comando de Nearco, levou para a pátria, via marítima, os feridos e os doentes. Com os restantes, tornou a subir o rio e abriu caminho de volta através do deserto de Belucistão. Só mesmo recorrendo à retirada de Napoleão da Rússia é que encontraremos algo comparável com tão desastrosa marcha. O calor e a sede mataram e enlouqueceram milhares de homens. Toda vez que encontravam uma poça d'água, Alexandre bebia por último, depois dos soldados. Mas é de perguntar se seu juízo ainda estava em ordem, se é que alguma vez esteve, quando, finalmente, chegou a Susa com os poucos sobreviventes daquele massacre. Reuniu aí seus oficiais e lhes expôs, em termos peremptórios, um confuso programa de domínio mundial, fundado em trocas matrimoniais. Casaria, simultaneamente, com Statira, filha de Dario, e com Parisatis, filha de Artaxerxes. Reuniria assim os dois ramos da família real persa. Eles o ajudariam, casando e mandando seus súditos casarem com outras mulheres locais. Pessoalmente se encarregaria dos respectivos dotes, pondo à disposição vinte mil talentos, uns vinte bilhões de cruzeiros. Assim, dizia, depois de sancionada nos campos de batalha, se consumaria nos leitos a união entre o mundo greco--macedônio e o oriental, numa fusão de sangue e de civilização. Acreditassem ou não os rudes guerreiros, após dez anos longe da família não acharam nada mau fundar outra com mulheres persas que, além do mais, não eram feias. Assim, numa noite de festas, foram celebrados os casamentos coletivos. Alexandre ia à frente, ladeado pelas duas mulheres. O traje era invenção sua e Plutarco diz que era metade persa e metade macedônio. Logo em seguida proclamou sua origem divina, filho de Zeus--Amon. Os sacerdotes de Babilônia e Siva o reconheceram. Os Estados gregos aceitaram resmungando. Só Olímpia, que inventara a fábula e ainda vivia em Pela, comentou ceticamente: "Quando irá esse rapaz deixar de me caluniar como adúltera?" Nunca se soube, nem se saberá jamais, se Alexandre foi tão desequilibrado que acreditasse na história ou aproveitasse dela por diplomacia. Uma vez, atingido por uma flecha, dissera aos amigos, mostrando a ferida: "Estão vendo? É sangue humano, não é sangue divino." Mas sentava-se num trono de ouro. Trazia na testa dois chifres, símbolo de Amon, e exigia que todos se prostrassem diante dele. O abstêmio adolescente de antes agora bebia e, na bebedeira, perdia a cabeça. Um dia Clito, que lhe salvara a vida, disse que o mérito de suas grandes vitórias não o devia a si, mas a Filipe, que lhe deixara um grande exército (e era verdade). Num acesso de fúria, ele o matou. Uma conjuração tornou-o desconfiado. Na tortura, Filota acusou o próprio pai Parmênio, o general que Alexandre mais estimava. Condenou-o também à morte. O pajem Ermolau, também torturado, denunciou Calístenes como seu cúmplice. Este era sobrinho de Aristóteles. O rei levara-o consigo como cronista de suas expedições. O rapaz não quisera prostrar-se diante do rei, afirmando que todas aquelas façanhas um dia se tornariam históricas porque Calístenes as escrevera e não porque Alexandre as praticara. O impertinente foi preso e na cadeia morreu. Deu-se uma revolta entre os soldados, que pediam para ser licenciados "pois tu, Alexandre, és um deus e os deuses não precisam de tropas". Alexandre respondeu indignado: "Pois podem ir! Daqui por diante serei rei daqueles de quem voz fiz vencedores." Os soldados puseram-se a chorar. Pediram perdão. Ele, compadecido, concebeu o plano de os levar a novas conquistas na Arábia.

Mas naquele momento morreu Eféstion, que Alexandre considerava o seu Pátroclo. Amava-o com amor que nunca experimentara por mulher alguma. A tal ponto que, quando a viúva de Dario, vindo à sua tenda para lhe apresentar submissão, confundiu um com o outro, ele dissera sorrindo: "Não tem importância. Eféstion também é Alexandre." Aquela morte o abateu de maneira irreparável. Mandou matar o médico que não soubera evitá-la. Recusou comida durante quatro dias. Ordenou honras fúnebres que lhe custaram uns dez bilhões de cruzeiros. Mandou pedir ao oráculo de Amon permissão de venerar como deus o pobre defunto. O Oráculo apressou-se em aceder ao pedido. Como sacrifício expiatório, Alexandre mandou degolar uma tribo interna de persas.

Este fato já era evidente: o conquistador que fora ao Oriente para lhe levar a cultura grega, tinha se orientalizado de tal forma que se tornara verdadeiro sátrapa. Sofrendo cada vez mais de insônia, procurava no vinho a inconsciência, substituta do repouso. Todas as noites fazia competições de resistência com seus generais. Uma vez foi vencido por Promaco, que engoliu três litros de vinho fortíssimo e três dias depois morreu. Alexandre quis bater o recorde, e engoliu quatro litros. No dia seguinte uma forte febre o atacou. Quis beber mais. Da cama, nos intervalos do delírio, continuou dando ordens a governadores e generais. No décimo primeiro dia começou a agonizar. Quando lhe perguntaram a quem deixaria o poder, respondeu num suspiro: "Ao melhor." Mas se esqueceu de dizer quem era o melhor. Era o ano de 323 antes de Cristo e Alexandre ia completar, naqueles dias, seu trigésimo-primeiro aniversário. É de perguntar o que não teria feito, se tivesse tido tempo! A breve aventura de sua vida fora tão intensa e tão cheia de sensacionais empreendimentos que se compreende perfeitamente a sugestão que deve ter exercido sobre seus biógrafos. Creio, porém, que todas as intenções que lhe foram atribuídas não têm fundamento. Não podem ser incluídas numa ideia política, como no caso de Filipe, que sabia perfeitamente o que estava querendo. Alexandre não seguiu plano algum: seguiu uma fantasia. Mais do que artífice, ele se nos apresenta como escravo do destino. O que nos surpreende nele é uma força vital tão explosiva e desenfreada que se transforma em defeito. Foi um meteoro. Como todo meteoro, brilhou no céu e se dissolveu no vácuo, sem deixar, após si, nada de construtivo.

Mas, talvez por isso mesmo, interpretou e concluiu do modo mais adequado o ciclo de uma civilização como a grega, condenada a morrer de dispersão por suas forças centrífugas.

Capítulo 46

Platão

Alexandre ainda mantinha a ilusão de conquistar o mundo em nome da civilização grega, mas esta lançava seus últimos clarões. A literatura empalidecia, transformada em um de seus subprodutos, a oratória, obra dos vários Domóstenes, Esquinos etc. A tragédia estava morta. Em seu lugar vegetava uma comédia burguesa, afinada em motivos medíocres de adultério e vida cara. A escultura ainda produzia obras-primas com Praxiteles, Scopa e Lisipo. A ciência dedicava-se mais à classificação escolástica das descobertas já feitas do que à procura de novos conhecimentos e novas experiências. A filosofia, porém, alcançava agora o zênite. Era esta a herança de Sócrates, em cuja escola nascera de tudo uni pouco. Entre seus continuadores, talvez o mais superficial, porém o mais pitoresco e popular, foi Aristipo, malandro elegante e viajante incansável. Para ele, o hedonismo não era só teoria, mas prática de vida. Tudo o que fazemos, dizia, fazemo-lo unicamente em busca de prazer, mesmo quando imolamos a vida a um deus ou amigo. A nossa chamada "sabedoria" nos engana. Só os sentidos nos dizem a verdade, e a filosofia serve só para os aguçar. Aristipo era uma bela pessoa, de maneiras finas e conversa fascinante. Nunca teve necessidade de trabalhar para viver. Náufrago nas águas de Rodes, encantou de tal maneira os salvadores que êstes, depois de o terem alimentado c vestido à sua própria custa, lhe abriram uma escola. "Estão vendo, meninos?", disse na lição inaugural, "seus pais deveríam dar-lhes só o que necessitam para se salvarem também num naufrágio." Quando estava sem dinheiro, ia a Silo hospedar-se com Xenofonte, ou então a Corinto hospedar-se em casa da famosa hetera Laís, que desfalcava os clientes e pedira a Demóstenes um milhão e meio por uma noite de amor. Mas tinha um fraco por Aristipo e sustentava-o gratuitamente em casa. Estivera também em Siracusa com Dionísio, que uma vez lhe cuspiu no rosto. "Hum", disse enxugando-se "um pescador se molha mais para pegar um peixe menor do que um rei." O tirano obrigava-o a beijar-lhe os pés. Aristipo desculpava-se com os amigos, dizendo: "Não é culpa minha, se os pés são a parte mais nobre do corpo dele." Nunca tinha dinheiro, mas todos gostavam dele pela generosidade com que gastava o dos outros. Morreu dizendo que deixava tudo à virtude, mas aludia à filha que tinha este nome *(Arete)*. Ela traduziu em quarenta livros a amável filosofia do pai, merecendo o nome de "Luz da Hélade".

Outro curioso mestre era Diógenes, chefe dos cínicos, assim chamados por causa de Cinosarges, onde funcionava o *ginásio*. Seu fundador fora Antístenes, aluno de Sócrates, que uma vez lhe dissera: "Através dos buracos de tua roupa, Antístenes, vejo a tua vaidade." Era assim mesmo. Antístenes colocava na humildade seu orgulho imenso. De origem servil, instituíra a escola para os pobres. Logo de início, rejeitou à inscrição de Diógenes, por ser banqueiro, apesar de falido. Só o aceitou quando o viu dormindo no chão, com outros mendigos, e andando nas ruas pedindo esmola.

Diógenes foi, talvez, quem mais vivia o que pregava. Afirmou que o homem não passa de animal e agia como animal. Satisfazia as necessidades fisiológicas em público, negava obediência às leis, não se reconheceu cidadão de pátria alguma. Foi o primeiro a usar, para si mesmo, o têrmo *cosmopolita* Numa de suas muitas viagens foi prêso pelos piratas e vendido como escravo a um tal Xeníades, de Corinto. O dono perguntou o que sabia fazer. "Governar os homens", respondeu Diógenes. Xeníades confiou-lhe os próprios filhos e, pouco a pouco, os próprios negócios. Chamava-o de "o bom gênio de minha casa".

Também Diógenes, como Antístenes e todos os outros profissionais da humildade, alimentava ambição desmedida. Era muito cioso de sua grande fama de dialético espirituoso e arguto. Certa feita, vendo uma mulher prostrada diante de imagem sagrada, disse: "Cuidado, com tantos deuses que andam por aí, pode ser que haja um pelas tuas costas, e lhe estejas mostrando o traseiro." É célebre a resposta dada a Alexandre, que o convidou a lhe pedir um favor: "Deixa de me fazer sombra". Alguns comentários dizem que morreram, no mesmo dia, o grande rei e o pobre filósofo. O primeiro com trinta e um anos, o outro com noventa.

Platão conheceu Antístenes e sofreu alguma influência de sua filosofia cíniea, como o demonstra na *Republica,* onde delineia um Estado comunista baseado nas leis da natureza.

Mas era pensador tão grande e profundo que não poderia estacionar aí. Descendia de antiga e nobre família que atribuía sua origem celeste a Posídon, deus do mar, e a terrestre a Sólon. Sua mãe era irmã de Cármides e sobrinha de Crítias, chefe da oposição aristocrática e do governo reacionário dos Trinta. Seu verdadeiro nome era Arístocles, que significa "excelente e famoso". Mais tarde, chamaram-lhe Platão — "largo" — por causa da largura dos ombros e do corpo atlético.

Era de fato um grande esportista e super-condecorado de guerra. Mas aos vinte anos se encontrou com Sócrates e, em sua escola, tornou-se intelectual puro. Foi provavelmente o mais diligente aluno do Mestre, a quem amou apaixonadamente, de acordo com sua natureza. Em virtude de razões de família, viu-se implicado nos acontecimentos que se seguiram à morte de Péricles: o terror oligárquico de Crítias e de Cármides, sua morte, a restauração democrática, o processo e a condenação de Sócrates. Tudo isso o abalou e fez dele um exilado. Refugiou-se primeiro em casa de Euclides, em Mégara, depois em Cirene e por fim no Egito, onde procurou sossego e esquecimento na matemática e na teologia. Voltou para Atenas em 395. Tornou a fugir para estudar a filosofia pitagórica em Taranto. Aí conheceu Díon, que o convidou para Siracusa e o apresentou a Dionísio I. O tirano, que sentia complexo de inferioridade para com os intelectuais e só os amava humilhando-os, julgou poder tratá-lo como a Aristipo. Um dia lhe disse: "Falas como um estúpido." "E tu como um prepotente", — respondeu Platão. Dionísio mandou-o prender e vendeu-o como escravo.

Foi um certo Anieero, de Cirene, quem desembolsou as trinta mil dracmas para o resgate, negando-se depois a recebê-las das mãos dos amigos de Platão, que também as haviam reunido. Assim, com aquele capital, se fundou a *Academia.* Não foi a primeira universidade da Europa, como disseram alguns. Já existira a de Pitágoras em Cróton e a de Isócrates em Atenas. Mas foi certamente um grande passo para a organização escolar moderna. Os libelistas da época falavam dela como hoje se fala de Eton, chamando-a de incubadora de muitos esnobismos e sofisticações. Os alunos vestiam capas elegantes. Tinham modo muito próprio de gesticular, falar e levar a bengalinha. Não pagavam impostos. Mas como eram selecionados unicamente entre as famílias mais distintas (Platão era negação aberta da democracia), havia entre eles o costume de grandes doações.

No frontispício da entrada estava escrito: *Medeis ageometretos eisito,* que significava: Mostrem geometria na entrada. Devia ser recordação pitagórica. A geometria exercia real influência no ensino, juntamente com a matemática, a lei, a música e a ética. Platão era auxiliado por assistentes que ensinavam com métodos variados: conferências, diálogos, debates públicos. Admitiam-se também mulheres. Platão era feminista inveterado. Os temas eram como este: "Procurar as regras que determinam o movimento aparentemente desordenado dos planetas, comparando-as com as que governam as ações dos homens."

Um dos grandes subvencionadores da academia foi Dionísio II. Logo que assumiu o lugar do pai, mandou oitenta talentos, aproximadamente uns setenta e cinco milhões. Talvez fosse sugestão de Díon. Isto nos ajuda a entender a grande paciência de Platão para com o caprichoso ditador que o convidou a Siracusa. O filósofo devia ser homem de coragem para voltar à cidade e ao filho de quem o fizera passar pela desagradável aventura de ser vendido como escravo. Mas explica-se também pela esperança de aí realizar a república ideal da Igualdade, na qual acreditava firmemente. Pressupunha um governo autoritário nas mãos de um rei filósofo. Dionísio II não era filósofo, mas era rei. E Platão esperava, com o auxílio de Díon, fazer dele o instrumento instaurador de um Estado à espartana, de moralidade rigorosa. Acabou como já dissemos. Intimidado pela celebridade do mestre e animado por uma fé messiânica, Dionísio atirou-se de boa vontade ao estudo. Depois se cansou da filosofia. Deu ouvido a Filístio e expulsou Díon. Platão protestou. Dionísio confirmou-lhe seu afeto respeitoso e confiante, mas sustentou a decisão. Platão demitiu-se da academia fundada em Siracusa e seguiu o amigo refugiado em Atenas.

Daí só raramente saía. Parece ter gozado de uma velhice feliz ou, pelo menos, tranquila. A escola absorvia-o completamente. Quando não ensinava, levava os alunos a passeio, em pequenos grupos, para continuar exercitando-os na arte de argumentar. Platão era um homem cândido, sem gravidade nem arrogância. Ao contrário, irradiava grande calor de simpatia humana. Além de expor grandes ideias, sabia contar as mais divertidas anedotas. Como todos os homens profundamente sérios, possuía em alto grau o *sense of humour.*

Um dia, um dos alunos o convidou para padrinho de casamento. Apesar dos oitenta anos já feitos, o mestre aceitou. Participou da festa, gracejou com os jovens até altas horas da noite, comendo e talvez ficando meio alegre da bebida. A certa altura, sentiu-se um tanto cansado. Enquanto a animação continuava, ele se retirou a um canto para tirar uma soneca. Na manhã seguinte encontraram-no morto. Passara do sono momentâneo para o eterno, sem se aperceber. Atenas em peso se mobilizou para acompanhá-lo ao cemitério.

Capítulo 47

Aristóteles

Entre os alunos da academia, o que mais sentiu a morte do Mestre foi Aristóteles. Não se contentando em ficar de luto, elevou um altar em sua honra. Teria sido a afeição ou o remorso de consciência que lhe sugeriu isso?

Viera de Stagira, pequena colônia grega no coração da Trácia. Também descendia de abastada família burguesa. Seu pai, em Pela, fora médico de confiança de Amintas, pai de Filipe e avô de Alexandre. Com o próprio pai, iniciara estudos de anatomia e medicina. Mas quando conheceu Platão, deu-se com ele o que se dera com Platão ao conhecer Sócrates — seu destino mudou de caminho, sem que seu temperamento o seguisse. Aristóteles foi aluno de Platão durante vinte anos. É provável que, no início, tenha vivido inteiramente sob o fascínio do Mestre, que possuía o que Aristóteles não tinha: poesia. Platão não seguia rigoroso sistema científico, nem como método de ensino, nem como doutrina. Era mais do que um pensador. Era artista que, apesar de sua mania de enquadrar as ideias em ordem geométrica e hierarquia definida, nunca superou seu próprio caráter passional, que o levava sempre à contradição. Gostava da matemática justamente porque procurava nela a exatidão que lhe faltava. Quem quiser estudar suas teorias deve peneirá-las, como às pepitas de ouro de aluvião no barro. Escreve prosa embaralhada e complicada, cheia de divagações literárias e iluminações poéticas. Ele mesmo se reconhecia incapaz de escrever um "tratado". Preferia os "diálogos", porque se prestavam mais à improvisação e às digressões. Mesmo quando cronista, não Cuida de sutilezas. O retrato que nos deixou de Sócrates é certamente "verdadeiro", mas é uma verdade obtida por meio de anedotas que o próprio retrato reconhece como pura invenção. Platão é escritor. Como tal, constrói seus personagens com senso dramático muito vivo, o que naturalmente foge à realidade.

É impossível, dada a sua vastidão, resumir a doutrina de Platão. Mas é fácil ver que espécie de homem era. Nietzsche chamou-o de "pré-cristão", por certas antecipações teológicas e morais. Teve, naturalmente, sua religiosidade. Mas muito confusa. Ao conceito de pecado e de purificação misturava estranhas crenças pitagóricas e orientais sobre a transmigração das almas. No campo moral é puritano dos quatro costados. Em política era totalitário que, se vivesse hoje, receberia o "prêmio Stalin". Quer a censura da imprensa, o controle do Estado sobre os casamentos e a educação. Afirma que a disciplina vale mais do que a liberdade de pensamento e que a justiça é mais necessária do que a verdade. Seus últimos *Diálogos* são desencorajadores. O herdeiro da grande cultura ateniense louva Esparta e aprova seu pouco caso pela poesia, pela arte e até pela filosofia. Como coerência, por parte do antigo aluno de Sócrates, não estava mal.

Ninguém talvez tenha percebido melhor do que Aristóteles o sentido exato das confusões e contradições em que caía Platão quando, com os anos, começou a olhá-lo com objetividade e crítica. Não se lhe conhece nenhuma falta de respeito. Pelo contrário, segundo diz Diógenes Laércio, o Mestre via nele não só o mais inteligente, mas também o mais interessado dos alunos. Mas sob a aparente docilidade, preparava suas refutações.

Morto Platão, Aristóteles emigrou para a corte de Hermíades, pequeno tirano da Ásia Menor, e lhe desposou a filha, chamada Pítia. E preparava-se para aí fundar uma escola sob os auspícios do ditador, seu colega de academia. Mas vieram os persas, mataram o rei e lhe anexaram o Estado. Aristóteles conseguiu fugir para Lesbos, onde Pítia morreu após lhe haver dado uma filha. O viúvo, mais tarde, tornou a casar. Pelo menos conviveu com Herpila, célebre hetera daquele tempo. Mas a saudade de Pítia atormentou-o sempre. Quando morreu, pediu que o enterrassem ao lado dela. Sentimento particular, contrastando com sua fama de homem árido e frio, todo cérebro raciocinante, incapaz de paixões e sentimentos.

Em 343 Filipe, que provavelmente o conhecia como filho do médico de seu pai, o chamou a Pela para educar Alexandre. Se isto foi grande honra para o filósofo, foi também o início de seus males. Alexandre teve muita veneração pelo mestre. Durante as férias escrevia-lhe cartas delicadas, quase apaixonadas, jurando-lhe que, logo que subisse ao poder, o exerceria unicamente em benefício da cultura. Não sabemos se Aristóteles, por sua vez, sonhava fazer de Alexandre o que Platão sonhara fazer com Dionísio II: o instrumento de sua filosofia. Julgamos que não. Era homem demasiadamente realista para se entregar a tais ilusões. Entretanto, cumpriu tão bem sua tarefa que Filipe, como prêmio, o fêz governador de Stagira. Sua ação foi tão apreciada que, daí por diante a data de sua nomeação foi celebrada como data festiva.

Cumprida a missão, voltou para Atenas e fundou o famoso *liceu,* concorrente da academia. Ao contrário dela, completamente aristocrática, recrutou seus alunos nas classes médias. Mas a diferença não era só esta. Estendia-se até à substância e ao método de ensino. Aristóteles visava sobretudo à ciência e modelou seus critérios pelas exigências dos estudos científicos.

Com um censo muito claro da divisão de trabalho, reuniu os alunos em grupos, confiando a cada um tarefa escolar bem definida. Alguns deviam recolher e catalogar os órgãos e os hábitos dos animais, outros os caracteres e a distribuição das plantas, outros ainda compilar uma história do pensamento científico. O filho do médico herdara do pai e dos primeiros estudos de anatomia, feitos em Pela, o gosto da noção exata sobre particularidades bem determinadas. Seu pensamento não seguia iluminações líricas e adivinhações poéticas, como o de Platão. Baseava-se em induções tiradas de fatos experimentais. Seu *Organon,* que significa "instrumento", é exemplo de sua sequência. Antes de formular uma teoria, Aristóteles quer clareza sobre as palavras, com as quais vai enunciá-la. Explica o que são as "definições", as "categorias" etc. Em resumo, é um verdadeiro "professor".

É bem provável que não suscitasse nem entre os alunos, nem entre os amigos — se é que os teve — a afeição e simpatia de Platão. Era reservado, quase impenetrável, um homem metódico, preso ao horário como um burocrata. Seus dias eram todos iguais. Dedicava as manhãs ao ensino regular dos alunos. Não dava aulas na cátedra. Ensinava passeando com eles ao longo dos *peripatoi,* os pórticos que circundavam o liceu. É por isso que sua escola se chama *peripatética,* isto é, "ambulante". À tarde abria as portas também ao público profano, para conferências sobre assuntos mais elementares. Seu empenho máximo era o cuidado da biblioteca, do jardim zoológico e do museu natural. Organizou-os com a ajuda financeira de Alexandre, que pediu a todos os seus caçadores, pescadores e exploradores mandarem para o liceu tudo o que se lhes afigurasse de interesse científico. Na realidade, Aristóteles era antes um cientista que chegou à filosofia por indução, partindo especialmente da biologia. Foi o primeiro a tentar uma classificação das espécies animais, dividindo-os em "vertebrados" e "invertebrados". Esboçou a teoria da gênese e teve intuição dos caracteres hereditários. Chegou aos problemas filosóficos da alma através dos anatômicos do corpo e enfrentou-os com a mesma minúcia de observação e de exame. Construiu seu sistema filosófico, que se tornaria insuperável exemplo de "planificação", sobre impressionante coleta de dados e de experiências, às quais dedicou a própria vida e a de uma inteira geração de estudantes. Escrevia mal. Sua prosa é fria, sem emoções, sem a dramática vivacidade de Platão. Há nele repetições e contradições. O mestre do raciocínio muitas vezes raciocina desatinadamente. Especialmente em assuntos de história, cai em erros colossais. Julga-a fruto da lógica e não vê os motivos passionais que a determinam. Mas isso não impede que sua obra continue sendo, talvez, a maior e mais rica construção da mente humana.

Não se conhece quase nada de sua vida particular. Talvez porque não tenha vivido fora da escola. Conhecemos-lhe apenas um fraco: o dos anéis, com os quais enchia os dedos até os fazer desaparecer completamente. Com política só se ocupou teoricamente, propondo uma *timocracia,* isto é, uma combinação de democracia e de aristocracia, garantindo o governo de pessoas competentes e reprimindo os abusos da liberdade, sem cair na tirania. Como se está vendo, era muito menos radical do que Platão. É, portanto, difícil atribuir a esta doutrina a causa de sua desgraça.

O fato é que Aristóteles não tinha popularidade em Atenas. Devia-se isso um pouco ao seu caráter austero e esquivo, mas principalmente às suas relações com os dominadores macedônios. Além do mais, havia a rivalidade entre o liceu e a academia a lhe criar antipatias.

Quando Alexandre morreu, Aristóteles foi acusado de "impiedade". Era a velha acusação, a que se recorrera no caso de Sócrates. Procuraram em seus livros algumas frases que, tomadas isoladamente, pareciam irreverentes. Desde então esse método não mais caiu em desuso. Entre outras coisas, puseram também a seu débito as honras prestadas à memória do sogro Hermíades, não tanto por ele se ter tornado tirano, mas por ter nascido escravo.

Aristóteles compreendeu que a defesa seria inútil e abandonou a cidade, às escondidas. "Não quero que Atenas se manche com um delito contra a filosofia!" disse. O tribunal condenou-o à morte à revelia. Talvez até pedisse ao governo de Cáleida, para onde se retirara em casa dos parentes maternos, que o extraditasse. Não houve incidente diplomático porque Aristóteles morreu a tempo. Não sabemos se foi por doença de estômago ou por cicuta, como Sócrates. Seu corpo desceu ao túmulo quase junto com o de seu ex-aluno Alexandre.

Quinta Parte

O Helenismo

INDRO MONTANELLI
330

Capítulo 48

Os Diádocos

A maior parte dos historiadores termina a história da Grécia com a morte de Alexandre. Compreende-se por quê. Daí em diante, no chamado "período helenístieo" que vai até à conquista romana, torna-se difícil contá-la em vista da vastidão de horizontes em que se perde. O rei macedônio não conquistou o mundo com sua incrível marcha até o Oceano Índico, mas rompeu barreiras, abrindo o Oriente ao mundo grego, que a ele se atirou com o ímpeto de uma torrente. A Grécia nunca tivera força de adesão nacional. E agora os centros em que gravitava aquele povo retalhado — Esparta, Corinto, Tebas e sobretudo Atenas — já não possuíam a força centrípeta, opondo-se à centrífuga. Como hoje as nações europeias deixaram à Ásia e à América o papel de protagonistas da História, assim a devem ter cedido, naquela época, as cidades da Grécia aos reinos periféricos que se formaram com a herança de Alexandre.

Este, como dissemos, morrera sem deixar herdeiro nem designar sucessor. Por isso seus oficiais, chamados *diádocos,* repartiram entre si o efêmero mas ilimitado Império em que o pequeno exército macedônio plantara sua bandeira. Lisímaco ficou com a Trácia, Antígono com a Ásia Menor, Seleuco com a Babilônia, Ptolomeu com o Egito, Antípatro com a Macedonia e a Grécia. Dividiram assim, sem nenhuma consulta aos Estados gregos que tinham fornecido um contingente de soldados e em nome dos quais Alexandre realizara suas empresas de conquista. Ê prova evidente da pouca importância destes Estados.

É materialmente impossível seguir o desenrolar dos Estados grego-orientais assim formados em toda a costa do Mediterrâneo. Limitar-nos-emos a resumir as ações de Antípatro e seus sucessores, os únicos que interessam diretamente à Grécia e à Europa, até o advento de Roma.

Conta Plutarco que, quando a notícia da morte do grande rei chegou a Atenas, a população se espalhou pelas ruas enfeitadas de flores. Cantavam hinos de vitória como se eles o tivessem matado. Uma delegação foi às pressas procurar Demóstenes, o glorioso foragido, a grande vítima do fascismo macedônio que, de fato, o condenara por prova de evidentes serviços prestados ao inimigo, mas depois o deixara fugir para um exílio agradável. Vê-se mais uma vez que a História é tão monótona como as misérias dos homens que a formam. Demóstenes voltou espumando de raiva e de oratória reprimida. Arengou ao povo exultante, pregando a guerra de libertação contra Antípatro, o opressor. Organizou exército com a ajuda de outras cidades do Peloponeso e lançou-o contra Antípatro, que o desfez numa batalha de poucos minutos.

Antípatro era antigo e valente soldado que não alimentava os complexos de Filipe e Alexandre em relação à civilização e à cultura de Atenas. Impôs fortes reparações aos rebeldes.

Para lá destacou uma guarnição macedônia. Deportou, privando-os da cidadania, doze mil perturbadores da ordem pública, entre os quais deve ter incluído Demóstenes, que fugiu para um templo de Caláuria. Mas, vendo-se descoberto e cercado, envenenou-se.

Depois dessa lição os atenienses ficaram mais quietos sob o governo de um homem de confiança de Antípatro, ou de um Quisling, como diríamos hoje. O gentil-homem Fócio fez o melhor que pôde naquelas circunstâncias. Mas nem isso o salvou de ser linchado quando Antípatro morreu. E mais uma vez os atenienses se convenceram de terem sido eles que o mataram. O novo rei, Cassaudro, tornou a intervir. Deportou mais uma porção de gente. Mandou nova guarnição e confiou o governo a outro Quisling, por acaso também estadista exemplar na honestidade e moderação. Era o filósofo Demétrio Falereu, discípulo de Aristóteles.

Nisto surgiram complicações entre os diádocos, cada um dos quais naturalmente sonhava reunir em suas mãos o Império de Alexandre. Antígono, o da Ásia Menor, julgou ter força para isso, mas foi batido pela coligação dos outros quatro. Seu filho Demétrio Poliorcetes, que significa "conquistador de cidades", limitou suas ambições à Grécia. Expulsou os macedônios e foi recebido em Atenas como "libertador". Aquartelou-se no Partenão e transformou-o numa *garçonnière* para os seus amores de ambos os sexos. Os atenienses consideraram democrático e liberal seu regime, que não passava de anarquia. Demétrio de fato só perseguia os que tentavam fugir às suas galantarias. Um deles, Dámocles, para se ver livre, atirou-se numa caldeira de água fervendo, provocando a admiração e pasmo de seus concidadãos pouco habituados a tais exemplos de pudor e retraimento.

Após doze anos de orgias, Demétrio retomou a guerra contra a Macedonia. Derrotou-a e proclamou-se rei. Mandou para

Atenas mais uma guarnição que pôs fim à pausa democratica, e aventurou-se a outra longa série de campanhas contra Ptolomeu do Egito, contra Rodes e finalmente contra Seleuco que, depois de o derrotar e prender, o obrigou ao suicídio.

Em meio a este caos, desceu do norte uma invasão de gauleses celtas. Era o ano de 279 antes de Cristo. Encontraram a Macedonia em revolução interna e, portanto, sem exército. Guiados por alguns traidores gregos conhecedores das passagens, atravessaram as Termópilas, saqueando todas as cidades e vilas.

Batidos depois em Delfos, por um exército formado com grupos de toda parte, atiraram-se para a Asia Menor. Massacraram a população. Foi só com o compromisso de lhes pagar um tributo anual que Seleuco os persuadiu a se retirarem mais para o norte, nas proximidades da atual Bulgária.

Felizmente, naquele momento Antígono II, chamado Gonata, filho de Poliorcetes, conseguia sufocar a revolução da Macedonia. À frente de seu exército, varreu os restos da invasão. Foi excelente soberano. Entre outras coisas, teve a felicidade de ficar no trono trinta e sete anos seguidos. Reinou com grande prudência e moderação, exercendo com suavidade o poder sobre a Grécia. Mas Atenas, com a ajuda do Egito, rebelou-se contra ele. Gonata lhe desfez as tropas com facilidade irrisória, mas não se exaltou. Limitou-se a restabelecer a ordem, deixando como garantia uma guarnição no Pireu e outra em Salamina.

Em toda a península faziam-se tentativas, naquele momento, para acomodar-se às novas circunstâncias e encontrar um modo estável de conciliar-se a ordem com a liberdade. Haviam-se formado duas ligas: a etólia e a aquéia. Cada um dos Estados-membros renunciava a uma migalha de soberania em favor da soberania comum, exercida por um *strategos* regularmente eleito.

Era um nobre e sensato esforço para finalmente superar os particularismos. Mas eram gregos que o tentavam. Em 245 Arato, o *strategos* aqueu, com sua habilidade e oratória persuadiu todo o Peloponeso a entrar na liga. Só Esparta e Élida ficaram fora. Depois, sentindo-se bastante forte, organizou uma expedição de surpresa a Corinto. Expulsou a guarnição macedônia e por fim repetiu o golpe no Pireu, donde os macedônios, com uma gorjeta, se retiraram por si mesmos. Toda a Grécia estava novamente livre do estrangeiro. Como estrangeiros, foram sempre injustamente considerados os macedônios, que falavam a mesma língua e tinham absorvido a mesma civilização. Mas os outros Estados só viam a supremacia aquéia. E, com as isolacionistas Esparta e Élida, uniram-se à liga etólia. Acendeu-se nova guerra fratricida. A Macedônia podia ter-se facilmente aproveitado, se assim o quisesse seu "regente" Antígono III, que aguardava a maioridade do filho Filipe para lhe entregar o trono. E a Grécia continuou a definhar na discórdia e nas guerras sociais. Estas bateram também às portas de Esparta, cidadela do conservadorismo, que parecia livre de qualquer subversão.

A concentração da riqueza nas mãos de poucos privilegiados acentuara-se cada vez mais. O censo de 244 demonstra que os 250 000 hectares da Licaônia eram monopólio de apenas cem proprietários. Como não havia nem indústrias nem comércio, o resto da população nada possuía. Agidas e Leônidas, os dois reis que, segundo a lei, governavam juntos, fizeram tentativa de reforma em 242. O primeiro propôs a redistribuição das terras nos moldes de Licurgo. Mas Leônidas organizou conjuração com os latifundiários e o assassinou juntamente com a mãe e a avó que, grandes latifundiárias, haviam dado exemplo de repartição. Foi uma tragédia de mulheres da velha têmpera heroica. Cilônide, filha de Leônidas, seguiu o marido Cleombroto que, por sua vez, era solidário de Ágidas, e o seguiu voluntariamente ao exílio.

Leônidas fez cálculos errados, dando a viúva de Ágidas, por motivos de dote, ao seu herdeiro Cleômenes. Este, subindo ao trono, ao lado do pai, apaixonou-se realmente por sua mulher (o que às vezes acontece). Compartilhou suas ideias, que eram as do defunto marido. Revoltou-se contra Leônidas e mandou-o para o exílio. Cleombroto foi chamado de volta. Mas Cilônides, em lugar de seguir o esposo triunfante, juntou-se ao pai. Cleômenes operou a grande reforma, voltando à ordem semicomunista de Licurgo. Depois, identificando-se com o papel de justicialista, foi libertar todo o proletariado grego que o invocava. Arato marchou contra ele, com o exército aqueu. Foi derrotado. Toda a burguesia grega tremeu pela própria sorte e apelou para Antígono da Macedonia, que veio, viu e venceu, obrigando Cleômenes a refugiar-se ao Egito.

Mas, uma vez desencadeada, a luta de classes não parou mais, complicando a que já se combatia pelo primado político, misturando-se com ela. Até em Esparta o triunfo de Leônidas foi curto. Despertado, o proletariado dos pobres ilotas tornou a surgir. E, de revolta em repressão, não houve mais paz até a vinda de Roma.

Esquecíamos de dizer que, quando Leônidas voltou ao trono, Cilônides não o seguiu para Esparta. Ficou na fronteira, esperando o marido Cleombroto, que de fato foi buscá-la.

Capítulo 49

A Nova Cultura

Nada indica que os gregos da idade helênica tivessem desconfiado de que a morte de Alexandre inaugurasse sua decadência. Pelo contrário, o bem-estar material deu-lhes a impressão de vigoroso ressurgimento. O advento das novas dinastias greco-macedônias nos tronos da Selêucia, do Egito etc. abriu os mercados destes países, que necessitavam de tudo um pouco. Nunca fora tão florescente o comércio do Mediterrâneo.

A longa prática, desde os tempos de Péricles, colocou os banqueiros de Atenas em posição proeminente. Instalaram sucursais nas novas capitais e monopolizaram todas as transações. Um deles, Antimenes, organizou em Rodes a primeira companhia de seguros. A princípio era só contra a fuga de escravos, mas depois se estendeu aos naufrágios e aos saques de piratas. O prêmio era de oito por cento. Os tesouros encontrados nos cofres dos Estados vencidos e dos sátrapas derrotados foram inteiramente colocados em circulação. Isso provocou uma espiral inflacionária, à qual os salários não conseguiam adaptar-se, ainda que, em fins do século terceiro, se excogitasse uma espécie de "escala móvel". Pouco a pouco, foram diminuindo as distâncias econômicas que ainda separavam os cidadãos pobres dos escravos, confundindo uns e outros num proletariado miserável e anônimo. O recenseamento compilado por Demétrio Falereu, em 310 antes de Cristo, dava estes números incríveis para Atenas: vinte e um mil cidadãos, dez mil metecos, quatrocentos mil escravos. Mais ou menos no mesmo período, em Mileto, segundo inscrições encontradas em túmulos, cem famílias tinham, em média, cento e dezoito crianças. Na Eritréia, dentre vinte famílias apenas uma tinha filhos. Não havia mais casal com duas filhas: se não as duas, pelo menos uma era "exposta", isto é, colocada fora da porta, morrendo de frio.

Esta grave crise de natalidade era consequência da crise do interior, quase inteiramente despovoado. Não se podendo defender, ficava mais sujeito às devastações durante as guerras. E os produtos agrícolas tinham se tornado antieconômicos, pois do Egito vinha trigo muito mais barato. O desflorestamento fizera o resto, especialmente na Ática, cujas colinas, como diz Platão, pareciam um esqueleto descarnado. As minas do Laurium estavam abandonadas, pois a prata era importada a preços mais convenientes da Espanha. As minas de ouro da Trácia caíram em mãos de macedônios.

De que viviam os gregos? Principalmente do artesanato e do comércio. A tal ponto dependiam deles que muitos Estados, para subtraí-los aos caprichos e incertezas da iniciativa privada, nacionalizaram as principais indústrias. Assim fêz Mileto com a indústria têxtil e Cnido com as de vasilhame. Mas as principais fontes de receita eram os emigrados, a maior parte dos quais não eram pobres diabos, ainda que como tais tivessem partido, mas Niarcos e Onassis, proprietários de bancos e de frotas.

Eram estes os conquistadores do novo mundo aberto à sua iniciativa pelas tropas de Alexandre. Os novos Estados que se formavam, precisavam de técnicos que só a velha Grécia fornecia. Um modesto agente de câmbio, chegando em Bizâncio, era encarregado de organizar o Banco do Estado. Modesto empresário marítimo, desde que tivesse um pouco de prática de fretes, era chamado para o comando de uma frota. Ganhavam muito, roubavam mais e garantiam velhice tranquila na pátria, empregando suas economias em vilas e palácios. Quando voltavam, porém, não traziam consigo nem o Banco, nem a frota que ficavam nas terras de imigração e passavam a fazer concorrência aos bancos e frotas dos gregos. É a eterna história de todos os colonialismos, destinados a se matarem com suas próprias mãos, transformando os súditos em rivais.

Em tal situação, não admira que nas cidades gregas a vida se tornasse cada vez mais refinada. Os homens barbeavam-se. As mulheres, quase totalmente libertadas, participavam ativamente da vida pública e cultural. Platão admitira-as em sua universidade. Uma delas, Aristodama, tornou-se a mais famosa "declamadora" de poesia e realizou *tournées* por todos os países do Mediterrâneo. Naturalmente, para enfrentar tantas outras obrigações, a mulher teve que evitar a maternidade. O aborto só era punido se praticado contra a vontade do marido. Mas as vontades dos maridos sempre foram as de suas mulheres. Imperava a homossexualidade. Sempre fora praticada, mesmo nos tempos heroicos, mas agora se tornara corrente em todas as camadas sociais. Aquele povo, célebre por sua antiga sobriedade, contratava os cozinheiros mais famosos do Oriente. A cozinha, rica em gorduras e temperos, engordava-os. Os "esportistas" já não eram os atletas, como antigamente, quando todo moço era obrigado a competir e lutar nos estádios pela bandeira de sua cidade ou de seu clube, mas os espectadores que, como hoje, torciam sentados e apostavam na vitória de seu time. As indústrias que mais floresciam eram as do vestuário, tanto masculino como feminino, e a de sabões, classificados em cento e oitenta e três variedades de perfume. Demétrio Poliorcetes impôs a Atenas uma taxa de um milhão e pouco de cruzeiros, justificando-a como "despesas de sabão", para sua amante Lâmia. "Barbaridade, como deve estar suja!" exclamaram os maldosos atenienses.

Outro artigo que agora absorvia muitos recursos particulares, eram os livros. Talvez mais por esnobismo do que por verdadeiro desejo de cultura, mas sobretudo porque a língua grega se tornara oficial também no Egito, na Babilônia, na Pérsia etc., iniciou-se a produção em série, empregando milhares de escravos especializados. O papiro, importado da Alexandria, fornecia excelente material. E para que o trabalho de escrever se tornasse mais rápido, inventou-se uma nova grafia mais simples, uma de estenografia. Os fatos ocorridos com a biblioteca de Aristóteles mostram até que ponto chegava esta paixão pelos livros. Quando Platão morreu, Aristóteles lhe havia comprado um certo número de volumes por mais de dois milhões de cruzeiros e os acrescentara aos seus, que deviam ser muitos mais. Fugindo de Atenas, deixou-os a seu aluno Teofrasto. Este, por sua vez, deixou-os com Neleu, que os levou para a Ásia Menor. E para os subtrair à cobiça dos reis de Pérgamo, loucos para os possuir, enterrou-os. Um século depois foram descobertos, por acaso, desenterrados e comprados pelo filósofo Apélico, que os transcreveu a todos, interpolando, como achava melhor, onde a umidade corroera as páginas. Ignoramos se o fez com muita inteligência ou não. Talvez a prosa de Aristóteles nos parecesse menos monótona, sem estas emendas. O tesouro caiu nas mãos de Sila, quando conquistou Atenas em 86 antes de Cristo. E em Roma, para onde foram levados, Andronico tomou a copiar e publicar os textos.

Outros apaixonados foram os Ptolomeus. O cargo de bibliotecário em sua corte era um dos mais altos, porque implicava também o de tutor do herdeiro do trono. Por isso, os nomes dos que o ocuparam passaram à História, como os de Eratóstenes, Apolônio etc. Ptolomeu reuniu mais de cem mil volumes, fazendo-os requisitar em todo o reino. Pagava os proprietários às suas custas. Pediu emprestados a Atenas, por uns vinte e cinco milhões de cruzeiros, os manuscritos de Esquilo, Sófocles e Euripides. Também destes devolveu apenas as cópias, guardando consigo os originais.

Pouco a pouco, a caligrafia se tornou arte tão qualificada que valeu a cidadania a muitos escravos. Multiplicaram-se e aperfeiçoaram-se as "lojas de escrita" até alcançar a eficiência de verdadeiras casas editoras. Nasceu um antiquariado para a autenticação e compra de manuscritos antigos, pelos quais os amadores gastavam somas fabulosas. O filólogo Calímaco compilou o primeiro catálogo de todos os originais existentes no mundo e suas primeiras edições. Aristófanes de Bizâncio inventou as letras maiúsculas, a pontuação e os títulos. Aristarco e Zenódoto reordenaram a *Ilíada* e a *Odisséia,* que chegaram até nós na redação deles.

Tudo isso nos diz o que era a "cultura" do período helênico. Não era mais a inventiva de poetas e pensadores que disputavam na *ágora* ou nas salas de Péricles, deixando aos alunos o cuidado de transcrever o que se dissera. Perdera o tom de conversa e improvisação que lhe davam sabor de espontânea sinceridade. Tornara-se um fato técnico, de estudiosos especializados, tão capazes em assuntos de crítica e bibliografia, como pobres de inspiração criativa. Compilavam catálogos e biografias, quebravam a cabeça em interpretações. Dividiam-se em escolas, grupos, seitas. Escreviam só para serem lidos uns pelos outros. Saíam prosas e até poesias magistrais, perfeitas na métrica, mas sem vida.

De bom[1] e de útil só fizeram as gramáticas e os dicionários. Agora que se misturava com as orientais, a língua grega corrompia-se no que hoje chamaríamos de *petit nègre*. São fenômenos que não podem ser detidos e nem os filósofos gregos conseguiram detê-los. Mas devemos agradecer-lhes por haverem salvo o grego clássico e nos terem dado a chave de sua compreensão, ainda que os estudantes os amaldiçoem exatamente por isso. Nos palácios e nas casas de campo dos atenienses desse período era obrigação de elegância falar a língua antiga, sublinhando os arcaísmos, como fazem os discípulos de Eton na Inglaterra. Introduziam discussões intermináveis sobre este ou aquele fragmento de Homero ou de Ilesíodo. Era mais um sinal da falta de naturalidade e de progressivo afastamento em relação a uma vida que já encontrava outros centros e pulsava mais vigorosa na Ásia e no Egito.

Capítulo 50

Pequenos "Grandes"

O teatro é o espelho mais imediato de uma sociedade. A sociedade helênica refletiu-se nas comédias de Menandro, que começaram a ser apresentadas no mesmo ano da morte de Alexandre. Foram cento e quatro. Delas só restam fragmentos. É quanto basta para nos fazer compreender como eram pequenos os grandes daquele tempo. Ouvindo uma delas, um crítico exclamou: "Oh! Menandro! ó vida! Quem de vós imita o outro?" Não sabemos. Sabemos apenas que ambos se contentavam com pouco: enganar a mulher ou o marido, sonegar impostos e pegar a herança de um tio rico. Mas não devemos culpar Menandro se eram estes os graves problemas da vida ateniense de então. Menandro viveu como escreveu: sem levar as coisas muito a sério. Bonito, rico, de educação senhoril, colheu o prazer onde o encontrou. E achou-o principalmente nas mulheres, para maior desespero de sua esposa Glicéria, que teve o azar de amá-lo apaixonadamente e de ter ciúmes. Como autor, o público preferia Filémon, do qual nada nos resta. Mas sabemos, pelos cronistas da época, que era muito hábil em organizar sua claque. Na opinião de pessoas abalizadas, Menandro valia muito mais do que ele, especialmente por seu estilo elegante e nítido. Seja como for, o romano Terêncio tomou Menandro para modelo. Volta e meia, escrevia também poesias. Em algumas pressentiu estranhamente sua própria morte no mar. De fato, morreu afogado aos cinquenta e dois anos, assaltado por uma cãibra, quando nadava nas águas do Pireu.

Outro autor, não de teatro, que representa bem a lânguida e refinada sociedade helênica, foi o poeta Teócrito, que trouxe para a lírica grega uma grande invocação: o sentimento da natureza. Os gregos, como todos os meridionais, inclusive os italianos, nunca o haviam sentido. Procuravam a inspiração na História, isto é, nos fatos humanos, ainda quando os atribuíam aos deuses. Em Teócrito pela primeira vez se nota o sussurro das águas e o farfalhar das árvores.

Nasceu na Sicilia, mas fez carreira em Alexandria, para onde já se ia mais do que para Atenas, compondo panegírico a Ptolomeu II, que o tomou para a sua corte. Mas o sucesso de seus *Idílios* é devido às senhoras que os acharam "refinados". Como estilo e linguagem, eram-no realmente. Teócrito tinha tudo para agradar mulheres: gentileza, melancolia, homossexualidade. O tom poético condizente com o tempo, era o que nós chamamos de *saudade,* isto é, aquela mistura de nostalgia, mágoa e fantasia. Sua pena estava cheia destas inspirações, típicas de uma sociedade em decadência.

Mais do que a literatura, é a reconstituição do pensamento filosófico que nos dá a medida e o sentido do lento resvalar da Grécia para posições, digamos assim, de periferia e de renúncia, à procura de respostas aos grandes porquês da vida, da justiça e da moral. Neste ponto, Atenas manteve o primado graças às duas grandes escolas que continuaram a florescer, mesmo depois do desaparecimento dos dois fundadores e mestres: a academia e o liceu.

Quando fugiu da cidade, Aristóteles deixou o liceu aos cuidados de Teofrasto, que o dirigiu durante trinta e quatro anos seguidos. Era natural de Lesbos. Não lhe sabemos o nome verdadeiro. Talvez ele próprio já o tivesse esquecido, tanto se habituou com o nome recebido de Aristóteles. Teofrasto significa "eloquente como um deus". Descreve-o Diógenes Laércio como homem quieto, benévolo e afável, tão popular entre os estudantes que havia uns dois mil se apinhando em suas lições. Não era grande pensador. A filosofia propriamente dita deve-lhe bem pouco. Acentuou a tendência científica e experimental do liceu, o caráter empírico, dedicando-se de preferência à história natural. Foi professor de exemplar clareza, simplicidade e eficácia na exposição. Escreveu contra o matrimônio um libelo superficial e desabusado, que mais tarde enfureceu a amante de Epicuro, Leôncia. Esta respondeu com outro libelo. Mas a obra que dele nos resta, e que ainda hoje lemos com prazer, é a que o autor talvez menos considerasse escrita por passatempo: *Os Caracteres,* livro digno do melhor memorialismo francês da época de mil e setecentos.

Teofrasto manteve-se longe da política. O que não impediu que um certo Agnônides lançasse a costumada acusação de "impiedade". Como seu mestre, Teofrasto não quis enfrentar os riscos de um processo. Caladinho, abandonou Atenas. Poucos dias depois, os negociantes do quarteirão foram provocar tumulto diante da Assembleia. Centenas de alunos tinham seguido Teofrasto para o exílio. Todos eram clientes de suas lojas que já não sabiam a quem vender. Assim, não por amor à justiça ou à filosofia, mas para não deixar apodrecer linguiças e salames, a acusação foi retirada. Teofrasto voltou em triunfo para o liceu, onde ficou até à morte, aos oitenta e cinco anos.

Após ele, decaiu a escola, exatamente por sua especialização científica. Era um campo novo. Atenas não tinha grandes tradições para opor aos aparelhamentos modernos de Alexandria, que já começava a ser a capital da técnica. Pela razão contrária, continuou a florescer a academia. Depois de Platão ela estivera, por pouco tempo, nas mãos de Speusipo e, em seguida, nas de Xenócrates, que a dirigiu durante vinte e cinco anos.

Como Teofrasto, Xenócrates foi mestre exemplar. Muito contribuiu para firmar na opinião pública o prestígio de uma classe que os sofistas haviam desacreditado imensamente. O Laércio de sempre diz que, quando passava pelas ruas, até os carregadores do porto lhe abriam respeitosa passagem e não porque o tomassem por alguma autoridade. Xenócrates era mais pobre do que Jó. Nunca aceitara pagamentos. E teria acabado na prisão se Demétrio Falereu não interviesse pessoalmente. Certa ocasião, Atenas mandou-o, com outros embaixadores, a Filipe da Macedonia. Terminada a missão, o rei disse confidencialmente aos amigos: "Foi o único que não consegui corromper." Por mera curiosidade e talvez irritada com a fama da virtude dele, a cortesã Frinéia quis prová-lo. Uma noite bateu-lhe à porta, fingindo-se perseguida por um assassino. Pediu hospitalidade. Xenócrates, cortesmente, ofereceu-lhe sua própria cama e deitou-se com ela. Ao amanhecer a mulher fugiu, chorando de raiva, por não ter conseguido vencê-lo.

Após sua morte, a academia também entrou a decair. Ou melhor, começou a decair no estudo das matérias que tivera em comum com o liceu do tempo de Platão e Aristóteles, que concordavam num ponto: julgavam possível alcançar o conhecimento da verdade. Já ninguém acreditava nisso. Haviam sido formuladas tantas hipóteses, tantas escolas haviam disputado o verdadeiro método, e que restava de tudo isso senão um amontoado de palavras?

Pirro foi o intérprete deste estado de alma. Era da Élida. Seguira Alexandre à Índia, onde provavelmente adquirira algo da filosofia hindu. Em todo caso, voltou persuadido de que o verdadeiro saber consistia em renunciar à procura da verdade, que é inatingível. Devemos contentar-nos com a serenidade, mais fácil de alcançar, conformando-nos com os mitos e as convenções do próprio ambiente. Mitos e convenções falsos, certamente, mas não mais do que as teorias dos filósofos. Pessoalmente assim fez, aceitando as leis e costumes de sua cidade. Deixava até de se curar de um resfriado, dizendo que "A vida é um bem incerto e a morte não é um mal certo." Talvez por isso viveu são, até aos noventa anos.

Os maiores expoentes dessa filosofia de renúncia foram Epicuro e Zenão. O primeiro era de Samos. Foi um dos poucos filósofos dessa época que se formaram independentemente de Platão e Aristóteles. Chegou a Atenas por assim dizer já formado, com trinta e cinco anos. Abriu escola por própria conta no jardim de sua casa. Fora o concubinato com Leôncia, que o amou apaixonadamente, apesar de continuar na vida mundana, era homem de costumes simplicíssimos. Nunca se casou com ela. Comia apenas pão e queijo. Vivia sossegado, obedecendo às leis e aos deuses. O que comumente se chama de "epicurista" nada tem que ver com sua vida particular, nem com suas ideias, que condensou em três livros. Na cética e licenciosa Atenas daquele tempo seu credo moral chamava a atenção pela honestidade. Dizia que a sabedoria não consiste em explicar o mundo, mas em construir um ninho de tranquilidade com as poucas coisas que podem proporcioná-la: a modéstia, o respeito aos outros, a amizade. As amizades de Epicuro foram realmente proverbiais. Quando morreu, aos setenta e um anos, após trinta e seis anos de ensino e amor aos alunos, seu último esforço, nas terríveis dores dos cálculos renais, foi ditar uma carta a um deles, recomendando os filhos de Metrodoro, outro aluno.

Zenão era um milionário de Chipre. Perdeu tudo, menos a vida, num naufrágio nas águas do Pireu. Sentou-se desconsolado, na loja de um livreiro. Por acaso, abriu os *Memoráveis,* de Xenofonte, nas páginas em que se falava de Sócrates, e perguntou onde se poderiam encontrar tais homens. "Segue aquele aí" respondeu-lhe o livreiro, mostrando Crato, que passava. Crato era um tebano que renunciara a fabulosa fortuna para viver como cínico, isto é, como mendigo. Zenão seguiu-o. Depois de ouvir as lições, agradeceu a deus havê-lo atirado como náufrago naquela cidade. Estudou loucamente, também na academia de Xenócrates. Abriu escola por sua própria conta. Em lembrança dos pórticos de Stoa, sob os quais ensinava, chamou-se escola *estóica*.

Durante quarenta anos, com o exemplo de uma vida de franciscano, demonstrou aos alunos as vantagens da simplicidade e da abstinência. Entre seus discípulos estava Antígono, da Macedonia, que o chamou a Pela quando rei. Mas Zenão mandou seu discípulo Perseu e continuou fiel à escola e à pobreza. Ainda lecionava aos noventa anos quando, um dia, caiu e quebrou um pé. Bateu a mão no chão e disse: "Por que chamar-me assim? Aqui estou!" E, com as próprias mãos, estrangulou-se.

Capítulo 51

Abrir Alas Para a Ciência

A decadência da filosofia, reduzida a mera pesquisa de normas morais e de conduta, favoreceu a ciência que, de fato, teve seu florescimento máximo nos séculos III e II. É a velha história de sempre. Toda vez que o homem perde a esperança de descobrir, pelo raciocínio, os grandes "porquês" da vida e do universo — é missão da filosofia — refugia-se no estudo dos "como" — missão da ciência. Também nós contemporâneos, vivemos numa destas conjunturas.

Mas acresciam ainda outras causas, principalmente a substituição dos velhos regimes democráticos por outros, totalitários, sempre mais ambiciosos de progresso técnico e mais capazes de lhes dar organização. Havia ainda a multiplicação de escolas, livros e museus. E, por fim, a criação de uma língua comum, a grega, como meio de troca, na circulação das ideias.

Euclides, que por dois mil anos seria sinônimo de geometria, escreveu em seus famosos *Elementos* que todo o seu trabalho consistira em condensar as descobertas de todos os estudiosos gregos, cuja totalidade se reunira em Alexandria. Dele sabemos unicamente que viveu só para o ensino; que seus alunos se tornaram os grandes mestres do tempo, que não possuía um tostão e que não se preocupou em ganhar dinheiro.

De sua escola saiu também Arquimedes que, entretanto, não chegou a conhecê-lo. Filho de um astrônomo de Siracusa, gozava da proteção de Hierão, o iluminado e benévolo tirano da cidade, seu parente longínquo. Era muito distraído, qual a maioria dos cientistas. Volta e meia, enquanto desenhava esferas e cilindros na areia, como então era hábito, esquecia-se de comer e lavar-se. Suas pesquisas derivavam da observação atenta dos fenômenos naturais. Um dia, por exemplo, Hierão mandou-o examinar uma coroa que o cinzelador lhe dera como toda de ouro. Tinha ordem de não a arranhar. Arquimedes procurou durante semanas. Não havia meio. Certa manhã, porém, estando na banheira, notou que a água subia à medida que seu corpo afundava. E, quanto mais imergia, menos pesava. Foi assim que chegou a formular o famoso "princípio" segundo o qual um corpo, afundando, perde o peso equivalente ao da água deslocada. Imediatamente, teve a ideia de que o corpo, uma vez submerso, deslocaria quantidade d'água proporcional ao volume. Lembrou-se de que um objeto de ouro tem menos volume do que um objeto de prata do mesmo peso. Fez a experiência da coroa e constatou que ela, realmente, deslocava mais água do que deslocaria se fosse toda de ouro. Vitrúvio conta que Arquimedes ficou felicíssimo com a descoberta e saiu correndo a anunciá-la a Hierão, esquecendo-se até de se vestir. Precipitou-se nu pelas ruas, gritando: "Eureka! Eureka!" que significa "Encontrei! Encontrei!"

Arquimedes construía instrumentos só pelo gosto de lhes estudar o funcionamento e descobrir as leis mecânicas que os regulavam. Hierão solicitou que lhes desse aplicações bélicas. Mas nunca os usou porque jamais fez que Siracusa necessitasse deles. Infelizmente, depois de sua morte os sucessores, em lugar de continuarem na sábia política de fiel aliança com Roma, desafiaram-lhe o poder e chamaram sobre si as iras do cônsul Marcelo, que a assediou por mar e terra. Arquimedes inventou toda espécie de engenhos para ajudar a pátria: guindastes imensos para prender e virar os navios inimigos e catapultas para submergi-los sob tempestades de pedras. Assustados, os romanos começaram a temer feitiço, julgando que algum deus tivesse voado em socorro de Siracusa. Marcelo, porém, sabia do que se tratava. Quando a cidade impenetrável se entregou pela fome, depois de oito meses de cerco, disse às tropas que não tocassem em Arquimedes. Este, só para variar, estava desenhando figuras na areia. Um soldado romano reconheceu-o e ordenou que se apresentasse imediatamente ao senhor cônsul. "Logo que terminar", respondeu o velho. Mas o soldado zeloso, acostumado à disciplina romana, matou-o. Arquimedes tinha setenta e cinco anos. A ciência teve de esperar mais de mil e setecentos para encontrar em Newton um descobridor da mesma grandeza.

Outro grande passo nesse período foi dado pela astronomia. Os gregos da idade clássica haviam-na descurado bastante. Compreende-se perfeitamente donde tenha vindo o impulso: de Babilônia, que sempre tivera o monopólio de tais estudos. Não se fizeram grandes descobertas porque faltavam os meios de observação. Pela primeira vez se começou a duvidar de que a terra fosse o centro imóvel do universo, como até então sempre se acreditara. Arquimedes atribui a Aristarco de Samos a hipótese de o centro do universo ser o sol, em torno do qual andaria a terra em movimento circular. Em volta disso nasceu uma polêmica. Não lhe conhecemos os pormenores, mas suspeitamos de que já então existisse uma espécie de Santo Ofício, pois terminou com a retratação de Aristarco que voltou, definitivamente, à velha tese geocêntrica. Naturalmente, não quis passar pelos embrulhos por que passaria Galileu, dezoito séculos depois.

Hiparco de Nicéia manteve-se, prudentemente fora do escaldante problema, contentando-se com aperfeiçoar os únicos instrumentos da época — astrolábios e quadrantes. Achou o método para determinar as posições da terra, segundo os graus de latitude e longitude. Foi ele quem deu finalmente ao mundo grego um calendário sensato e racional. Fixou o ano solar em trezentos e sessenta e cinco dias e um quarto, menos quatro minutos e quarenta e oito segundos. Diferenciava-se apenas seis minutos dos cálculos de hoje. Hiparco foi o verdadeiro inventor do sistema ptolomaico. Dele viveu a astronomia até Copérnico. Descobriu a obliquidade da elipse e chegou a calcular a distância da luz, errando apenas por vinte mil quilômetros.

Se não foi o mais original teórico, foi certamente o mais arguto observador da antiguidade. Uma noite, como de costume, examinava o céu com seus pobres meios. Descobriu uma estrela que julgou não ter visto na noite anterior. Para defender-se contra qualquer dúvida futura, desenhou um mapa celeste com a posição de mil e oitenta estrelas fixas. Foi o mapa em que se estudou até Copérnico e Galileu. Comparando-o com o que Timócrates compilara uns quarenta anos antes, Hiparco calculou que as estrelas se tinham deslocado dois graus. B assim chegou à sua descoberta mais importante — a dos equinócios. Calculou-lhes a antecipação em trinta e seis segundos por ano (segundo nossos cálculos é de cinquenta.)

Talvez alguém pergunte como é que os gregos conseguiram cálculos tão exatos com matemática tão rudimentar. A matemática também progredira muito desde que o Egito, onde ela sempre florescera, passara a fazer parte do mundo grego. Tínhamos deixado os atenienses na época de Péricles, quando contavam apenas nos dedos. Agora contavam com as letras do alfabeto, usando as nove primeiras para as unidades, a seguinte para as dezenas, a outra parte as centenas etc. Existiam também os acentos que indicavam as frações. Resultou daí uma estenografia rápida, mas complicada, que favoreceu a formação de especialistas em sua decifração. Foram êstes que a aperfeiçoaram.

Como os estudos científicos dependem sempre uns dos outros, era natural que tais progressos se refletissem também nas ciências naturais e na medicina. Aristóteles e o liceu tinham constituído as premissas e as condições, recolhendo e catalogando material. Teofrasto, apaixonado pela jardinagem, compusera uma *História das Plantas,* que durante vários séculos foi o manual de todos os botânicos. Esse filósofo medíocre foi o maior naturalista da antiguidade, sobretudo pelo rigor de método.

Os Ptolomeus foram adeptos da saúde e deram constante impulso à medicina, que já não dependia das intuições geniais dos indivíduos. Tornara-se assunto de aula, de laboratórios, de pesquisas coletivas. Herófilo salientou-se com seus estudos sobre a matéria cerebral. Desenvolveu-os em cérebros dissecados. Descobriu o funcionamento das meninges e traçou a primeira distinção rudimentar entre o sistema nervoso cerebral e espinhal. Percebeu a diferença entre veias e artérias.

Proporcionou ao diagnóstico o mais elementar, porém o mais necessário de todos os elementos: a medida da febre tomando o pulso, cujas batidas contava com uma clepsidra (relógio de água). Foi ele quem batizou o duodeno e lançou os fundamentos da obstetrícia.

Seu único rival foi Etisistrato, uma espécie de Pende pela importância que atribuiu ao sistema glandular. Estes cientistas e seus colegas menores deram à medicina tal prestígio, que se considerava quase sagrado quem a praticava. Ao século dos dramaturgos e dos filósofos seguia-se o dos médicos.

Capítulo 52

Roma

Para a Grécia, desde que, após a conquista dórica, assumira condição definitiva, o "inimigo" sempre fora o Oriente. O que se passava no Ocidente só a interessara muito por alto. Além dos marinheiros que lhe frequentavam os portos, quase ninguém em Atenas conhecia o grau de desenvolvimento alcançado pelas colônias gregas na Itália meridional e na Sicília. Talvez por isso se decidira, em seu tempo, com tanta leviandade a expedição de Nícias contra Siracusa. A catástrofe deve ter contribuído para aumentar o desinteresse. As conquistas de Alexandre tornaram-no completo, monopolizando definitivamente para o Oriente as atenções dos gregos.

Prova disso é a ascensão de Rodes, no terceiro século. O fato se deve primeiramente à geografia, que tornava a ilha escala obrigatória e intermediária de todas as transações greco-orientais. Depois da heroica resistência a Demétrio Poliorcetes, Rodes reuniu também outras ilhas numa organização que se manteve em sábia neutralidade. Sua política foi tão acertada que, quando a cidade foi destruída por um terremoto, em 225 antes de Cristo, toda a Grécia mandou ajuda em dinheiro e gêneros alimentícios. É que viam nela o baluarte insubstituível da própria economia.

E ninguém movera uma palha quando, anos antes, Taranto se vira mal perante os romanos. Os tarantinos também eram gregos e tinham recorrido à mãe-pátria, pedindo ajuda. Encontraram só um disposto a lhes vir em auxílio. Era Pirro, rei do Épiro, da mesma descendência molossa donde provinha Olímpia, mãe de Alexandre. Pirro desembarcou na Itália com vinte e cinco mil elefantes, três mil cavaleiros e trinta elefantes que os gregos importaram da índia. Era um chefe valente que talvez pensasse repetir no Ocidente as façanhas que seu parente Alexandre realizara no Oriente. Como Alexandre, andava enfatuado de glória e de Aquiles, de quem se julgava descendente. Em Heracléia, venceu os romanos assustados com os "bois lucanos", como chamavam os elefantes, que não conheciam. Venceu, mas perdeu a metade do exército. Percebeu que Roma não era a Pérsia. Depois de mais uma sangrenta vitória em Áscoli, dirigiu-se à Sicilia para libertá-la dos cartagineses. Esperava que aí a glória fosse mais fácil. Venceu. Mas encontrou tão escassa colaboração entre os gregos do lugar que os abandonou à própria sorte. Atravessou novamente o estreito de Messina. Foi batido pelos romanos em Benevento. Desanimado, abandonou a Itália murmurando profeticamente: "Que belo campo de batalha deixo entre Roma e Cartago!"

Pirro morreu pouco depois, em Argos. A Grécia não fez caso de seu desaparecimento, como não fizera de suas aventuras ocidentais. O Épiro era uma região periférica e montanhosa, que todos consideravam bárbara e quase estrangeira. No mesmo ano (272), Roma anexou Taranto, como já anexara Cápua e Nápoles. De todas as colônias gregas da Itália do Sul, nada ficou. Pouco depois Roma iniciou seu duelo mortal com Cartago. Como consequência, em 210 também as colônias gregas da Sicilia caíram em suas mãos.

Desta vez, a Grécia sacudiu o torpor. Mas não foi por ver no acontecimento uma catástrofe nacional. Nem se deu conta da ameaça que se levantava no Oeste. Viu no fato apenas um pretexto para se revoltar contra Filipe, o dominador macedônio, que subira ao trono aos dezessete anos. Durante sua minoridade, Antígono III, seu padrinho e tutor, conservara-lhe o trono quentinho. Naquela época era tão extraordinário um regente ceder o trono a seu legítimo herdeiro e não o matar para se manter no poder, que Antígono foi chamado *doson,* o que promete e dá, como na Argentina se dizia de Perón *que cumple.*

Na História, infelizmente, nem sempre a honestidade compensa. Neste caso, teria sido bem melhor que Antígono não tivesse sido tão honesto. Filipe era um rapaz corajoso e de capacidade política, mas de ambições desenfreadas e absolutamente amoral. Mandou envenenar Arato, o brilhante *strategos* da coligação grega. Matou o próprio filho, suspeitando traição. Emaranhou a Grécia inteira numa teia de intrigas. Cometeu erro fatal: depois da vitória de Aníbal em Canes, julgou que Roma já estivesse em agonia. Assim como Mussolini se colocou ao lado de Hitler depois da derrocada da França, da mesma forma Filipe se uniu a Cartago. Reuniu em Naupacto os representantes de todos os Estados gregos para uma cruzada sobre a Itália. Agelau, delegado de liga etólia, saudou nele o prócer da independência helênica. Mas alguém, muito às ocultas, fêz passar entre os convencionais uma cópia, mais ou menos apócrifa, do tratado estipulado por Filipe. Nesse tratado, Cartago se empenhava a, logo que terminasse a guerra, ajudar Filipe na dominação da Grécia. Seria verdade? Tito Lívio diz que sim. Mas há quem sustente que se tratava de invenção dos emissários romanos, facilitada pelo desejo que os gregos tinham de acreditar nela. Em todo caso, nasceram tantas desordens que a projetada expedição foi adiada indefinidamente, até que a retirada de Aníbal da Itália a tornou completamente inútil.

Roma não se vingou logo. Pelo contrário, em 205 firmou tratado com Filipe, que julgou ter escapado bem. Em seguida, Cipião levou a guerra à África e derrotou Aníbal em Zama. Só depois de definitivamente livre do inimigo mortal é que Roma fez que Rodes lhe mandasse um apelo, convidando-a a libertar a ilha contra Filipe. Roma, naturalmente, aceitou.

Pago com a mesma moeda, Filipe defendeu-se como fera. Destruiu as cidades gregas que lhe negavam apoio. Em Abido todos os habitantes preferiram o suicídio, com mulheres e filhos, à rendição. Mas seu exército nada pôde contra o de Quinto Tito Flamínio, que o derrotou em Cinoscéfalas. Poderia ter sido o fim da Grécia como nação, se Flamínio fosse um general romano igual aos outros. Onde quer que passassem, costumavam instalar um governador e prefeito com forte corpo de polícia. Declaravam romana a província conquistada e anexavam-na. Mas Flamínio era um homem culto. Respeitava muito a Grécia. Conhecia-lhe a língua e admirava-lhe a civilização. Não só poupou a vida de Filipe, como ainda lhe devolveu o trono. Convocou para Corinto todos os representantes dos Estados gregos e anunciou que Roma retirava suas guarnições do território e os deixava livres para se governarem por suas próprias leis. Plutarco diz que essa declaração foi acolhida com um grito de entusiasmo tão vibrante que um bando de corvos, voando no céu, caiu morto, estarrecido.

A gratidão não é o forte dos homens e muito menos dos povos. Poucos anos depois a liga etólia chamava Antíoco, da Babilônia, para libertá-la. De quê, não se sabe, pois os romanos se haviam retirado. Mas bastava ser mais forte para tornar-se suspeita de imperialismo, como acontece hoje com os americanos na Europa. Lâmpsaco e Pérgamo não concordaram. Pediram auxílio a Roma, que lhes mandou o exército comandado por Cipião, o Africano, o triunfador de Zama. Ele arrastou Antíoco para Magnésia. Depois, dobrando para o norte, desbaratou os gauleses que ainda importunavam a Macedonia. A Grécia ainda não fora tocada. Mas estava isolada na maré das conquistas de Roma, que acabava de anexar tôda a costa asiática.

Em 179 antes de Cristo, morreu Filipe. Depois de outro pequeno massacre em família, subiu ao trono da Macedonia seu filho Perseu. Casou-se com a filha de Seleuco, sucessor de Antíoco. Coligou-se com o sogro. Rodes também se uniu para a guerra contra Roma, a que Pérgamo tornou a apelar. Só o Épiro e a Ilíria ousaram pôr-se ao lado de Perseu. Quando em 168 desceu à luta contra o Cônsul Emílio Paulo, o resto da Grécia se limitou a aclamá-lo "libertador". Emílio Paulo aniquilou-o em Pidna. Destruiu setenta cidades macedônias. Devastou o Épiro, deportando cem mil cidadãos como escravos. Levou a Roma um milhar de "notáveis" das outras cidades gregas, comprometidos nos acontecimentos. Entre eles estava o historiador Políbio, que se tornou um dos inspiradores do liberalismo romano.

Nem este aviso valeu. Em 146 toda a Grécia, exceto Atenas e Esparta, proclamou a guerra santa. Desta vez o Senado confiou a repressão a um soldado do estilo antigo, sem complexo algum pela civilização grega. Múmio conquistou Corinto, capital da revolta, e tratou-a como Alexandre a Tebas: arrasou-a até ao chão. Tudo o que pudesse ser transportado, foi mandado para Roma. Grécia e Macedonia formaram uma província sob um governador romano. Só Atenas e Esparta tiveram permissão de continuar governando-se com suas leis.

Encontrava a Grécia, finalmente, a única paz que lhe convinha: a do cemitério.

INDRO MONTANELLI

Epílogo

Não podemos enterrar o cadáver sem uma palavra de necrológio. Na realidade, o que aqui termina é apenas a história política de um povo que não conseguira fazer-se uma nação. As razões do insucesso, já as conhecemos. Não soube ultrapassar os limitados horizontes da cidade-estado. Internamente, não soube conciliar a ordem com a liberdade. Suas doenças foram o individualismo desenfreado e as guerras insensatas.

Elaborou, entretanto, uma civilização que não morreu, que não podia morrer simplesmente porque, como diz Durant, as civilizações nunca morrem. Apenas emigram, mudam de língua, latitudes e trajes. Emílio Paulo, que deportou para Roma mil intelectuais gregos, e Múmio, que para lá transferiu tôdas as obras de arte de Corinto, não se davam conta certamente de que estavam transformando a derrota da Grécia em vitória. Contudo, foi o que aconteceu. Os próprios romanos não demoraram a perceber o fato e disseram: "Graecia capta ferum victorem cepit..." a Grécia vencida venceu o bárbaro conquistador. Na espécie de corrida de revezamento que é a História, os povos refinados e decadentes entregam a tocha da civilização a povos jovens e rudes que tenham a força de levá-la para novas metas.

Impossível inventariar aqui o que o mundo deve à Grécia. O historiador inglês Maine disse que todos nós ainda somos colônia sua porque, "salvo as forças cegas da natureza, tudo o que evolui na vida da humanidade é de origem grega". Há talvez um pouco de exagero, nestas e em outras afirmações semelhantes. Talvez exista uma "retórica da Grécia", como existe a de Roma, alterando um pouco as proporções de sua contribuição. Mas ninguém pode negar que esta haja sido imensa e que seus protagonistas tenham sido vários, vivos e fascinantes.

Espero que assim o tenham sido, também em minha modesta prosa.

Cronologia

XX-XI séc. a.C.	— Civilização minóica e miceniana.
IX.VIII (?) séc. a.C.	— Homero.
766 a.C.	— Primeira Olimpíada. A partir dela é que os gregos contaram os anos até 426 a.C.
VII séc. a.C.	— Hesíodo.
640-480 (?) a.C.	— Tales de Mileto.
VI séc. a.C.	— Pitágoras.
550-480 a.C.	— Heráclito.
612-568 (?) a.C.	— Safo.
IX (?) séc. a.C.	— Licurgo.
637-559 (?) a.C.	— Sólon.
620	— Primeiras reformas de Drácon em Atenas.
594	— Sólon arconte.
560	— Creso ocupa a Jônia.
561-527	— Pisístrato é tirano em Atenas.
546	— A Jônia é ocupada por Ciro, rei da Pérsia.

527-514	— Tirania de Hípias e Hiparco em Atenas.
514	— Sublevação de Armódio e Aristogíton em Atenas. Morte de Hiparco.
510	— Queda e exílio de Hípias.
508	— Reformas de Clístenes em Atenas.
492	— Começam as guerras persas contra a Grécia.
490	— O exército persa de Dario é derrotado em Maratona pelos atenienses de Milcíades.
485	— Morte de Dario. Xerxes, rei da Pérsia.
480	— Batalha das Termópilas. Encontro naval de Salamina. Os siracusanos batem os cartagineses em Hímera.
479	— O exército persa é desfeito em Platéia. — Outra derrota naval dos persas em Mícale.
461	— Morte de Efialtes.
449	— Morte de Temístocles.

IDADE DE PÉRICLES

467-428	— Péricles *strategos* de Atenas.
V séc.	— Fídias / Górgias / Parmenides / Zenão / Demócrito / Empédocles.
470-399	— Sócrates.
V séc.	— Anaxágoras — Protágoras.
525-456	— Ésquilo.
496-406	— Sófocles.
480-406	— Euripides.

450-385	— Aristófanes.
522-442	— Píndaro.
484-425	— Heródoto.
460-400	— Tucídides.
V séc.	— Hipócrates.
477	— Liga Délio-ática.
462	— O areópago perde sua importância em Atenas.
459	— Desastrada expedição de Atenas ao Egito.
457	— Início da guerra de Atenas contra Tebas e Esparta.
449	— Paz de Atenas com a Pérsia.
447-432	— Construção do Partenão.
446	— Atenas vencida em Coronéia.
435	— Insurreição de Corcira contra Corinto.
432	— Insurreição de Potidéia. — O processo de Aspásia.
431-421	— Primeira fase da guerra do Peloponeso.
430	— Peste em Atenas.
428	— Morte de Péricles.
427	— Revolta de Mitilene.
421	— A paz de Nícias.
415	— Exílio de Alcibíades.
415-413	— A desastrosa expedição de Atenas contra Siracusa.
413-404	— Segunda fase da guerra do Peloponeso.
411	— Instauração da oligarquia em Atenas. A volta de Alcibíades.
407	— Segundo exílio de Alcibíades.

406	— Vitória ateniense contra os espartanos em Arginusa.
405	— Vitória espartana sobre os atenienses em Egospótamos.
404	— Capitulação definitiva de Atenas. O governo dos Trinta Tiranos.
403	— Expulsão dos Trinta e restauração democrática em Atenas.
401	— Rebelião de Ciro, o Jovem, na Pérsia.
399	— Processo e morte de Sócrates.
394	— Os espartanos são vencidos em Cnido.
386	— Paz de Antálcidas.
378	— Segunda Liga Délio-ática.
371	— Vitória tebana sôbre os espartanos em Lauctros.
367	— Morte de Dionísio, o Velho, tirano de Siracusa.
364	— Morte de Pelópidas.
362	— Vitória e morte de Epaminondas em Mantinéia.
358	— Filipe II, rei da Macedonia.
357	— Filipe toma Anfípolis e Pidna.
353	— Filipe toma Méton.
352	— Filipe conquista a Tessália.
387-323	— Demóstenes.
356-346	— A Guerra Sagrada.
348	— Filipe destrói Olinto.
356-323	— Nascimento e morte de Alexandre.
338	— Atenas e Tebas derrotadas por Filipe em Queronéia.

336	— Filipe é assassinado. Alexandre, rei da Macedonia.
335	— Alexandre destrói Tebas.
334	— Alexandre marcha contra a Pérsia, vence em Granico.
332	— Alexandre destrói Tito e conquista o Egito.
331	— Dario vencido em Arbela.
330	— Morte de Dario.
330-325	— Marcha de Alexandre para o interior da Ásia.
323	— Morte de Alexandre na Babilônia.
323-311	— Lutas entre os diádocos.
429-347	— Platão.
384-322	— Aristóteles.
280-275	— Expedição de Pirro, rei de Épiro, contra a Itália.
279	— Invasão da Grécia por parte dos gauleses celtas.
245	— Arato guia a sublevação grega contra os macedônios.
242	— Reforma constitucional de Ágides e Leônidas em Esparta.
227	— Reforma de Cleômenes em Esparta.
221-170	— Filipe V da Macedonia.
217	— Paz de Naupacto entre os gregos.
210	— As colônias gregas da Sicilia caem sob o jugo romano.
205	— Tratado entre Roma e Filipe da Macedonia.
175-164	— Antíoco Epífanes, rei da Síria.

197	— O Cônsul Flamínio derrota Filipe da Macedonia em Cinoscéfalas.
196	— O Cônsul Flamínio declara livres as cidades gregas.
170	— Morte de Filipe da Macedonia. Perseu sobe ao trono.
168	— Perseu é vencido pelos romanos em Pidna.
148	— A Macedonia torna-se província romana.
146	— Destruição de Corinto.

LIVROS QUE CONSTROEM